仓配中心规划与运营

主　编　王艳丽　王　彬
副主编　王　帆　武　兵　侯　凯
参　编　刘艺林　刘晓爽　孟　曦
主　审　张慧锋　范　崩

北京理工大学出版社
BEIJING INSTITUTE OF TECHNOLOGY PRESS

版权专有　侵权必究

图书在版编目（CIP）数据

仓配中心规划与运营 / 王艳丽，王彬主编. -- 北京：北京理工大学出版社，2023.7
ISBN 978-7-5763-2647-5

Ⅰ. ①仓… Ⅱ. ①王… ②王… Ⅲ. ①物流管理②物流-运营管理 Ⅳ. ①F252

中国国家版本馆 CIP 数据核字（2023）第 138727 号

出版发行 / 北京理工大学出版社有限责任公司
社　　址 / 北京市海淀区中关村南大街 5 号
邮　　编 / 100081
电　　话 / （010）68914775（总编室）
　　　　　（010）82562903（教材售后服务热线）
　　　　　（010）68944723（其他图书服务热线）
网　　址 / http：//www.bitpress.com.cn
经　　销 / 全国各地新华书店
印　　刷 / 涿州市新华印刷有限公司
开　　本 / 787 毫米×1092 毫米　1/16
印　　张 / 11.75　　　　　　　　　　　　　责任编辑 / 徐艳君
字　　数 / 283 千字　　　　　　　　　　　　文案编辑 / 徐艳君
版　　次 / 2023 年 7 月第 1 版　2023 年 7 月第 1 次印刷　　责任校对 / 周瑞红
定　　价 / 65.00 元　　　　　　　　　　　　责任印制 / 施胜娟

图书出现印装质量问题，请拨打售后服务热线，本社负责调换

前　言

物流业是支撑国民经济发展的基础性、战略性、先导性产业，连接着生产与消费，是延伸产业链、打造供应链的重要支撑，是社会化大生产和人民生活不可或缺的产业。党的二十大报告提出，构建优质高效的服务业新体系，建设高效顺畅的流通体系，降低物流成本。仓配中心是物流系统的重要节点，起着承上启下、节约物流成本、加快物流效率、提升物流服务质量的重要作用，随着国家构建"双循环"新发展格局、服务乡村振兴、建设数字中国等国家战略，以及电商物流、智慧物流、数字化供应链的发展，企业对仓配中心布局规划和运营管理的人员需求量越来越大。

为了培养"懂运营、会规划、知方法、能优化"的仓配中心布局规划与运营管理人员，课程组成员自2014年至今，始终以创新教学模式、打造趣味课堂、创建学生为主体的课堂为目标，持续进行课程改革，取得系列课改成果。课程组教师自行开发了"配送中心运营管理沙盘实训教具"（专利号 ZL201620847300.8）；《中国高职游戏化课程改革研究：以"配送中心布局与管理"课程为例》被 EI 期刊检索；《基于岗位任务、成果导向，打造"游戏化、场景化、信息化"的高效趣味课堂》在现代高等职业技术教育网发表；课程改革系列成果荣获学院优秀人才培养案例一等奖、二等奖多项；同时，依托该课程，王艳丽老师带领课程组教师荣获职业院校教学能力大赛全国三等奖 1 项、河北省一等奖 1 项、河北省二等奖 1 项；学生参与该课程信息技术的应用开发，并申报创新创业和技能竞赛项目，荣获多个国家级、省级奖项。

基于前期研究成果，结合高职教育"三教"改革最新要求，课程组联合中科富创（北京）智能技术有限公司、深圳市怡亚通供应链股份有限公司物流规划专家共同编写了本教材，其中汇集编者多年来的教学与科研实践经验。教材以立德树人为根本任务，融入物流管理1+X证书、智慧物流职业技能竞赛，物流行业的新标准、新技术、新工艺、新规范，以及二十大报告的最新要求，将职业精神、工匠精神、劳动精神、劳模精神有效融入专业学习过程，注重应用性、可操作性和可实施性，实现专业技能和职业素养双提升。本教材特色有以下几点：

1. 构建了基于职业能力导向的模块化课程体系

本教材打破传统学科体系，以培养学生作为仓配中心基层管理者需要具备的不同类型仓库的布局规划和运营管理能力为最终目标，基于 OBE 理念，以能力本位、成果导向进行逆向设计、正向实施，将工作任务转化为学习项目，设计出两大模块八个项目，构建了基于职业能力导向的模块化课程体系。布局规划模块以物流行业典型的整进整出型仓库、整进零出型仓库、智能化仓库为载体，由简到难设计项目和任务，每个项目完成一次完整的仓库布局规划全流程；运营管理模块依托自主开发的配送中心运营管理 AR（增强现实）实物沙盘和电子沙盘，让学生快速、低成本、直观形象地模拟储位布局规划、拣货路径设计、补货策略制定、运营成本核算等运营过程。

2. 基于行动导向教学法的"项目任务式"新形态教材

本教材图文并茂，按照新形态教材体例进行编写，以"模块—项目—任务"为主线，每个项目按照"任务描述、任务分析、任务实施、相关知识、拓展任务、任务评价"编排设计，每次课让学生清楚"做什么、怎么做、怎么做更好、是否已掌握相关知识技能"，真正实现了由传统课程体系转向工作体系、课程组织转向行动导向、课程目标转向能力本位、课程顺序转向以职业活动为主线、课程内容转向工作任务、课程实施转向以学生为中心的项目任务式教材。

3. 遵循学生职业发展和认知规律，循序渐进设计项目任务

本教材在设计项目任务过程中，遵循学生职业发展和认知规律，依据最近发展区理论，由简到难、循序渐进地进行任务设计。同时，以培养学生职业素养和专业技能双主线为牵引，每个项目采用"场景化学习+任务驱动"方式，注重学生职业岗位能力的培养，强化学生分析问题、解决问题能力的培养，让学生通过每个项目的训练，获得相应职业岗位所需要的专业技能和素质提升。

4. "岗课赛证"融合的教材

本教材紧密对接国赛"智慧物流作业方案设计与实施"赛项中"仓库布局规划与仿真"模块的内容，是职业技能大赛成果的转化教材，并融入了物流管理 1+X 职业技能等级证书中"仓储布局与物流设施规划""仓储作业管理"的相关内容，实现了岗课赛证的融通。

5. 建有配套的数字化教材资源，并潜移默化课程思政

本教材配有二维码链接，建有微课、视频、电子沙盘软件、任务数据、题库等系列配套数字化资源，在资源建设中充分利用大数据、物联网、AR、人工智能等技术实现场景的立体化交互、沉浸式体验、形象化展示。例如采用 AR 技术实现配送中心运营沙盘的立体认知，利用仿真技术动态展示运营流程等。

同时，本教材建有课程思政教学资源，从国家、行业、企业、个人四个维度，设计了"科技兴国、技术革命、行业资讯、行业安全、绿色物流、智慧物流、劳模榜样、大国工匠"等板块，将思想政治教育贯穿于教育教学全过程，配套课程正在智慧职教国家教学资源库平台建设在线开放课程。

本教材的编写成员中，两位主编都来自石家庄邮电职业技术学院，均为国家级教师教学创新团队核心成员。本教材由荣获教育部课程思政教学名师、交通运输部青年科技英才的王艳丽老师担任第一主编，负责编写大纲、编写体例、编写分工、全书统稿，以及课程思政内容设计等。由石家庄邮电职业技术学院张慧锋教授、深圳市怡亚通供应链股份有限公司范崩总监担任主审。具体编写分工如下：模块一的项目一由王艳丽编写，项目二由王艳丽、刘艺林编写，项目三由王艳丽、刘晓爽、武兵编写，项目四由王艳丽、中科富创（北京）智能技术有限公司孟曦、山东交通学院侯凯编写；模块二由王彬、王帆、王艳丽

编写。中科富创（北京）智能技术有限公司张祥国总经理、中国邮政集团有限公司物流业务部尹迎处长等给予指导。

　　本教材在编写过程中，参考了国内外专家、学者有关物流方面的大量书籍和文献，尤其参考了贾争现、冯丽帆编写的《物流配送中心规划与设计》（第4版），在此，谨向他们表示最诚挚的谢意。有些资料在引用过程中未能注明材料出处，在此表示万分的歉意！

　　本教材既可作为职业教育物流管理专业群、物流工程专业群、供应链运营专业群、快递运营管理专业群及其相关专业的教学用书，又可作为从事快递物流、电子商务工作的技术和管理人员的培训教材。

　　本教材的编写是教学改革实践的一种尝试，限于编者水平和时间紧迫，本教材在内容取舍、编写等方面，难免存在不妥之处，恳请读者不吝批评斧正！

编　者

目　录

模块一　仓配中心布局规划

模块导读 ··· 2

项目一　整进整出型仓库空间布局规划 ································· 3

学习目标 ··· 3
项目作用 ··· 4
工作任务【析中学】 ·· 4
　一、任务描述 ··· 4
　二、任务分析 ··· 5
　三、任务实施 ··· 5
相关知识【学中做】 ·· 8
　一、配送中心基础 ·· 8
　二、配送中心的类型 ··· 9
　三、配送中心空间设计 ··· 12
　四、功能区域规划 ·· 14
　五、区域布置规划 ·· 16
　六、地坪类型 ·· 19
　七、墙体材料 ·· 21
做任务【做中学】 ·· 23
　一、实训任务书 ··· 23
　二、任务评价 ·· 25
巩固拓展 ·· 26
自我分析和总结 ··· 29

项目二　整进整出型仓库设备选型与面积规划 ····················· 30

学习目标 ·· 30
项目作用 ·· 31
工作任务【析中学】 ·· 31

· 1 ·

一、任务描述 ………………………………………………………………… 31
　　二、任务分析 ………………………………………………………………… 33
　　三、任务实施 ………………………………………………………………… 33
相关知识【学中做】 …………………………………………………………… 38
　　一、货架的分类 ……………………………………………………………… 38
　　二、常用的货架类型 ………………………………………………………… 39
　　三、仓储区面积计算 ………………………………………………………… 44
　　四、地坪荷载设计 …………………………………………………………… 48
　　五、常用的装卸搬运设备 …………………………………………………… 49
做任务【做中学】 ……………………………………………………………… 51
　　一、实训任务书 ……………………………………………………………… 51
　　二、任务评价 ………………………………………………………………… 55
巩固拓展 ………………………………………………………………………… 56
自我分析和总结 ………………………………………………………………… 59

项目三　整进零出型仓库布局规划与仿真 ……………………………… 60

学习目标 ………………………………………………………………………… 60
项目作用 ………………………………………………………………………… 61
工作任务【析中学】 …………………………………………………………… 61
　　一、任务描述 ………………………………………………………………… 61
　　二、任务分析 ………………………………………………………………… 63
　　三、任务实施 ………………………………………………………………… 63
相关知识【学中做】 …………………………………………………………… 69
　　一、储运单位分析——PCB 分析 …………………………………………… 69
　　二、计算规划仓容量 ………………………………………………………… 70
　　三、仓配中心面积规划 ……………………………………………………… 72
　　四、区域布置方法——关联线图法 ………………………………………… 77
　　五、区域布置方法——物流量从至表法 …………………………………… 81
做任务【做中学】 ……………………………………………………………… 83
　　一、实训任务书 ……………………………………………………………… 83
　　二、任务评价 ………………………………………………………………… 86
巩固拓展 ………………………………………………………………………… 87
自我分析和总结 ………………………………………………………………… 93

项目四　智能化仓库设备选型与布局规划 ……………………………… 94

学习目标 ………………………………………………………………………… 94
项目作用 ………………………………………………………………………… 95

工作任务
一、任务描述 ⋯⋯⋯⋯⋯⋯⋯⋯⋯⋯⋯⋯⋯⋯⋯⋯⋯⋯⋯⋯⋯⋯⋯⋯⋯ 95
二、任务分析 ⋯⋯⋯⋯⋯⋯⋯⋯⋯⋯⋯⋯⋯⋯⋯⋯⋯⋯⋯⋯⋯⋯⋯⋯⋯ 97
三、任务实施 ⋯⋯⋯⋯⋯⋯⋯⋯⋯⋯⋯⋯⋯⋯⋯⋯⋯⋯⋯⋯⋯⋯⋯⋯⋯ 98

相关知识
一、认识储存体系 ⋯⋯⋯⋯⋯⋯⋯⋯⋯⋯⋯⋯⋯⋯⋯⋯⋯⋯⋯⋯⋯⋯⋯ 101
二、仓储设备选用的设计流程与考量重点 ⋯⋯⋯⋯⋯⋯⋯⋯⋯⋯⋯⋯ 102
三、仓储设备选用的考虑因素 ⋯⋯⋯⋯⋯⋯⋯⋯⋯⋯⋯⋯⋯⋯⋯⋯⋯ 102
四、常用仓储设备介绍 ⋯⋯⋯⋯⋯⋯⋯⋯⋯⋯⋯⋯⋯⋯⋯⋯⋯⋯⋯⋯ 103
五、规划仓容量和设备数量计算 ⋯⋯⋯⋯⋯⋯⋯⋯⋯⋯⋯⋯⋯⋯⋯⋯ 105
六、周转设备选型及计算 ⋯⋯⋯⋯⋯⋯⋯⋯⋯⋯⋯⋯⋯⋯⋯⋯⋯⋯⋯ 106
七、常见分拣设备介绍及选型 ⋯⋯⋯⋯⋯⋯⋯⋯⋯⋯⋯⋯⋯⋯⋯⋯⋯ 108

做任务【做中学】
一、实训任务书 ⋯⋯⋯⋯⋯⋯⋯⋯⋯⋯⋯⋯⋯⋯⋯⋯⋯⋯⋯⋯⋯⋯⋯ 111
二、任务评价 ⋯⋯⋯⋯⋯⋯⋯⋯⋯⋯⋯⋯⋯⋯⋯⋯⋯⋯⋯⋯⋯⋯⋯⋯ 112

巩固拓展 ⋯⋯⋯⋯⋯⋯⋯⋯⋯⋯⋯⋯⋯⋯⋯⋯⋯⋯⋯⋯⋯⋯⋯⋯⋯⋯⋯ 113
自我分析和总结 ⋯⋯⋯⋯⋯⋯⋯⋯⋯⋯⋯⋯⋯⋯⋯⋯⋯⋯⋯⋯⋯⋯⋯⋯ 115

模块二　仓配中心模拟运营

模块导读 ⋯⋯⋯⋯⋯⋯⋯⋯⋯⋯⋯⋯⋯⋯⋯⋯⋯⋯⋯⋯⋯⋯⋯⋯⋯⋯ 118

项目一　运营前准备，规划初始储位布局 ⋯⋯⋯⋯⋯⋯⋯⋯⋯⋯⋯⋯ 119

学习目标 ⋯⋯⋯⋯⋯⋯⋯⋯⋯⋯⋯⋯⋯⋯⋯⋯⋯⋯⋯⋯⋯⋯⋯⋯⋯⋯⋯ 119
项目作用 ⋯⋯⋯⋯⋯⋯⋯⋯⋯⋯⋯⋯⋯⋯⋯⋯⋯⋯⋯⋯⋯⋯⋯⋯⋯⋯⋯ 120
工作任务【析中学】 ⋯⋯⋯⋯⋯⋯⋯⋯⋯⋯⋯⋯⋯⋯⋯⋯⋯⋯⋯⋯⋯⋯ 121
一、任务描述 ⋯⋯⋯⋯⋯⋯⋯⋯⋯⋯⋯⋯⋯⋯⋯⋯⋯⋯⋯⋯⋯⋯⋯⋯ 121
二、任务分析 ⋯⋯⋯⋯⋯⋯⋯⋯⋯⋯⋯⋯⋯⋯⋯⋯⋯⋯⋯⋯⋯⋯⋯⋯ 122
三、任务实施 ⋯⋯⋯⋯⋯⋯⋯⋯⋯⋯⋯⋯⋯⋯⋯⋯⋯⋯⋯⋯⋯⋯⋯⋯ 123

相关知识【学中做】 ⋯⋯⋯⋯⋯⋯⋯⋯⋯⋯⋯⋯⋯⋯⋯⋯⋯⋯⋯⋯⋯⋯ 125
一、物流配送中心运营的主要环节 ⋯⋯⋯⋯⋯⋯⋯⋯⋯⋯⋯⋯⋯⋯⋯ 125
二、配送中心运营沙盘 ⋯⋯⋯⋯⋯⋯⋯⋯⋯⋯⋯⋯⋯⋯⋯⋯⋯⋯⋯⋯ 126
三、储位规划方法 ⋯⋯⋯⋯⋯⋯⋯⋯⋯⋯⋯⋯⋯⋯⋯⋯⋯⋯⋯⋯⋯⋯ 129
四、储位分配的原则 ⋯⋯⋯⋯⋯⋯⋯⋯⋯⋯⋯⋯⋯⋯⋯⋯⋯⋯⋯⋯⋯ 134
五、货物储存策略 ⋯⋯⋯⋯⋯⋯⋯⋯⋯⋯⋯⋯⋯⋯⋯⋯⋯⋯⋯⋯⋯⋯ 136
六、仓库特征分析 ⋯⋯⋯⋯⋯⋯⋯⋯⋯⋯⋯⋯⋯⋯⋯⋯⋯⋯⋯⋯⋯⋯ 136

任务评价 ⋯⋯⋯⋯⋯⋯⋯⋯⋯⋯⋯⋯⋯⋯⋯⋯⋯⋯⋯⋯⋯⋯⋯⋯⋯⋯⋯ 137

巩固拓展 ……………………………………………………………………… 137
　　自我分析和总结 …………………………………………………………… 138

项目二　实物沙盘第一期运营，核算运营成本 …………………………… 139

　　学习目标 …………………………………………………………………… 139
　　项目作用 …………………………………………………………………… 140
　　工作任务【析中学】 ……………………………………………………… 140
　　　一、任务描述 …………………………………………………………… 140
　　　二、任务分析 …………………………………………………………… 141
　　　三、任务实施 …………………………………………………………… 142
　　相关知识【学中做】 ……………………………………………………… 144
　　　一、仓配中心物流成本构成与分类 …………………………………… 144
　　　二、配送中心沙盘中的费用 …………………………………………… 145
　　　三、配送中心沙盘运营规则 …………………………………………… 147
　　任务评价 …………………………………………………………………… 148
　　巩固拓展 …………………………………………………………………… 149
　　自我分析和总结 …………………………………………………………… 149

项目三　实物沙盘第二期运营，制定补货策略 …………………………… 150

　　学习目标 …………………………………………………………………… 150
　　项目作用 …………………………………………………………………… 151
　　工作任务【析中学】 ……………………………………………………… 151
　　　一、任务描述 …………………………………………………………… 151
　　　二、任务分析 …………………………………………………………… 152
　　　三、任务实施 …………………………………………………………… 152
　　相关知识【学中做】 ……………………………………………………… 154
　　　一、再订货点的计算 …………………………………………………… 154
　　　二、经济订货批量的计算 ……………………………………………… 155
　　　三、Excel 计算中 CEILING 函数的用法 …………………………… 155
　　　四、进货补货 …………………………………………………………… 155
　　　五、补货作业注意事项 ………………………………………………… 156
　　　六、入库货物的存放区域 ……………………………………………… 156
　　　七、选择越库区和保管区存储时考虑的因素 ………………………… 156
　　任务评价 …………………………………………………………………… 157
　　巩固拓展 …………………………………………………………………… 157
　　自我分析和总结 …………………………………………………………… 158

项目四　优化布局方案，电子沙盘快速运营迭代 ... 159

学习目标 ... 159
项目作用 ... 160
工作任务【析中学】 ... 161
　　一、任务描述 ... 161
　　二、任务实施 ... 161
任务评价 ... 164
巩固拓展 ... 164
自我分析和总结 ... 166

参考文献 ... 167

附录 ... 168
附录1：战报1　宏远食品配送中心配送作业数据一览表 ... 168
附录2：战报2　宏远食品配送中心库存信息表样例 ... 171
附录3：战报3　拣货路径设计方案 ... 172
附录4：战报4　营业日报 ... 174
附录5：战报5　配送中心运营管理手工沙盘作业流程 ... 175
附录6：战报6　硬币及硬币盒规划 ... 176
附录7：战报7　补货信息条样例 ... 176

模块一

仓配中心布局规划

模块导读

本模块打破传统教学体系，对接企业岗位任务要求，将仓配中心项目经理、运营经理对仓配中心布局规划的任务转化为学习项目，以物流行业典型的整进整出型仓库、整进零出型仓库、智能化仓库为载体，基于 OBE 理念，以成果导向进行逆向设计、正向实施，由简到难设计项目和任务，每个项目完成一次完整的仓库布局规划全流程，培养学生具备不同类型仓库布局规划、设备选型等能力。本模块教学时间安排建议 48 课时左右，模块一框架结构如下所示。

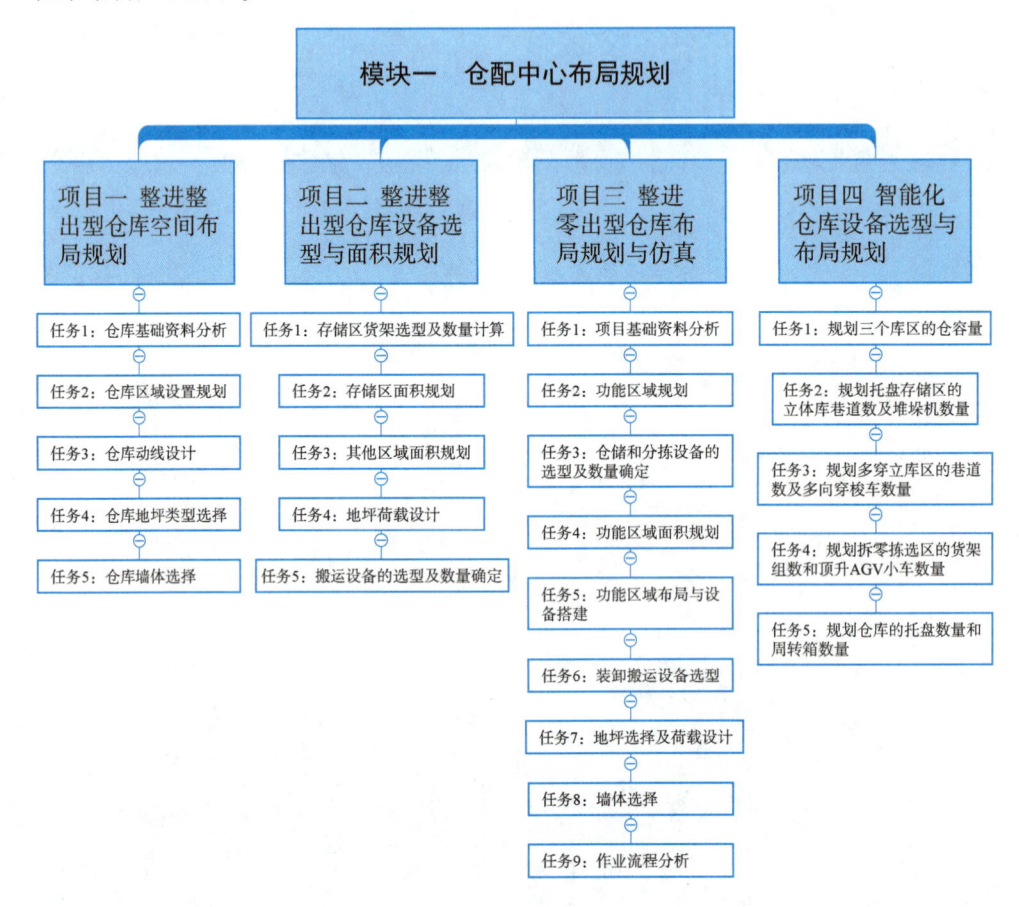

```
模块一　仓配中心布局规划
├── 项目一　整进整出型仓库空间布局规划
│   ├── 任务1：仓库基础资料分析
│   ├── 任务2：仓库区域设置规划
│   ├── 任务3：仓库动线设计
│   ├── 任务4：仓库地坪类型选择
│   └── 任务5：仓库墙体选择
├── 项目二　整进整出型仓库设备选型与面积规划
│   ├── 任务1：存储区货架选型及数量计算
│   ├── 任务2：存储区面积规划
│   ├── 任务3：其他区域面积规划
│   ├── 任务4：地坪荷载设计
│   └── 任务5：搬运设备的选型及数量确定
├── 项目三　整进零出型仓库布局规划与仿真
│   ├── 任务1：项目基础资料分析
│   ├── 任务2：功能区域规划
│   ├── 任务3：仓储和分拣设备的选型及数量确定
│   ├── 任务4：功能区域面积规划
│   ├── 任务5：功能区域布局与设备搭建
│   ├── 任务6：装卸搬运设备选型
│   ├── 任务7：地坪选择及荷载设计
│   ├── 任务8：墙体选择
│   └── 任务9：作业流程分析
└── 项目四　智能化仓库设备选型与布局规划
    ├── 任务1：规划三个库区的仓容量
    ├── 任务2：规划托盘存储区的立体库巷道数及堆垛机数量
    ├── 任务3：规划多穿立库区的巷道数及多向穿梭车数量
    ├── 任务4：规划拆零拣选区的货架组数和顶升AGV小车数量
    └── 任务5：规划仓库的托盘数量和周转箱数量
```

项目一　整进整出型仓库空间布局规划

学习目标

【素质目标】
- 培养爱岗敬业、责任担当、艰苦奋斗的职业精神；
- 树立安全意识、环保意识、劳动意识；
- 树立优化意识、降本增效意识、技术创新意识；
- 提升分析问题、解决问题的能力及团队合作能力。

【知识目标】
- 理解物流配送中心的类型；
- 理解物流配送中心的作用、功能和作业流程；
- 理解物流配送中心空间布局规划的内容；
- 掌握物流配送中心常用的动线类型及特点；
- 掌握使用物流动线进行区域布置的方法；
- 理解物流配送中心常用的地坪及其特点；
- 理解物流配送中心常用的墙体及其特点。

【技能目标】
- 能够识别所分析的配送中心的类型及在供应链中的位置；
- 能够完成所设定的区域配送中心（Regional Distribution Center，RDC，以下简称RDC）仓库功能区域规划，并选择适合动线；
- 能够为所设定的RDC仓库选择合适的地坪和墙体；
- 能够独立完成RDC仓库的空间布局规划方案。

仓配中心规划与运营

行业资讯

全国统一大市场

2022年4月10日,《中共中央 国务院关于加快建设全国统一大市场的意见》发布。"全国统一大市场"是指把物流成本降下来,能够让负重前行的中国经济更加轻盈,更有活力。同时,全国统一市场的构建也会拉动消费,更好地发挥消费对经济发展的带动作用。

建设全国统一大市场是构建新发展格局的基础支撑和内在要求。意见明确,加快建立全国统一的市场制度规则,打破地方保护和市场分割,打通制约经济循环的关键堵点,促进商品要素资源在更大范围内畅通流动,加快建设高效规范、公平竞争、充分开放的全国统一大市场,全面推动我国市场由大到强转变,为建设高标准市场体系、构建高水平社会主义市场经济体制提供坚强支撑。

思考问题:
我国为什么要加快建设全国统一大市场?物流在此过程中扮演什么样的角色?

项目作用

物流配送中心,也称仓储配送中心、仓配中心、配送中心,是物流活动的重要节点和运作的重要载体。随着物流业的迅速发展,各物流企业加大了对仓配中心的建设力度。由于仓配中心建设耗资较大,一旦投入运营后,调整规划会造成很大浪费,同时,所选的仓储、拣选、搬运设备及库区布局等也会影响仓储作业效率、坪效、人效,以及投资成本等方面。因此,为了保证建设的科学性、合理性,对仓配中心的布局进行规划设计是非常重要的。从仓库业务流程看,整进整出型仓库是常见的类型,运作较为简单,本项目以一个RDC仓库整进整出作业的实际案例为基础,详细讲解整进整出型仓配中心的区域设置、动线规划、墙体和地坪选择等,让学生掌握这类仓库布局规划的理论和方法。

工作任务

【析中学】

SKU 的含义

一、任务描述

某电商公司计划在 A 市建设一个 RDC,用于辐射周边地区 40 个城市配送中心(Front Distribution Center,以下简称 FDC),仓库内主要存放各类日化品,并向 FDC 约定每个最小存货单位(Stock Keeping Unit,SKU,以下简称 SKU)的订货量以"托"为单位,供应商送货用 12.5 m 飞翼车,向 FDC 配送用 7.5 m 飞翼车。公司租赁了一个 3 000 m² 的库,平面规格为:库长 75 m,库宽 40 m,库高 7.5 m,库内无立柱。仓库中存放有 200 个 SKU,整体库存平均周转周期约为 7.5 天,且收发货高峰期基本重叠。RDC 要求供应商必须带板(托盘)送货,使用 1 200 mm×1 000 mm×150 mm 的木质标准托盘,托货总高度限制在 1 200 mm 以内。请结合所给的信息完成该仓库的空间布局规划，包括仓库出入口、层高、月台、立柱间隔、功能区域、地坪、墙体等的规划设计。

要求：

（1）依据消防规定，叉车充电区不设置在库内；

（2）飞翼车规格尺寸如表 1-1-1 所示。

表 1-1-1　飞翼车规格尺寸

类型		车辆外径尺寸	车厢内径尺寸	翼展后高度
7.5 m 飞翼车		9 990 mm×2 540 mm×3 990 mm	7 500 mm×2 350 mm×2 550 mm	5 260 mm
12.5 m 飞翼车	牵引车	5 957 mm×2 495 mm×2 896 mm		
	挂车	12 900 mm×2 540 mm×3 990 mm	12 500 mm×2 420 mm×2 450 mm	5 260 mm

（3）4.2 m 厢式货车车厢内径尺寸：4.15 m×2.1 m×2.2 m；额定载重：2 500 kg。

7.5 m 厢式货车车厢内径尺寸：7.4 m×2.2 m×2.2 m；额定载重：5 000 kg。

（4）叉车安全作业间隙为 150 mm。

二、任务分析

完成本任务，需要解决以下问题：

（1）什么是 RDC 仓库？RDC 仓库运作管理对布局规划有何要求？

（2）物流配送中心仓库整体布局规划包含哪些方面？空间布局规划包含哪些内容？

（3）规划中需要搜集和查阅哪些规范、标准和资料？

绿色物流

绿色节能低碳：绿色仓储为绿色发展蓄势赋能

党的二十大报告中提到加快发展方式绿色转型。推动经济社会发展绿色化、低碳化是实现高质量发展的关键环节。

"双碳"政策的实施，促进企业对能源利用方式向集约型转变。作为新型实体企业，京东致力于成为节能降耗的"碳"路者，依托绿色供应链带动节能、能效提升、储能等领域快速发展。

截至 2022 年年底，京东已完成 23 座智能物流园的光伏发电系统安装，同时计划将光伏发电能力逐步提升至 1 000 MW，为 85% 的京东智能产业园提供绿色能源。

京东产发为宝马提供定制化的区域配送中心建设服务，让后者成为在中国首个获得 LEED 金级认证的售后零件"绿色库房"。京东产发旗下的 38 个京东智能产业园，则完成了车辆充电桩配套，共计 582 座充电桩已投入使用。

三、任务实施

整进整出型仓配中心布局规划框架图如图 1-1-1 所示。因学生第一次接触布局规划内容，为让学生易接受、易理解、易掌握，按照学生学习规律，把此次任务切分成项目一和项目二两个项目分步骤实施，在项目一中主要完成图中虚框部分，在项目二中完成剩余

探寻配送中心布局规划的奥秘

部分的规划设计，最终两个项目合成一个完整的 RDC 仓库规划设计方案。

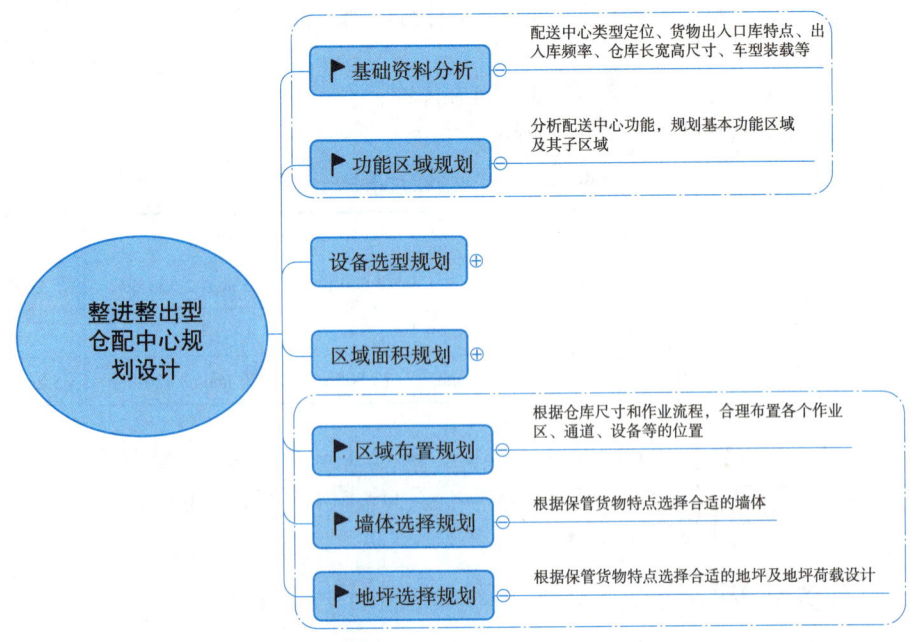

图 1-1-1　整进整出型仓配中心布局规划框架图

（一）任务 1：仓库基础资料分析

重点分析以下内容：货品资料（包括商品类型、品项数、供应来源和物权保管形式等）、货物出入库特点、出入库频率、仓库长宽高和立柱等尺寸、配送车辆信息分析等内容。

根据给定的仓库数据可知：

（1）仓库类型：该仓库长 75 m，宽 40 m，高 7.5 m，无立柱，考虑 0.5 m 的顶距，可用高度 7 m，高度不足以建设立体库，且存放的各类日化用品对温度无特殊要求，故设为普通仓库。

（2）仓库出入口设计：该仓库收发货高峰期基本重叠，优先考虑出入库月台分开的动线。

（3）周转频率分析：已知整体库存平均周转天数为 7.5 天，月周转率＝30/周转天数＝30/7.5＝4（次/月）

（4）车辆分析：已知一个托盘的托货总高度限制在 1 200 mm 以内，叉车安全作业间隙为 150 mm。12.5 m 飞翼车尺寸为 12 500 mm×2 420 mm×2 450 mm，7.5 m 飞翼车尺寸为 7 500 mm×2 350 mm×2 550 mm，木质标准托盘尺寸为 1 200 mm×1 000 mm×150 mm，可计算出每辆车的集装单元数量。

知识小课堂

什么是库存周转次数和周转天数？

库存周转情况是指商品从购入到售出所经过的时间和效率。商品周转越快，则存货的占用水平越低、流动性越强，存货积压和价值损失的风险相对低，存货所占资金使用效益高，企业变现能力和经营能力强，应收账款的速度快。衡量一个企业库存周转情况的量化指标是库存周转次数和库存周转天数。

库存周转次数是指一年内商品的库存能够周转几次。计算公式为：

库存周转次数＝全年商品销售总量（箱）/平均库存数量（箱）

库存周转天数：表示库存周转一次所需的天数。计算公式为：

库存周转天数＝全年实际物流发生天数/周转次数

周转天数表示了商品的平均在库天数，周转天数越长，则全部商品的平均在库天数越多。

（二）任务2：仓库区域设置规划

分析该配送中心应该设置的功能区域及其作用。该 RDC 仓库需要向下游 FDC 仓库进行配送，并向 FDC 约定每个 SKU 的订货量以"托"为单位，即为整托进整托出的货物，无须进行拆零拣选，所以不设置拣选区，直接运往发货理货区；货物整体库存平均周转天数为7.5 天，可见，该仓库需要设置的功能区域应包括收货月台、收货理货区、存储区、发货理货区、发货月台、办公室、叉车等搬运工具存放区、托盘及物流箱存放区、返品处理区等。

（三）任务3：仓库动线设计

根据给定的各区域面积和仓库外围道路形式，确定仓库出入口位置，设计该配送中心最优动线，并给出理由。

该 RDC 仓库长 75 m，宽 40 m，整体库存平均周转天数为 7.5 天，周转频率较高，而且收发货高峰期基本重叠，75 m 长的月台同时收发货物较为紧张，因此，收发货月台不宜放在同侧。为避免商品在进行仓库作业时出现人员的交叉碰撞等现象，减少繁重的体力劳动成本，从经济性、安全性、作业便利性角度考虑可优先选择 I 形动线。

（四）任务4：仓库地坪类型选择

分析仓库常见的普通水泥混凝土地坪、水泥混凝土耐磨地坪、金刚砂耐磨地坪、环氧树脂地坪的优缺点和适用范围。该仓库为某电商公司计划建设的一个 RDC 仓库，存放货物为日化品，周转频率 4 次/月，需要选择有较强耐磨性的地坪，地面平整度较高，减少运输时的阻力，同时考虑经济性因素，可优先选择金刚砂耐磨地坪。

（五）任务5：仓库墙体选择

分析配送中心存放的货物特点，选择需要的墙体类型。聚苯乙烯泡沫塑料、挤塑聚苯乙烯泡沫塑料、聚氨酯泡沫塑料等材料通常用于冷库墙体，该仓库存放物品无特殊要求，考虑经济性因素，可选用普通常温围板墙体材料。

技术革命

技术推动变革：物流技术创新案例

"2023 年物流技术创新案例"评选由中国物流与采购联合会组织，菜鸟此次获评创新案例的项目，涉及航空运输、生产制造、零售消费等不同行业背景，应用了数字孪生、运输优化、信息系统等不同技术。

据介绍，由菜鸟向上汽通用五菱提供的整车智慧物流平台，通过使用菜鸟的智能分单算法，将运输分单从人工转化为系统自动分单，在提升效率的同时也降低了运营成本。双方首次设计打造的基于成本时效的整车物流调度算法，通过系统大数据算法，自动推荐出成本或时效最优的调度路径与承运方，让调度告别了经验主义和人工选择模式。技术的领先性是取得上述成果的重要保障。以运输优化解决方案中内置的菜鸟VRP算法为例，该算法不仅曾获得有运筹优化界的"奥斯卡"之称的Franz Edelman杰出成就奖，还打破了57项世界纪录。

相关知识 【学中做】

一、配送中心基础

（一）配送中心的定义

配送中心是接受并处理末端用户的订货信息，对上游运来的多品种货物进行分拣，根据用户订货要求进行拣选、加工、组配等作业，并进行送货的设施和机构（图1-1-2）。

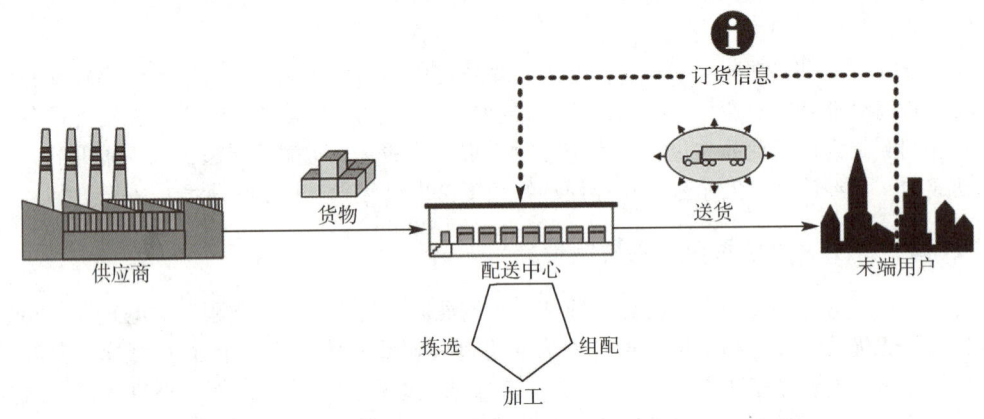

图1-1-2 配送中心的定义

（二）配送中心的功能

配送中心是现代化、规范化的物流节点，是商流、物流和信息流的有机结合，是集货、储存、流通加工、分拣配货、配送和信息处理的有机结合。如图1-1-3所示，配送中心的主要功能包括6个方面。

（三）配送中心的作业流程

（1）入库作业。入库作业的过程大致为：从送货车上将货物卸下—核对货物的种类、数量及状态（预售期、产品质量、箱体破损等）—进行验收和分类—搬运到配送中心存储地点—在采购单上签字。

（2）出库作业。出库作业主要是指备货、复核和打包，搬运到发货区，然后跟司机办理交接手续。

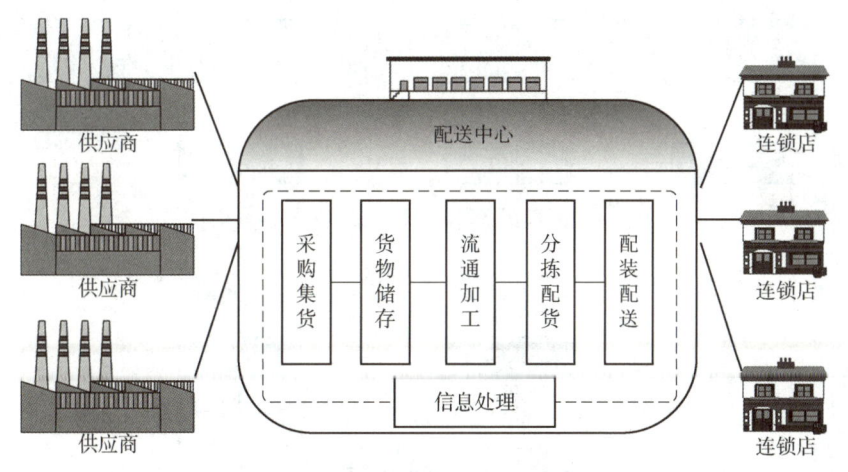

图 1-1-3　配送中心的主要功能

（3）装卸搬运作业。装卸搬运作业是连接外部与配送中心的一个重要环节，它实现了货物在配送中心不同地点之间的转移。装卸搬运质量的好坏、效率的高低同样也是整个物流过程的关键所在。

（4）订单处理。从接到客户订单开始到着手准备拣货之间的作业阶段，称为订单处理，通常包括订单资料确认、存货查询、单据处理等内容。

（5）拣选作业。拣选作业是按照订单的要求，从货物存储区选出物品，将货物送至复核台。在配送中心内部，拣选作业是极为重要的一部分，其主要目的是快速准确地将客户所需的货物集中起来。

（6）补货作业。补货作业是将货物从仓库存储区搬运到拣货区的工作，其目的是确保商品能保质保量按时送到指定的拣货区。补货方式有整箱补货、托盘补货、货架上层—货架下层补货。

（7）配货作业。配货作业是指把拣取分类完成的货品经过配货检查后，装入容器和做好标示，再运到配货准备区，待装车后发送。

（8）配送作业。配送作业是工作人员将复核之后的货物交给司机，由司机把每个客户订购的货物从配送中心送到客户手中的作业。交货是配送活动的最后作业。

配送中心作业流程如图 1-1-4 所示。

二、配送中心的类型

（一）按经营主体分类

按经营主体不同，配送中心可分为制造商主导型配送中心、批发商主导型配送中心、零售商主导型配送中心，以及物流企业主导型配送中心。

1. 制造商主导型配送中心

这类配送中心是指制造型企业为满足本企业产品生产和销售所建立的配送中心，一般专门服务于本企业的生产和销售活动，可降低企业产品销售的费用，提高企业的客户服务水平。一般来说，这类配送中心只能为零售商配送一个制造商的产品，因此难以满足销售的需要，是一种社会化程度较低的配送中心。

2. 批发商主导型配送中心

这类配送中心是指批发商为实现商品的汇集和再销售而建立的配送中心。它的基本运

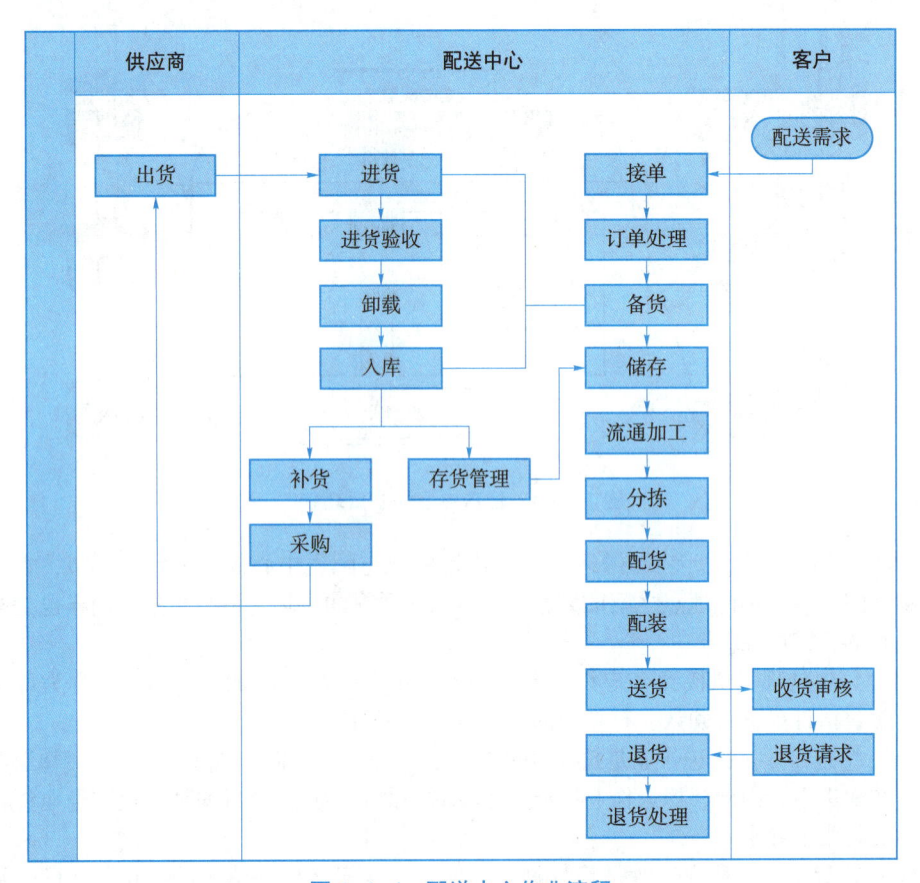

图 1-1-4 配送中心作业流程

作流程一般是批发商先把多个制造商的产品集中起来,再向零售商配送。这类配送中心一方面可使批发商在集中采购时获得规模效益,从而降低采购价格、节省运输成本;另一方面可充分满足零售商的需求,实现多品种一次送货,因此是一种社会化程度比较高的配送中心。

3. 零售商主导型配送中心

这类配送中心一般是指大型零售企业所属的配送中心。零售商先从批发商进货或从制造商直接进货,再向自己的网点和柜台直接送货。这类配送中心可以不断地向商店各部门送货,不仅有利于减轻商店内仓的压力,节约商店内仓占用的面积;而且可以将库存集中存放于配送中心,从而减少商店的库存总量。

4. 物流企业主导型配送中心

这类配送中心是由物流企业建立的、为货主企业提供配送服务的配送中心。它的服务对象一般比较固定,物流企业在与货主企业签订长期服务合同的基础上,代理货主企业开展配送服务,属于第三方服务形态。这类配送中心具有较强的运输、配送能力,能按照货主企业的要求迅速地将商品送到指定地点,且物流设施的利用率高、成本低、服务范围广。

案例: 中国邮政速递物流股份有限公司陕西省电商物流分公司,负责良品铺子西北五省及山西的仓配项目(以下简称良品仓)。良品仓的仓储业务主要包括货物的接收、处理、回库。配送业务是指包裹从仓配送到门。在 2018 年"双 11"期间良品仓总共接单 15 万左右。

（二）按设施归属分类

按设施归属不同，配送中心可分为自用型配送中心和公共型配送中心。

1. 自用型配送中心

一般来说，这种配送中心的设施归一家企业或企业集团所有，是企业物流组织体系和物流系统的组成部分，为企业自己或集团内部服务，很少对外提供服务。例如，美国沃尔玛的配送中心由其独资建立，专门为本集团所属的连锁店提供商品配送服务。

2. 公共型配送中心

这种配送中心通常由若干企业共同投资、持股或管理，面向社会或某个行业所有客户，从事专业的物流与配送服务。在配送中心总量中，这类配送中心占有相当大的比例。

（三）按辐射范围分类

按仓配中心辐射范围可分为中央配送中心（Central Distribution Center，以下简称CDC）、区域配送中心（RDC）、城市配送中心（FDC）。

CDC是指一个组织或者公司最核心的并且统管其旗下其余配送中心的配送中心。

RDC是以较强的辐射能力和库存准备，向省（州）际用户配送的配送中心。它的活动范围大、辐射能力较强，经营规模与配送批量也较大，服务对象往往是下一级的城市配送中心、生产企业或零售商等。

FDC又称前端物流中心，它以大、中城市为依托，主要面向终端用户进行分拣组合配送，并具体开展快递活动，其上游多为RDC或生产企业。

（四）按配送中心功能分类

1. 储存型配送中心

储存型配送中心是充分强化了货物储存功能的配送中心，一般是在充分发挥储存作用的基础上开展配送活动。储存型配送中心通常需要有较大规模的仓库和储存场地，以便在资源紧缺时储备丰富的资源。例如，河北省速递物流公司电商物流公司（廊坊市广阳仓）的库存面积是4.4万 m²，可用面积2.8万 m²，分上下两层，一层呈U字形，主要储存小家电商品和云集商品；二层呈长方形，主要储存美妆类产品，如卡姿兰、阿芙、丸美等。

2. 流通型配送中心

流通型配送中心是以暂存或随进随出方式进行配货和送货的配送中心，基本没有长期储存功能。它的典型运作方式是大量货物整批进入，然后按一定批量运出。这种配送中心一般采用大型分货机进行分拣和配货作业，货物直接进入分货机传送带，然后分送到各客户货位或直接分送到配送车辆上，货物在配送中心仅作短暂停留。流通型配送中心通常用来向客户提供库存补充，其规模大小取决于客户要求的送货速度、平均订货的多少，以及单位用地成本等。例如，日本阪神配送中心只有暂存库，大量储存则依靠一个大型补给仓库。

3. 加工型配送中心

加工型配送中心是以流通加工为主要业务的配送中心，其主要功能是对货物进行清洗、分解、集装等加工活动，以加工为核心开展配送活动。因此，在加工型配送中心的配送作业流程中，储存作业和加工作业占主导地位。目前，我国的大部分加工型配送中心主要从事生产和生活资料的配送活动。例如，深圳市菜篮子配送中心就是以加工肉类为核心开展配送业务的加工型配送中心。

三、配送中心空间设计

（一）配送中心出入口

1. 出入口的位置和数量

配送中心出入口的位置和数量是根据建筑物结构和尺寸、库内货物堆码形式、出入库频率、出入库作业流程与功能等因素决定的。配送中心一般设置单面和双面出入口位置。配送中心出入口如图 1-1-5 所示。

配送中心出入库口和通道设计

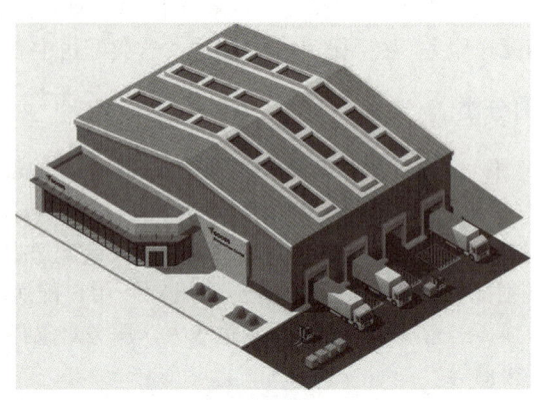

图 1-1-5　配送中心出入口

2. 出入口尺寸

出入口尺寸是由卡车是否出入库内，所用叉车的种类、尺寸、台数、出入库次数，以及保管货物尺寸所决定的。

（二）配送中心内部通道规划

通道是人员和货物在库房内移动的路径。通道的位置和宽度将直接影响物流效率。通道应延伸至每一个货位，使每一个货位都可以直接进行作业，通道需要路面平整和平直，减少转弯和交叉。通道规划主要是通道位置和宽度的设计。

1. 设计原则

良好的通道设计应该遵循以下几个原则：

（1）流向原则。在库房通道内，人员与物品的移动方向要形成固定的流通线。

（2）空间经济原则。以功能和流量为设计依据，提高空间利用率，使通道的效益最大化，通道有效占地面积的比率越低，仓储效率就越高。

（3）安全原则。通道必须随时保持通畅，遇到紧急情况时，便于人员的撤离和逃生。

（4）交通互利原则。各类通道不能相互干扰，如电梯是楼层间的主要交通工具，楼层间的电梯位置不能妨碍主要通道的通行。可观看微课"配送中心出入库口和通道设计"了解更多关于通道设计的内容。

2. 影响因素

影响通道布置和宽度设计的因素有：通道形式，搬运设备的型号、尺寸、能力和旋转半径，储存物品的尺寸，存储区到进出口及装卸位置的距离，防火墙位置，行列空间及柱子间隔，服务区到设备的位置，地板负载能力，电梯、斜道位置，以及出入的方便性等。

3. 通道类型

（1）主要通道：也称为中枢通道，沿仓库纵向贯通，以直线或尽可能少的折线来连接出入口，道路最宽，提供叉车、手推车和人员双向通行，根据《仓储场所消防安全管理通则》，库房主要通道不应小于 3 m，一般宽度为 3.5~6 m。

（2）辅助通道：一般沿仓库横向布置，与主要通道垂直或平行，是连接主要通道和各作业区的通道，以叉车通行为主、人员通行为辅。它的宽度主要由叉车规格尺寸、托盘规格尺寸决定，宽度可参照表 1-1-2。

表 1-1-2 辅助通道宽度参照表

区域类别	搬运工具	通道宽度
托盘货架存储	叉车	2.8~3.5 m
轻型货架存储	手推车	1.0~1.5 m

主要通道与辅助通道示意图如图 1-1-6 所示。

（3）人行通道：除了正常情况下员工通行，还用于人工作业、维修和紧急逃生等，其宽度主要由人流量来决定。一般情况下，人行通道宽度为 0.8~0.9 m；但多人通行时，人行通道宽度为 1.2 m。

（4）电梯通道：为出入电梯所需要的通道，不应受其他通道妨碍，一般距主要通道 3~4.5 m。

（5）服务通道：主要为员工提供服务、方便生活，一般员工办公中心和生产制造中心在同一仓库内时，需设此通道。

图 1-1-6 主要通道与辅助通道示意图

（6）消防通道：为公共设施、防火设备或紧急逃生所需要的进出通道。

（三）立柱间隔设计

柱间距直接影响货物的摆放、搬运车辆的移动与输送分拣设备的安装，因此，柱间距的选择是否合理，对物流配送中心的成本、效益和运转费用都有重要影响。

影响物流配送中心建筑物柱间距的因素有：运输车辆种类、规格型号和入库台数，托盘尺寸和通道宽度，货架与柱之间的关系等。一般情况下，立柱间隔以 7 m 为宜，这样可允许通过 2 辆大型汽车或 3 辆小型载货车或 6 个标准托盘。立柱间隔设计示意图如图 1-1-7 所示。

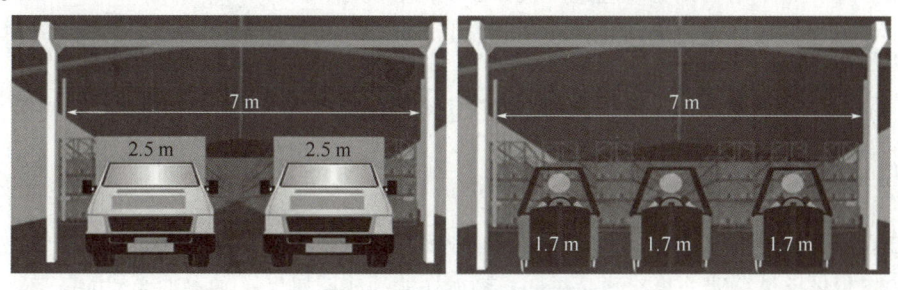

图 1-1-7 立柱间隔设计示意图

(四) 天花板高度

天花板高度指在全部装满货物时，货物的计划堆放高度，或者说，考虑最下层货物对地面所能承受的压力时，堆放货物高度加上剩余空间的总高度。在有托盘作业时，还要考虑叉车的扬程高度与装卸货物的剩余高度。

配送中心空间布局——建筑物空间设计

通常平房建筑的天花板高度为 5.5~7 m，多层建筑物的天花板高度多数情况是：一层 5.5~5 m，二层 5~6 m，三层 5~5.5 m。平房建筑的天花板高度示意图如图 1-1-8 所示。

图 1-1-8 平房建筑的天花板高度示意图

(五) 月台

目前物流配送中心的月台主要分为齐平式月台（俗称内置月台，如图 1-1-9 所示）和开放式月台（俗称外置月台，如图 1-1-10 所示）。齐平式月台与仓库侧边齐平，优点是整个平台仍在仓库内，可避免能源浪费。齐平式月台造价低，目前应用广泛。开放式月台全部突出在仓库之外，平台上的货物完全没有遮掩，仓库内冷暖气容易外泄。开放式月台在设计过程中，需注意遮阳棚的高度距离停车地面至少为 4 m，其长度根据车位的个数来决定，但至少为 5 m。遮阳棚屋面要向内有一个倾斜度，以避免雨水跌落到车厢，淋湿物品。

图 1-1-9 齐平式月台　　　　图 1-1-10 开放式月台

《物流建筑设计规范》（GB 51157—2016）中对物流建筑装卸站台有下面的规定。

（1）货运装卸站台进深不宜小于 6 m，月台雨棚的宽度一般为 8 m，同时需考虑内天沟或内落水管，自用物流建筑的装卸站台进深不宜小于 4.5 m；

（2）站台宜高出停车地面 0.8~1.5 m，且具体高度应根据车型确定；

（3）车型不确定的站台，应配置装卸高度调节设备；

（4）铁路专用线站台面距轨面高度应为 1.1 m，站台边缘至相邻铁路中心线的距离应为 1.75 m；

（5）物流建筑作业区站台雨棚伸出站台边缘的挑出长度不宜小于 2 m。

四、功能区域规划

在确定物流配送中心主要物流活动与作业流程之后，可以确定相应的功能区域。一般情况下，根据区域作业的重要程度不同，物流作业功能区域可以分为主要功能区域、次要功能区域和辅助功能区域。仓配中心的布局规划主要包括主要功能区域与次要功能区域的布局设计，辅助功能区域主要由业主与建筑设计院沟通后确定。

（一）主要功能区域

1. 收货区

在这个作业区内，工作人员须完成接收货物的任务和货物入库前的准备工作，比如卸货、检验、搬运、暂存等工作。

配送中心
功能区域规划

2. 存储区

存储区用以满足商品的存储需要。存量需求高，则库存区的空间要求大；存量需求低，则库存区的空间要求小。根据存储形式与存储设备的不同，库存区可以分为地面堆积存储区、托盘货架存储区、自动仓库区、轻型货架区等。存储区如图 1-1-11 所示。

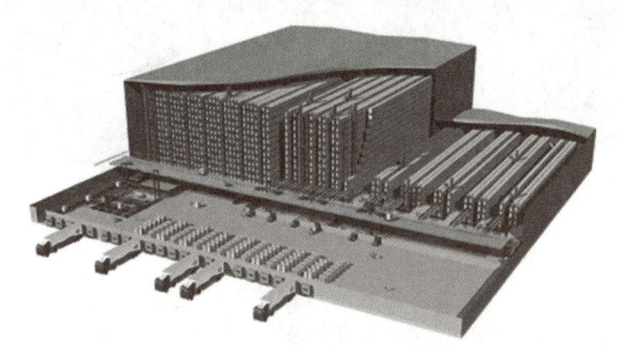

图 1-1-11　存储区

3. 拣货区

拣货区是为便于拣货作业而设置的区域。整托或整箱的拣货一般在其存储区完成，高层货位作为存储点，便于取货的底层货位作为拣选点；零货拣选一般需要通过设置独立的拣货区来完成。拣货区在零售配送中心/电商仓库中是一类非常重要的作业区域，通过货物由存储区向拣货区补充来实现存储区的大规模存储、拣货区的高效率便捷拣货作业。

4. 流通加工区

配送过程中，为解决生产中大批量少品种的特点和消费中小批量多样化的要求之间的矛盾，按照客户对商品的不同要求，对商品进行分割、分装、组配、贴标签、刷标识、拆箱、外箱包装等作业活动。这些作业活动发生的区域就是流通加工区。流通加工区如图 1-1-12 所示。

图 1-1-12　流通加工区

5. 集货区

集货区是连接内部区域与出库月台的桥梁，是对商品进行发货整理、检查、复核的工作区域。集货区越大，则同一时间可备货的客户越多。集货区如图 1-1-13 所示。

图 1-1-13 集货区

6. 发货区

在该区域，工作人员主要负责将配好的货物按照到达点或到达路线进行送货，运输车辆可以借用社会运输车辆，也可自配专业运输车队。

（二）次要功能区域

次要功能区域相对面积较小，功能较为单一，承担着相应的区域职能。常用的次要功能区包括办公区（订单处理等）、出入库暂存区、返品处理区、纸箱存放区、搬运设备存放区、设备维护区、叉车充电区等。

（三）辅助功能区域

除了上述区域，还有一些辅助区域，这些区域服务于配送中心，同样是不可或缺的。辅助功能区域包括库房配合作业区，员工休闲娱乐、饮食、盥洗等区域，警卫室，车辆停车区，消防通道，货梯等。

五、区域布置规划

在确定好配送中心主要作业区域后，就可以进一步确定各个作业区域的相对位置。区域布置规划是要初步确定各作业区域、辅助办公场所、储存设施等作业单位及工作地、设备、通道、管线之间的相互位置，并对作业区域内的建筑构筑物的配置做出合理的布局，同时也要初步提出物料搬运的流程及方式。

（一）区域布置规划的原则

在进行作业区域布置时需要遵循下面的原则：
(1) 物料搬运顺畅、快捷方便，避免往返交叉；
(2) 充分利用建筑物空间；
(3) 合理划分和协调配置存储区域和作业场所；
(4) 创造安全、舒适的作业环境；

（5）具备适应变化的柔性；
（6）投资合算。

（二）区域布置方法——动线分析法

在实际操作中主要采用关联线图法和动线分析法来完成作业区域布置规划。此部分先讲动线分析法。

1. 动线布局规划时遵循的原则

动线，是建筑与室内设计的用语之一，意指人在室内室外移动的点，连接起来就成为动线。动线的概念也被应用在配送中心的平面区域布置中，一件货物从入库到出库移动的路线，就是物流动线。好的动线布局应遵循"不迂回、不交叉、动线最佳化"。

（1）不迂回，指不绕远、不绕圈，防止无效搬运。

（2）不交叉，指作业动线之间不碰撞，避免动线冲突造成搬运的安全隐患。

（3）动线最佳化，一般是指行走距离最小原则。

2. 物流动线的类型

（1）U形动线：顾名思义是指货物从入库到出库的动线形状像大写的U字母，这种设计适合仓库进货和出货月台位于仓库同侧，可依进出货频率安排接近出口端的存储区，缩短拣货搬运路线，如图1-1-14所示。

图 1-1-14 U形动线

由于U形动线设计只需在配送中心其中一边预留货车停泊及装卸货车道，所以其优点有：能够同时处理"快流"与"慢流"的货物，便于越库作业的进行；便于集中货台管理，减少货台监管人员数量，易于控制和安全防范。缺点是由于进出货在同一月台、使用同一通道供车辆出入，所以容易造成进出货物混淆和高峰期的车辆拥堵。

（2）I形动线：又称直线形动线，是指进货和出货月台分别位于仓库的两侧，物流动线像大写的I字母，如图1-1-15所示。

图 1-1-15 I形动线

该种动线的优点是可以应对进出货高峰同时发生的情况，不会出现车辆拥堵。缺点有两点：一是出、入货台相距甚远，无论订单大小与拣货品多少，均需经过库房全程，增加货物的整体运输路线，降低效率；二是由于出、入货台分布在配送中心的两旁，需最少两队保安小组负责两个货台的监管，增加了人员投入及运作成本。

I形动线的适用场景是收发货频率高、存储时间短的配送中心，转运中心或越库作业中心，常用于接收相邻加工厂的货物或用不同类型的车辆来出货和发货的处理中心。

（3）L形动线：指进货和出货月台分别位于仓库的相邻两边。L形动线把货物出入仓库的途径缩至最短，其设计兼具了I形和U形动线的特征，如图1-1-16所示。

图1-1-16　L形动线

L形动线特点是：可以应对进出货高峰同时发生的情况；适合越库作业和储存作业同时进行；可同时处理"快流"与"慢流"的货物；使用同一通道供车辆出入，易于控制和安全防范；可以在建筑物三个方向进行空间扩张。

（4）S形动线：又称锯齿形动线，进货和出货月台位于仓库的两边，如图1-1-17所示。它可以满足多种流通加工等处理工序的需要，且在宽度不足的仓库中作业。

图1-1-17　S形动线

S形动线一般适合需要经过多步骤处理的货品或者多排并列的货架存储区，当仓库长度受限，可以在宽度上多布置一些区域，故采取此种动线，它可与I形动线一起使用。

（三）物流动线区域布置步骤

在区域位置布置阶段，还没有进行设备的选用设计，但是按物流特性和作业流程已经对设备的种类有了大致的要求。物流流程的动线分析就是根据这些设备性能逐一分析区域内和各区域之间的物流动线是否流畅，其分析步骤如下：

（1）确定配送中心对外的连接道路形式，以决定出入口位置及内部配置形式。

（2）确定规划地块总的空间范围、各作业区面积大小及长宽比例。

探寻区域布置方法——动线分析法

（3）确定配送中心从进货到出货的动线形式。根据配送中心大致的面积和长宽比例、装卸货的出入形式、作业区域内物流动线形式，以及各区域相对位置，设计仓库内的主要通道，并确定配送中心内由进货到发货的主要物流动线形式。

（4）布置刚性区域。刚性区域就是作业区域中面积较大，且长宽不易变动的区域。方法是根据作业流程顺序，安排各区域位置。物流作业区域是由进货作业开始，根据物料流程前后关系顺次安排相应位置。其中作业区域中面积较大，且长宽不易变动的区域（刚性区域），应首先安排在建筑平面中，如自动仓库、分拣输送机等作业区域。

（5）插入柔性区域。柔性区域是指虽然面积较大，但长宽比例容易调整的区域，如托盘货架区、流动货架区与集货区等。柔性区域还应包括面积较小，且长宽比例容易调整的区域，如贵重物品保管区、暂存区与流通加工区等。

（6）布置现场所需的管理办公区域。

（7）分析各区域之间物流动线形式，绘制物流动线图，进一步研究物流动线的合理性和流畅性，进行各项作业流程与活动相关联的联合布置，并且考虑可能的布置组合，如图 1-1-18 所示。

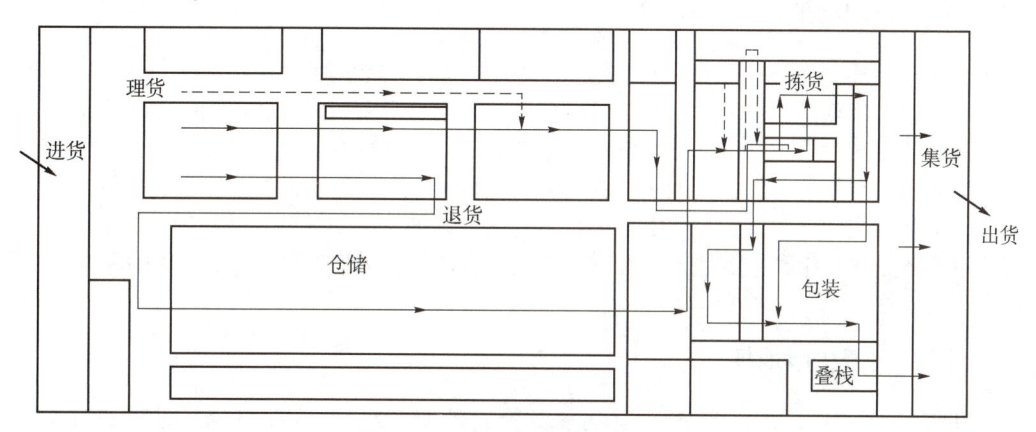

图 1-1-8　物流动线布局图示例

六、地坪类型

作为用来储存货品的仓库，根据储存货品性质、需求与用途不同，需考虑选择不同的地坪，常用的地坪有以下 4 种：

（一）普通水泥混凝土地坪

普通水泥混凝土地坪（图 1-1-19）是目前仓库地坪中最便宜的地坪类型。它的优点是地面造价低；缺点是非常容易"尘土飞扬"，清洁难度大。因为仓库进出货频繁，使用两年以上便容易引发不同程度的翻砂、起尘等影响使用感的问题，所以普通水泥混凝土地坪一般适合存储物对仓库清洁度要求不高、不需要重型仓储设备进行装卸搬运、对存储环境要求不高、不具有腐蚀性、毛利较低的仓库。

（二）水泥混凝土耐磨地坪

水泥混凝土耐磨地坪（图 1-1-20）每平方米造价大约比普通混凝土地坪高 30～60 元，施工工艺较为烦琐。它的优点是耐磨性能强、外表密实、地面不易翻砂起尘、使用寿命长、可以承受重荷载车辆的碾压、容易清洗；缺点是外表粗糙度高、抗渗透能力差、地面不能过重车，易出现起壳、脱落、空鼓等问题，严重的还会直接碎裂。水泥混凝土耐磨地坪适合储存的物品对仓库洁净度要求较高、利润较高，无车辆频繁行走和重物撞击的仓库。

图 1-1-19　普通混凝土地坪　　　　图 1-1-20　水泥混凝土耐磨地坪

（三）金刚砂地坪

金刚砂地坪（图 1-1-21）材料主要由高强度水泥、无机耐磨骨料、颜料粉、添加剂等组成。它的优点是地板表面密实、硬度高、防尘耐磨耐用、具有较好的抗冲击性和抗压性、易清洁、无污染、环保性好、使用寿命强；缺点是价格贵、抗渗透性较差、油污容易渗入地坪内部、不适合经常有油污存在的车间如机加工车间等，同时金刚砂地坪材料是以无机硅酸盐为主的化学成分，不能抵抗化学药品的腐蚀，极易被酸、碱腐蚀。金刚砂地坪适合有车辆频繁行走和重物撞击、经常有尖锐硬物摩擦、无腐蚀性化学药品和储存的物品对仓库洁净度要求不高的仓库。

（四）环氧树脂地坪

环氧树脂地坪（图 1-1-22）的地坪漆价格是 18~28 元/m^2，自流平地坪漆价格是 55~85 元/m^2。环氧树脂地坪大致可以分为环氧树脂磨石地坪、环氧树脂彩砂压砂地坪、环氧树脂自流平地坪、环氧树脂砂浆地坪、环氧树脂平涂地坪。

图 1-1-21　金刚砂地坪　　　　图 1-1-22　环氧树脂地坪

（1）环氧树脂平涂地坪适合普通车间、对环境要求不高的场所。
（2）环氧树脂自流平地坪适合无尘车间、对厂房净化要求比较高的工业生产区域。
（3）环氧树脂防静电地坪适合对抗静电有要求的电子行业制造车间或仓库。
（4）环氧树脂砂浆地坪适合有重负荷运行的车间、仓库、通道、地下停车场等区域。
环氧树脂地坪的优点：色泽鲜艳、美观性较好、耐化学性、耐磨、易保养、防尘、防渗水渗油、防滑、清洁简单，能够满足卫生清洁度要求较高的生产车间的要求。

环氧树脂地坪的缺点：造价较高、硬度低、耐磨性差、叉车轮胎磨损会留下较深的痕迹难以去除、抗划伤性能较低、维修成本比较高。它的使用寿命较短，一般5年就需要翻新一次。它的耐光性差，长期在紫外线环境下容易"粉化"和变色。

环氧树脂地坪适合储存的物品对仓库清洁度要求高、无重物经常撞击、无车辆频繁行走、无尖锐硬物经常摩擦和无强腐蚀性化学药品的仓库。

七、墙体材料

作为用来建造房屋的墙体，根据使用场景、需求的不同，需选择合适的填充材料，常用的墙体材料有下面几种：

（一）普通常温围板

普通常温围板是一种广泛应用于建筑物墙体、屋面及地面保温领域的保温材料，包括住宅、商业楼、工业厂房和公共建筑等各类型建筑物，如图1-1-23所示。它主要由发泡聚苯乙烯、酚醛泡沫等原材料组成，具有保温性能优异，抗压强度高，防潮性和抗冻性能佳、安装方便、价格相对经济实惠等特点。普通常温围板也存在不足之处，如导热系数较大、难以降低建筑墙体的传热损失，不耐酸碱腐蚀、容易受到化学作用间接影响，且需要按照正确的方式进行施工，还存在一定环保风险。

（二）聚苯乙烯泡沫塑料

聚苯乙烯泡沫塑料是一种常见的保温材料，如图1-1-24所示。它主要由聚苯乙烯树脂、发泡剂等原材料组成，具有很好的隔声、隔热性能，而且密度小、韧性高、防水、防潮性能优异。它还可以通过添加剂进行改性，如增加抗紫外线、耐氧化、抗老化等特性。此外，聚苯乙烯泡沫塑料使用安全，不易燃烧，不会产生有毒或有害物质，环保性好。然而，它的导热系数较大，需要配合其他材料以达到更好的保温效果。另外，经过长时间的日晒和雨淋，聚苯乙烯泡沫塑料容易发生老化和变形，所以在使用过程中也需要注意防晒和防水。总体来说，聚苯乙烯泡沫塑料适用于建筑墙体、屋面及地面保温领域，在家庭、商业和工业建筑中得到广泛应用。

图 1-1-23 普通常温围板　　　　图 1-1-24 聚苯乙烯泡沫塑料

（三）挤塑聚苯乙烯泡沫塑料

挤塑聚苯乙烯泡沫塑料是一种高性能保温材料，如图1-1-25所示。它主要由聚苯乙烯树脂、发泡剂和辅助添加剂组成。与传统的聚苯乙烯泡沫塑料相比，它具有更多的优点，如更高的密度和刚度、更好的抗外力性，以及更优秀的绝缘性能等。同时，挤塑聚苯乙烯泡沫塑料也具有较低的导热系数，可大幅提升建筑的保温效果，且无异味、安全无毒、绿色环保，符合国家环保标准。但是，挤塑聚苯乙烯泡沫塑料相对比较贵，施工工艺需要专业技术人员才能完成，不能对其进行切割，一旦损坏则难以修复。总体来说，挤塑聚苯乙烯泡沫塑料广泛应用于集装箱、冷库、地下工程、风管等领域，不仅在保温和隔声方面具有很好的性能，在防火和抗氧化等方面也有着较强的应用优势。

（四）聚氨酯泡沫塑料

聚氨酯泡沫塑料是一种优质的绝缘、保温材料，如图 1-1-26 所示。它主要由异氰酸酯、多元醇和发泡剂等原材料组成，同时还需添加催化剂和稳定剂等辅助剂，经过化学反应后形成均匀致密的泡沫结构。与传统的泡沫塑料相比，聚氨酯泡沫塑料具有更高的强度、更好的柔性和耐腐蚀性能，在各种恶劣环境中都能长时间稳定使用。此外，它还具有极低的导热系数，可有效提高建筑的节能效果。由于聚氨酯泡沫塑料生产过程中不会释放有害污染物，而且本身又是可回收的材料，因此它是一种环保、经济实惠，并且适用范围广泛的建筑材料。聚氨酯泡沫塑料不仅在建筑中应用广泛，而且在制造业和交通运输领域也有应用，如飞机、火车、船舶上经常使用聚氨酯泡沫塑料，可以起到隔声、减震、防冻等作用。

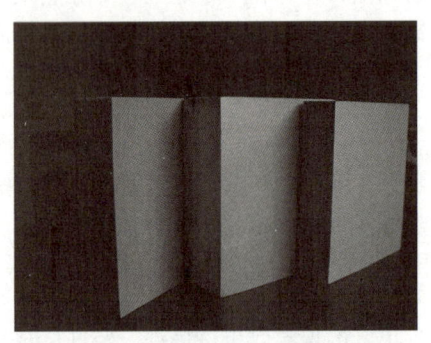

图 1-1-25 挤塑聚苯乙烯泡沫塑料　　　图 1-1-26 聚氨酯泡沫塑料

劳模榜样

劳动创造幸福：争做"状元"的快递员

康智，男，汉族，1991 年出生，2011 年加入中国共产党，中国邮政集团有限公司北京市海淀区分公司清华营业部揽投员，荣获北京市劳动模范、北京大工匠、首都最美劳动者、全国邮政技术能手、全国青年岗位能手等荣誉称号，2021 年春节登上了中央电视台春节联欢晚会的舞台，被《工人日报》头版头条报道。

康智毕业于石家庄邮电职业技术学院，在学校接受了三年邮政文化系统知识学习，自身比较喜欢和热爱这份工作，这是他一直坚持下来的原动力。他说快递员的工作看似简单，实际环环相扣，一个环节做不好，就会影响投递效率和客户体验。打个比方，"双11"期间他每天投递邮件 300 多件，行驶里程三四十公里，如果对路线没有好的规划，就会使投递效率大打折扣。

工作近 10 年来，康智认真践行"人民邮政为人民"的服务宗旨，把初心融入每一份邮件，每天像激情飞扬的"小蜜蜂"，忙碌奔行在首都的大街小巷，累计投送邮件 30 万件，无一差错。他说，再平凡的岗位也能做出不平凡的业绩，三百六十行，行行都能出状元。他总结了投递道段时间管控排班等工作法，创立了"小蜜蜂"实践基地和"爱心邮路"，并多次在快递业的技能大赛中取得优异成绩。现在康智成了老家十里八乡的"小明星"，村里的父老乡亲都为他感到骄傲和自豪。康智在北京扎下了根，曾经许下的心愿，如今变成了现实。

主题讨论：仔细阅读康智的学习和工作经历，请简要地谈一谈你从中能学到了哪些东西，给了你什么样的启发。

做任务 【做中学】

一、实训任务书

在掌握整进整出型仓库空间布局规划的方法、技能和相关知识的基础上，按照表1-1-3的任务单要求，完成本次任务。

表1-1-3 整进整出型仓库空间布局规划任务单

任务名称	整进整出型仓库空间布局规划任务单	任务编号	1.1
任务说明	1. 小组协作完成 小组成员按照任务资讯、计划、决策、实施、检查、评价的过程，完成本次任务。 2. 任务提交 每小组按照报告格式认真规范排版，提交一份 Word 文本，包含本项目所有任务的仓库布局方案设计报告，并以 PPT 汇报		
任务背景资料	某电商公司计划在 A 市建设一个 RDC，用于辐射周边地区 5 个 FDC，并向 FDC 约定每个 SKU 的订货量以"托"为单位，供应商送货用 12.5 m 飞翼车，向 FDC 配送用 7.5 m 飞翼车。公司租赁了一个 3 000 m² 的仓库，平面规格为：库长 100 m，库宽 30 m，库高 7.5 m，库内无立柱。仓库中存放有 120 个 SKU，其中平均库存量 1 900 托，最大库存量 3 800 托，整体库存平均周转周期约为 1 周；RDC 要求供应商必须带板（托盘）送货		
相关参数说明	（1）托盘为木质标准托盘，规格尺寸：1 200 mm×1 000 mm×150 mm，托盘、物料箱（尺寸自定）、PDA 等数量无须配置，数量不受限制。 （2）所有货物码托后，最大托货总重不超过 360 kg。 （3）月台计入仓库面积内，地坪荷载请按整数设置。 （4）依据消防规定，叉车充电区不设置在库内。 （5）飞翼车规格尺寸如下表所示。 	类型	车辆外径尺寸	车厢内径尺寸	翼展后高度
7.5 m 飞翼车	9 990 mm×2 540 mm×3 990 mm	7 500 mm×2 350 mm×2 550 mm	5 260 mm
12.5 m 飞翼车 牵引车	5 957 mm×2 495 mm×2 896 mm		
12.5 m 飞翼车 挂车	12 900 mm×2 540 mm×3 990 mm	12 500 mm×2 420 mm×2 450 mm	5 260 mm | （6）4.2 m 厢式货车车厢内径尺寸：4.15 m×2.1 m×2.2 m；额定载量：2 500 kg。7.5 m 厢式货车车厢内径尺寸：7.4 m×2.2 m×2.2 m，额定载重：5 000 kg。 （7）在库存储时，托货总高度不超过 1 200 mm。 （8）叉车安全作业间隙为 150 mm		

续表

任务实施	**任务1：业务背景数据分析** 1. 仓库数据资料分析 （1）RDC仓库在供应链中的位置：分析该仓库的上游客户和下游客户，绘制出供应链中上下游关系图。 （2）分析仓库出入口的特点，仓库长度、高度及库内立柱情况。 （3）从仓库高度上应选择哪种类型的仓库？给出原因。 2. 仓库功能类型分析 3. 车辆分析 查找飞翼车的特点，根据题目给定的飞翼车的规格尺寸，计算每种飞翼车能够装载的托盘数量。 4. 货物周转率计算
	任务2：仓库区域设置 在下表中列出该仓库应该设置哪些功能区域，并简要描述每个功能区域的作用。 **仓库区域设置及功能说明** | 序号 | 区域名称 | 区域功能 | |---|---|---| | | | | | | | | | | | | | | | | | | | |
	任务3：仓库动线设计与平面布局规划 阐述常见的仓库动线类型、优缺点及适用范畴，根据下表给定的该仓库主要功能区面积，规划该仓库最优动线，并给出理由，简单绘制出该仓库平面布局图。 **仓库区域面积数据** | 序号 | 区域名称 | 长/m | 宽/m | 面积/m² | |---|---|---|---|---| | 1 | 存储区_1 | 100 | 10 | 1 000 | | 2 | 收货月台_1 | 5 | 15 | 75 | | 3 | 收货理货区_1 | 5 | 15 | 75 | | 4 | 发货月台_1 | 5 | 15 | 75 | | 5 | 发货理货区_1 | 5 | 15 | 75 | | 6 | 存储区_2 | 80 | 15 | 1 200 | | 7 | 办公区_1 | 5 | 5 | 25 | | 8 | 叉车等搬运工具临时存放区1 | 5 | 25 | 25 | | 9 | 叉车等搬运工具临时存放区2 | 5 | 5 | 25 | | 10 | 主要通道 | 80 | 5 | 400 |
	任务4：仓库地坪和墙体选择 1. 地坪选择 对比分析仓库常用地坪的优点、缺点和适用范围，填写下表，规划该仓库应选择何种地坪，并说明理由。

项目一　整进整出型仓库空间布局规划

续表

任务实施	\multicolumn{4}{l	}{地坪类型分析表}
	地坪类型	优点	缺点	适用范围
	\multicolumn{4}{l	}{2. 墙体选择 　　对比分析仓库常用墙体的优点、缺点和适用范围，填写下表，规划该仓库应选择何种墙体，并说明理由。}
	\multicolumn{4}{l	}{墙体类型分析表}
	墙体类型	优点	缺点	适用范围
	\multicolumn{4}{l	}{任务5：仓库布局仿真模型搭建（各校根据实训环境可选做） 　　进入仓库布局仿真实训平台，按照仓库尺寸、设计的各功能区域，以及动线布局进行仿真搭建。}

二、任务评价

评价采用自我、组内、组间、教师评价相结合方式，主要从团队协作、任务单完成数量和质量、任务分析的逻辑性和完整性、任务实施的正确性、专业知识的灵活运用和掌握能力等方面进行评价，如表1-1-4所示。

表1-1-4　任务考核评价表

任务名称：_____　专业：_____　班级：_____　第_____小组
组长：_____　小组成员（姓名、学号）：_____

成员分工				
任务评价	自我评价____分	组内评价____分	组间评价____分	教师评价____分
评价维度	\multicolumn{3}{c	}{评价内容}	分值	得分
方案设计	任务1：描述逻辑清晰、内容完整，结论正确。结论错误一处扣2分			10	
	任务2：功能区域设置正确，理由充分。多设或少设一个区域扣2分			10	
	任务3：准确理解各动线特点，所选动线有理有据，符合设计原则；平面布局图与所选动线一致，绘图清晰。错误一处扣2分			10	
	任务4：地坪和墙体特点归纳清晰、完整，所选择的仓库地坪和墙体有理有据，符合实际情况和成本节约原则			10	
	任务5：作业流程描述逻辑清晰，与本仓库作业结合紧密；描述正确，符合本仓库作业流程特点			10	

【智慧物流】会玩"俄罗斯方块"的国内最大智慧机器人仓库

· 25 ·

续表

评价维度	评价内容	分值	得分
格式排版	严格按照格式规范要求进行排版，有封面、有目录，行距、字体、字号等符合要求。错误一项扣 1 分	10	
小组汇报	PPT 制作逻辑清晰、排版美观、内容完整；汇报声音洪亮、表述清楚，回答问题准确、熟练，反映本小组设计思路、特点	30	
团队协作	团队成员分工明确，任务完成协作性好，按时提交设计方案	10	

巩固拓展

一、单选题

1. 配送，作为一项特殊的、综合性的（　　）活动，顺应了社会化大生产发展的客观要求，已成为各行各业提高生产效率的重要手段。
   A. 采购　　　　　B. 储存　　　　　C. 分拣　　　　　D. 物流

2. 一般来说，配送中心的（　　）定位是根据其开展的配送服务的内容和相应的配送作业环节为基础来进行的。
   A. 功能　　　　　B. 商品　　　　　C. 区域　　　　　D. 城市

3. 从一定意义上说，一般作业流程也就是配送中心的总体运动所显示的（　　）流程。
   A. 工艺　　　　　B. 专业　　　　　C. 综合　　　　　D. 区域

4. 配送中心作为物流活动中的一个（　　），是现代企业实施高效率的备货、理货、储存、加工业务及成功地实施配送的一个重要组织。
   A. 服务场所　　　B. 组织　　　　　C. 节点　　　　　D. 企业

5. 为了能够有效地同时向不同的客户配送多种货物，配送中心必须采取适当的方式对组织进来或接收到的货物进行（　　），并在此基础上按照配送计划分装和配装货物。
   A. 采购　　　　　B. 储存　　　　　C. 分拣　　　　　D. 加工

6. （　　）配送中心是指以较强的辐射能力和库存储备，向省（州）际、全国乃至国际范围的客户从事配送服务的配送中心。
   A. 城市　　　　　B. 区域　　　　　C. 综合　　　　　D. 专业

7. 企业进行配送中心规划与设计时，要保证建筑物、信息系统的设计，以及机械设备的选择都具有较强的灵活性，以适应物流量和经营范围变化的需要。这体现了配送中心布局规划的（　　）。
   A. 系统性原则　　B. 经济性原则　　C. 适度性原则　　D. 发展性原则

8. 下列选项中不属于单层建筑特点的是（　　）。
   A. 建筑费用低　　　　　　　　　　B. 物品不必上下移动
   C. 一般建设在郊区　　　　　　　　D. 土地利用率高

9. 在进行配送中心的通道设计时，要注意各类通道不能相互干扰，如楼层间的电梯位置不能妨碍主要通道的通行，这体现的是（　　）。
   A. 空间经济原则　B. 交通互利原则　C. 流向原则　　　D. 安全原则

10. 下列选项中关于配送中心立柱间隔的描述错误的是（　　）。
    A. 柱间距直接影响货物的摆放、搬运车辆的移动与输送分拣设备的安装。

B. 合理确定最佳柱间距，可以显著地提高物流配送中心的保管效率和作业效率。
C. 对建筑的成本有利的柱间距，一定对物流配送中心的储存设备是最佳跨度。
D. 一般情况下立柱间隔以 7 米为宜。

11. 主要处理客户退回的货物，包括清点退货物品的品项数量、鉴别退货物品的品质等，这个区域指的是（　　）。
   A. 收货区　　　　B. 返品处理区　　C. 拣货区　　　　D. 集货区

12. 一般沿仓库纵向贯通，以直线或尽可能少的折线来连接出入口，道路最宽，提供叉车、手推车和人员双向通行的通道是指（　　）。
   A. 主要通道　　　B. 辅助通道　　　C. 人行通道　　　D. 电梯通道

13. 某配送中心计划在市区新建一个配送中心，资金充足，但是要求充分利用土地面积，这种情况下适用于建设（　　）。
   A. 单层建筑　　　B. 多层建筑　　　C. 均可

14. 在进行配送中心建设时，一定要进行规划设计，下列原因描述不正确的是（　　）。
   A. 配送中心是一个精密复杂、涉及面广的系统工程。
   B. 配送中心的建设是一笔巨大的投资。
   C. 配送中心的建设涉及许多内容，是一项复杂性高的工程。
   D. 配送中心一旦建设完成投入使用很快就能收回成本，投资风险较低。

15. 配送过程中，（　　）区域为解决生产中大批量少品种和消费中的小批量多样化要求的矛盾，按照客户对商品的不同要求，对商品进行分割、分装、组配、贴标签、刷标志、拆箱、外箱包装等作业活动。
   A. 流通加工区　　B. 拣货区　　　　C. 集货区　　　　D. 发货区

二、多选题

1. 以下属于配送中心基本功能的是（　　）。
   A. 采购集货功能　B. 货物储存功能　C. 代理服务功能　D. 结算功能

2. 配货工作的基本任务是保证配送业务中所需的（　　）在指定的时间内组配完成并装卸完毕。
   A. 商品品种　　　B. 规格　　　　　C. 数量　　　　　D. 质量

3. 要以经济合理的方式完成配货工作的任务，需要遵循（　　）原则。
   A. 经济性　　　　B. 准时性　　　　C. 方便性　　　　D. 优先性

4. 以下属于配送中心信息系统功能的是（　　）。
   A. 订单管理　　　B. 存储管理　　　C. 货物管理　　　D. 费用管理

5. 按配送中心的功能分类，可以分为哪几类？（　　）
   A. 加工型配送中心　　　　　　　　B. 储存型配送中心
   C. 流通型配送中心　　　　　　　　D. 城市配送中心

6. 按服务范围不同分类，可以分为哪几类？（　　）
   A. 区域配送中心　　　　　　　　　B. 城市配送中心
   C. 流通型配送中心　　　　　　　　D. 加工型配送中心

7. 在进行配送中心布局规划时，需遵循的原则主要包括（　　）。
   A. 系统性原则　　　　　　　　　　B. 经济性原则
   C. 适度性原则　　　　　　　　　　D. 发展性原则

8. 在进行配送中心总平面布局时需要注意（　　）。
   A. 采用多层建筑　　　　　　　　　B. 出入库要单向直线运动

C. 充分利用仓库高度　　　　　　　　D. 尽可能减少通道所占空间
9. 下列选项属于物流作业区的有（　　）。
A. 存储区　　　　B. 拣货区　　　　C. 办公区　　　　D. 发货区
10. 关于 I 形动线的特点，描述正确的有（　　）。
A. 可以应对进出货高峰同时发生的情况，不会出现车辆拥堵。
B. 出、入货月台相距甚远，无论订单大小与拣货品多少，均需经过库房全程，因此会增加货物的整体运输路线，降低效率。
C. 能够同时处理"快流"与"慢流"的货物，不宜于越库作业的进行。
D. 最少需要两队保安小组负责两个货台的监管，增加了人员投入及运作成本。

三、判断题

1. 配送活动以配送中心为始点，而配送中心本身具备储存功能。（　　）
2. 配送中心是现代化、规范化的物流节点，是商流、物流和信息流的有机结合，是集货、储存、流通加工、分拣配货、配送和信息处理的有机结合。（　　）
3. 储存是指对商品进行存放与保护，它是配送的资源保证，是配送中心的重要功能之一。（　　）
4. 拣货是指按照订单要求将商品从仓库存储区中取出。（　　）
5. 分拣是将取出的商品按一定的方式进行分类、集中的作业过程。（　　）
6. 城市配送中心是在城市范围内，向众多客户提供门到门配送服务的配送中心。
（　　）
7. 区域配送中心是在省市、全国，乃至国际范围内为客户配送货物的配送中心。它的活动范围大、辐射能力较强，经营规模与配送批量也较大，服务对象往往是下一级的城市配送中心、生产企业或零售商等。（　　）
8. 加工型配送中心是以流通加工为主要业务的配送中心，其主要功能是对货物进行清洗、分解、集装等加工活动，以加工为核心开展配送活动。（　　）
9. 流通配送中心有长期储存功能，是以暂存或随进随出方式进行配货、送货的配送中心。（　　）
10. 配送中心作业区域的划分不需要考虑配送中心的作业功能和作业环节等因素。
（　　）

四、配送中心调研

（一）任务要求

登录百蝶 ITP 教学平台，根据任务日期，进入 AA 配送中心，通过观察和查询掌握该配送中心的布局结构、设施设备规模、货物储存情况、订单流水、成本结构、作业岗位等相关基础信息，熟悉配送中心各种设施设备的功能和用途。进行配送中心调研，分析调研数据，根据调研结果撰写调研报告，组织交流。

（二）调研内容

1. 配送中心设施设备规模调研，参考调研表模板中所列举的项目进行调研。
2. 配送中心作业岗位及职责调研。
3. 配送中心货物数据和库存量数据调研（选做）。
4. 根据调研数据，判断该配送中心属于哪种类型。使用 Visio 绘图软件画出配送中心的平面布局图。
5. 总结该配送中心的功能和作用。

调研表格模板可参考表 1-1-5 和表 1-1-6。

表 1-1-5　配送中心设施设备规模调研

名称	调研问题	调研结果
仓储（IWMS）	输送系统设备种类	
	入库月台口数量	
	出库月台口数量	
	拣货区货架种类及其对应的库位数	
	立库货架规格与库位数量	排　　列　　层
	托盘货架规格与库位数量	排　　列　　层
	电子标签货架规格与库位数量	
	立库货架进出库输送机总数量	
	异常分拣口数量	
	托盘规格	
	电动叉车数量	
	手动液压托盘车数量	
	平板手推车数量	
	双层手推车数量	
	办公区业务部门有哪些	

表 1-1-6　货物库存量数据调研收集表

货物代码	货物名称	年出货量	当前库存总数量	存储区库存	拣货区库存

自我分析和总结

自我分析
学习中的难点及困惑点

总结提高
　　用思维导图等方式归纳本次任务的主要内容，包括所需知识点、重点、易错点等，并写出需要继续学习提升的内容清单。

项目二 整进整出型仓库设备选型与面积规划

学习目标

【素质目标】
- 培养爱岗敬业、责任担当、艰苦奋斗的职业精神；
- 提升信息素养、创新思维、创新能力；
- 树立质量意识、成本意识、优化意识；
- 提升分析问题、解决问题的能力及团队合作能力。

【知识目标】
- 掌握货物在库量、最大库存量计算方法；
- 掌握常用存储区货架类型及特点；
- 掌握存储区面积计算方法；
- 掌握地坪荷载计算的方法；
- 理解常用搬运设备类型及特点。

【技能目标】
- 能够根据业务背景数据，准确计算仓库货物平均在库量、仓库总库存量和仓库最大库存量，并能据此判定需要规划的仓库容量；
- 能够根据仓库货物特点，进行仓库货架选型和货架数量计算；
- 能够根据所选货架类型及其数量，结合仓库实际尺寸进行合理布局，并准确计算存储区面积；
- 能够利用货物地坪荷载相关知识进行地坪荷载设计；
- 能够根据仓库货物特点，进行搬运设备选型及数量计算。

> **行业资讯**
>
> **智慧物流标准体系建设**
>
> 交通运输部、国家标准化管理委员会发布《交通运输智慧物流标准体系建设指南》（以下简称《指南》），智慧物流是物联网、大数据、云计算、区块链等信息技术与现代物流业深度融合的新兴领域。
>
> 《指南》提出建设目标：到2025年，聚焦基础设施、运载装备、系统平台、电子单证、数据交互与共享、运行服务与管理等领域，完成重点标准制修订30项以上，形成结构合理、层次清晰、系统全面、先进适用、国际兼容的交通运输智慧物流标准体系，打造一批标准实施应用典型项目，持续提升智慧物流标准化水平，为加快建设交通强国提供高质量标准供给。

项目作用

在项目一的基础上，本项目以一个 RDC 仓库整进整出作业的实际案例为基础，详细讲解整进整出型仓配中心的设备选型、各功能区域面积规划、地坪荷载设计等，让学生掌握这类仓库设备选型及布局规划的理论和方法。

工作任务

【析中学】

一、任务描述

某电商公司计划在 A 市建设一个 RDC，用于辐射周边地区 40 个 FDC，仓库内主要存放各类日化品，并向 FDC 约定每个 SKU 的订货量以"托"为单位，供应商送货用 12.5 m 飞翼车，向 FDC 配送用 7.5 m 飞翼车。公司租赁了一个 3 000 m² 的仓库，平面规格为：库长 75 m，库宽 40 m，库高 7.5 m，库内无立柱。仓库中存放有 200 个 SKU，整体库存平均周转周期约为 7.5 天，且收发货高峰期基本重叠。RDC 要求供应商必须带板（托盘）送货，使用 1 200 mm×1 000×150 mm 的木质标准托盘，托货总高度限制在 1 200 mm 以内。仓库建成后计划处理的货物信息如表 1-2-1 所示。

表 1-2-1　计划处理的货物信息

序号	货物编码	货物包装尺寸（长×宽×高）	运输包装尺寸（长×宽×高）	内包装数量/件
1	KBC36LU6210	110 mm×45 mm×38 mm	360 mm×200 mm×200 mm	60
2	KBC36LU6211	190 mm mm×175 mm×120 mm	400 mm×360 mm×600 mm	16
3	KBC36LU6212	190 mm×145 mm×98 mm	400 mm×300 mm×200 mm	8

续表

序号	货物编码	货物包装尺寸（长×宽×高）	运输包装尺寸（长×宽×高）	内包装数量/件
4	KBC36LU6213	192 mm×130 mm×120 mm	600 mm×400 mm×600 mm	36
5	KBC36LU6214	70 mm×95 mm×85 mm	500 mm×400 mm×450 mm	140
6	KBC36LU6227	110 mm×45 mm×38 mm	360 mm×200 mm×200 mm	60
7	KBC36LU6215	110 mm×80 mm×70 mm	460 mm×260 mm×300 mm	48
8	KBC36LU6216	185 mm×155 mm×130 mm	380 mm×320 mm×400 mm	12
9	KBC36LU6217	120 mm×145 mm×195 mm	500 mm×300 mm×400 mm	16
10	KBC36LU6218	100 mm×68 mm×245 mm	320 mm×280 mm×500 mm	24
11	KBC36LU6219	138 mm×92 mm×130 mm	420 mm×380 mm×400 mm	36
12	KBC36LU6220	190 mm×175 mm×120 mm	400 mm×360 mm×600 mm	16
13	KBC36LU6221	190 mm×145 mm×98 mm	400 mm×300 mm×200 mm	8
14	KBC36LU6222	192 mm×130 mm×120 mm	600 mm×400 mm×600 mm	36
15	KBC36LU6228	100 mm×68 mm×245 mm	320 mm×280 mm×600 mm	24
16	KBC36LU6223	70 mm×95 mm×85 mm	500 mm×400 mm×450 mm	140
17	KBC36LU6224	185 mm×155 mm×130 mm	380 mm×320 mm×400 mm	12
18	KBC36LU6229	100 mm×68 mm×245 mm	320 mm×280 mm×600 mm	24
19	KBC36LU6225	120 mm×145 mm×195 mm	500 mm×300 mm×400 mm	16
20	KBC36LU6226	100 mm×68 mm×245 mm	320 mm×280 mm×500 mm	24

注：①每个产品又分为A、B、C、D、E、F、G、H、I、J共10个规格，共200个SKU；

②各SKU的平均在库储量预计为：5%的SKU在库储量为20~45个托盘，10%的SKU在库储量为5~20个托盘，其余的SKU平均在库储量为4个托盘左右，整体库存平均周转周期约为7.5天，且收发货高峰期基本重叠；

③RDC要求供应商必须带板（托盘）送货，使用1 200 mm×1 000mm×150 mm的木质标准托盘，托货总高度限制在1 200 mm以内。

请同学们利用所学专业知识，结合给定的信息，为该仓库进行设备选型、各功能区域面积规划及地坪荷载设计，并进行仿真布局、设备搭建成型。

相关参数说明：

（1）平衡重式叉车、电动托盘车、前移式叉车配置数量依据是：库存月周转次数为2时，各1台/2 000 m^2，库存月周转次数每增加1次，配置数量翻倍，且前移式叉车上下架效率低于平衡重式叉车卸车的效率，可酌情增加。

（2）托盘为木质标准托盘，规格尺寸：1 200 mm×1 000 mm×150 mm，托盘、物料箱（尺寸自定）、PDA等数量无须配置，数量不受限制。

（3）托盘式货架、驶入式货架、穿梭车货架、立体库货架平均每货位材质重量约为60 kg，各货架横梁高度均按120 mm计，料箱机器人货架、电子标签拣选货架横梁高度为60 mm，叉车上下架所需作业空间（货架内）大于等于100 mm即可。

（4）所有货物码托后，最大托货总重不超过 360 kg。
（5）仓库"五距"仅考虑顶距即可，顶距设为 0.5 m。
（6）月台计入仓库面积内，地坪荷载请按整数设置。
（7）所有叉车货叉提升高度均默认满足需求。
（8）依据消防规定，叉车充电区不设置在库内。
（9）所使用的飞翼车、4.2 m 厢式货车车辆尺寸见项目一。
（10）叉车安全作业间隙为 150 mm。

科技之眼

无人仓：无人技术助推物流变革

随着物联网、人工智能等新技术在各个领域的广泛应用，交通、零售、制造、物流等行业也发生了变化。人工智能与物流大数据为智慧物流打下了基础，趋于成熟的人工智能、物联网和机器人技术，使物流行业的仓储、运输和配送都发生了翻天覆地的变化。物流行业智能化是大势所趋，把握好智慧物流的机遇才能在变幻莫测的市场中赢得先机。

2018 年 5 月，京东物流首次公布了无人仓的世界级标准，这标志着无人仓智能控制系统随着研发的进展，正在开启全球智慧物流的未来。京东 2017 年使用首个全流程无人仓，极大地降低"双 11"订单高峰压力，有序地实现从入库、扫描到打包、分拣、出库的所有环节的智能控制。

京东在多年物流经验积累和无人仓建设实践基础上提出了无人仓建设标准，即"三极""五自"和"一优"原则。三个"极"：极高技术水平、极致产品能力、极强协作能力；五个"自"：自感知、自适应、自决策、自诊断、自修复；一个"优"：成本、效率、体验的最优。

二、任务分析

完成本任务，需要解决以下问题：
（1）仓库需要配置哪些装卸搬运设备和仓储设备？这些设备选型时考虑哪些因素？
（2）仓库收发货月台、理货区、存储区面积规划时应考虑哪些因素？
（3）仓库地坪荷载设计需要考虑哪些因素？如何计算？

三、任务实施

本次任务是在项目一的基础上完成，需要用到项目一分析的相关资料，在本项目中需要重点完成图 1-2-1 中虚线框中的内容，任务完成后与项目一的任务合成一个完整的规划方案。整进整出型仓配中心设备选型和面积规划框架图如图 1-2-1 所示。

在项目一的分析基础上，任务实施过程中有下面几项：

（一）任务 1：存储区货架选型及数量计算

仓储设备选型要考虑存储货物出入库量、出入库频率、存取便利性等因素，尽量提升仓库空间利用率。确定了仓储货架的类型后，就可根据储存货物数量、货架参数、层高等计算货架组数，从而确定货架数量。

京东物流
无人车

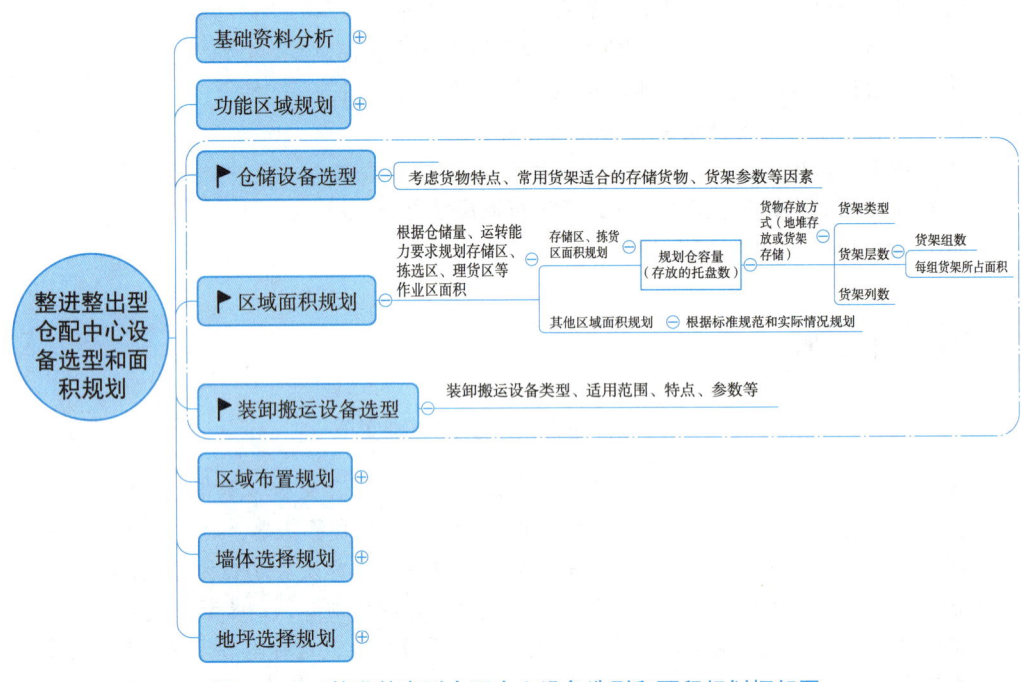

图 1-2-1 整进整出型仓配中心设备选型和面积规划框架图

1. 存储区货架选型

已知该仓库共 200 个 SKU，其中 5% 的 SKU 在库存储量为 20~45 个托盘，10% 的 SKU 在库存储量为 5~20 个托盘，其余的 SKU 平均在库存储量为 4 个托盘左右。根据公式：

货物平均在库量=（SKU 总数×占比）×[（最小库存量+最大库存量）/2]

货物最大在库量=平均在库量×2

可分析该仓库货物储存特点如下：

（1）5% 的 SKU 数量为 10 个，其单个 SKU 在库峰值为 40~90 托，最大在库量为（200×5%）×（20×2+45×2）/2＝650（托）。

（2）10% 的 SKU 数量为 20 个，其单个 SKU 在库峰值为 10~40 托，最大在库量为（200×10%）×（5×2+20×2）/2＝500（托）。

这两类货品都属于大批量、少品种、单个 SKU 存储量较大的货物，应选择驶入式货架。

（3）其余 85%SKU 共 170 个，单个 SKU 在库峰值为 8 托，最大在库量为（200×85%）×（4×2）＝1 360（托）。该类货物属于小批量、多品种的货物，应选择托盘式货架存放。

2. 货架数量计算

（1）层高和层数计算：托货总高度限制在 1 200 mm 以内，各货架横梁高度均按 120 mm 计，叉车上下架所需作业空间（货架内）大于等于 100 mm。仓库"五距"仅考虑顶距。

层高：1.2+0.12+0.1＝1.42（m）

仓库可放高度：7.5-0.5＝7（m）

根据实际情况，不需要考虑货架顶层横梁高度，所以顶层货架的层高为 1.42-0.12＝1.3（m）。

因此，货架层数为（7-1.3）/1.42+1=5（层）。

同时，货架净格高度为1.3 m，也满足国标要求中托盘式货架货格尺寸有效高度宜为50 mm或75 mm的整数倍，所以可将托盘式货架和驶入式货架都设为5层。

（2）货架倍深设置：为方便叉车进出货架，通常驶入式货架总深度不超过6个货位深度，由于该仓库5%的SKU货物的峰值达到了90托，10%的SKU货物峰值达到40托，考虑到仓容利用率、作业便利性和仓储空间利用率，因此将驶入式货架设为5倍深，托盘式货架深度设置为1，得出货架参数如表1-2-2所示。

表1-2-2 货架参数一览表

序号	货架名称	宽度/mm	进深/mm	层高/mm	层数	倍深	每层货位数	承重/kg
1	驶入式货架	1 500	1 000	1 420	5	5	5	360
2	托盘式货架	2 500	1 000	1 420	5	1	2	360

（3）货架数量计算：存储区货架数量计算要考虑每类货品的总托盘数及所选用货架的单组货架的货位数。

本项目中存储区货架数量计算如下：

5%的SKU：SKU数量10个，单个SKU在库峰值为40~90托，每组驶入式货架可存放25托，因此，单个SKU需要4组驶入式货架，共计需要40组驶入式货架。

10%的SKU：SKU数量20个，单个SKU在库峰值为10~40托，每组驶入式货架可存放25托，所以单个SKU需要2组驶入货架，一共需要40组驶入式货架。

因此，驶入式货架区总计需要80组货架。

85%的SKU：采用托盘式货架，托盘式货架组数＝在库峰值/（层数×货位数）＝1 360/（5×2）≈136（组），考虑到货架冗余情况，可设置140组托盘式货架。

（二）任务2：存储区面积规划

存储区面积规划主要考虑放置至少80组驶入式货架和140组托盘式货架，要考虑仓库尺寸、货架尺寸、货架摆放方式、作业通道、叉车转弯半径等进行布局，做到存取货便利、仓容面积利用率高。不同货架布局方式会影响仓储作业区面积。

通道设置如下：根据《仓储场所消防安全管理通则》，库房主要通道不应小于3 m，一般宽度为3.5~6 m，库房主要通道设置宽5 m；考虑叉车转弯半径需要，驶入式货架区通道设置宽5 m，托盘式货架通道设置宽3 m。

1. 驶入式货架区面积计算

假如把80组驶入式货架面对面摆放，共用一个叉车通道，仓库长75 m，考虑I形动线，两侧月台宽度各占4.5 m，可摆放驶入式货架的长度为75-9=66（m）。每组驶入式货架宽1.5 m，因此，靠墙一侧可摆放货架66/1.5=44（组）。

为方便叉车进入，中间留出5 m的通道，对面一侧可摆放货架（66-5）/1.5=40（组）。因此，考虑到空间利用率，该仓库可布局84组驶入货架，如图1-2-2所示。

驶入式货架区面积＝长×宽＝66×（5+5+5）=990（m²）。

2. 托盘式货架区面积计算

假如托盘式货架摆放布局如图1-2-2所示，单组托盘货架的平面布局如图1-2-3所示。

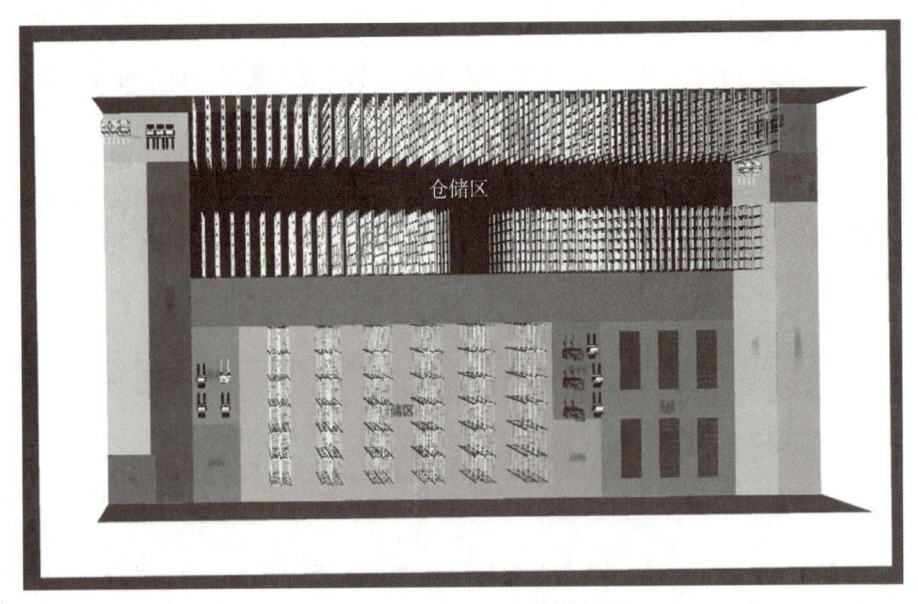

图 1-2-2 托盘式货架摆放布局

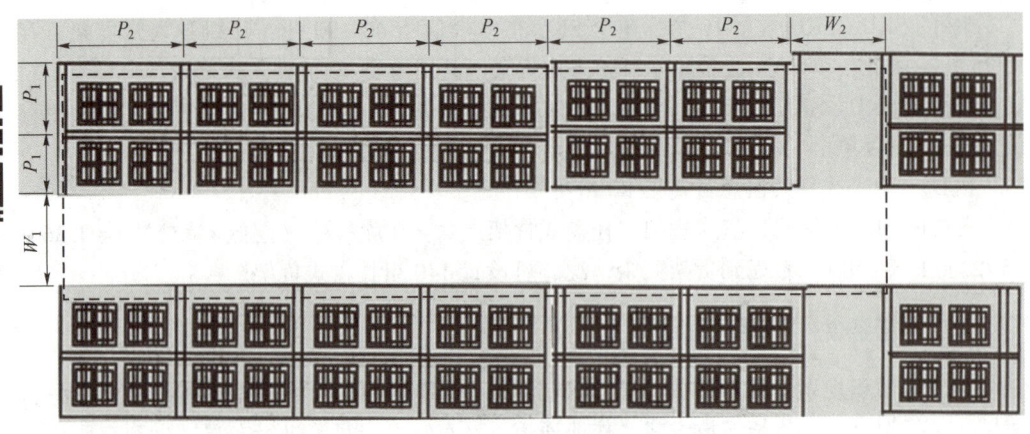

图 1-2-3 单组托盘货架的平面布局

在计算货架存储所占面积时，只要计算出每个区块的面积 A（如图 1-2-3 虚线框所示）和所需要的区块数 B，A 乘 B 就是货架所占面积。

（1）每个区块的面积 A 的计算公式：

$$A = (2P_1 + W_1) \times (ZP_2 + W_2)$$

本题中 $Z = 6$，$P_1 = 1$ m，$P_2 = 2.5$ m，$W_1 = 3$ m，$W_2 = 5$ m，代入上式中可得：

$$A = (2 \times 1 + 3) \times (6 \times 2.5 + 5) = 100 \ (m^2)$$

（2）存储区的区块数 B 的计算：需要放置至少 140 组托盘式货架，因每个区块货架背对背放置，可放置 12 组货架，共需要 140/12 = 12（个）区块。

（3）求出存储区面积 S，即 $S = A \times B = 100 \times 12 = 1\ 200$（m²）。

（三）任务 3：其他区域面积规划

总仓库面积为 3 000 m²，驶入式货架区占 990 m²，托盘式货架区占 1 200 m²，剩余 810 m² 设置收发货月台、收发货理货区、办公室、叉车等搬运工具存放区、托盘及物流箱存放区、返品处理区等柔性区域。

1. 收发货月台

根据《物流建筑设计规范》（GB 51157—2016）中自用物流建筑的装卸站台进深不宜小于4.5 m，同时考虑本仓库 I 形动线，为更好利用建筑物空间，月台长度可采用仓库短边长度，收发货月台设置在仓库两侧，均为长 40 m、宽 4.5 m。

2. 收发货理货区

收发货理货区面积需要满足收发货高峰时期堆存货物需要的空间，用于货物点检、临时存放。可根据每辆车转载的托盘数、每次到达车辆数规划。收发货理货区越大，则同一时间可接收的车辆和备货的客户就越多。面积紧张时也应留出至少 2 辆车装卸货的空间。

3. 办公室

办公室面积规划一般考虑订单处理台席数量，可根据仓库情况设定。

4. 叉车等搬运工具存放区

此区域面积主要与叉车数量、每辆叉车占用的面积，以及叉车转弯半径等有关。

5. 托盘及物流箱存放区、返品处理区

此区域面积较为柔性，可根据剩余面积酌情规划。

（四）任务 4：地坪荷载设计

已知托盘式货架、驶入式货架平均每货位材质重量约为 60 kg，所有货物码托后，最大托货总重不超过 360 kg。

1. 驶入式货架区

驶入式货架规格为 1 500 mm×1 000 mm，5 层，每层 5 个货位，共 25 个托盘。

地坪荷载 =（货架重量+托货重量）×每组货架货位数/货架面积

$$=(60+360)/1\,000\times25/(1\,500\times1\,000\times5/1\,000\,000)=1.4(t/m^2)$$

2. 托盘式货架区

托盘式货架规格为 2 500×1 000 mm，5 层，每层 2 个货位，共 10 个托盘。

地坪荷载 =（货架重量+托货重量）×每组货架货位数/货架面积

$$=(60+360)\times2/1\,000\times10/(2\,500\times1\,000\times2/1\,000\,000)=1.68(t/m^2)$$

根据《通用仓库及规划库区设计参数》中对仓库地坪"不宜小于 3 t/m²"的荷载要求，该仓库地坪荷载应设为 3 t/m²。

（五）任务 5：搬运设备的选型及数量确定

1. 搬运设备选型

当仓库需要在月台向飞翼车装卸货物，需要载重量强、稳定性好，并且可上下月台的叉车时，可配置平衡重式叉车。

当仓库内需要灵活性强、作业效率较高，并能够配合驶入式货架进行高起升作业的叉车时，可配置前移式叉车。

为方便临时搬运、移动货物，也应配置一定数量的地牛。

2. 搬运设备数量确定

库存月周转次数为 2 时，平衡重式叉车、电动托盘车、前移式叉车等搬运设备配置数量各为 1 台/2 000 m²，库存月周转次数每增加 1 次，配置数量翻倍，且前移式叉车上下架效率低于平衡重式叉车卸车的效率，可酌情增加。根据这些要求，可计算出需要配置的搬运设备数量。

劳模榜样

全国物流劳动模范赵萌：扛起责任不负时光

国际经济专业出身的赵萌，在毕业时怎么也没想到自己会和物流打一辈子交道。谈起自己投身物流行业的经历，赵萌认为属于误打误撞。1998年，赵萌以优异的成绩毕业于对外经济贸易大学的国际经济专业。

作为超市发第一批大学生，虽非物流科班出身，但赵萌却从没把自己当门外汉，为了更好地实现自己在工作中的价值，她不断学习物流相关知识，既然从事了这一行，就要担起这份责任。在超市发，赵萌和团队一起在6年前提出了标准箱配送的概念。2011年，超市发开始实行产地直采的采购方式，这对保证农产品上行的物流提出一定要求。"过去，我们的采购是按照重量算，这就需要面对拆箱的问题，一旦拆箱，不管是查质量，还是分箱都势必对产品造成损耗。"于是，赵萌的团队根据超市发各个门店历年的数据，制作出了自己的标准箱。"现在我们采购是按照箱数来定，每箱固定所放的数量，可以保证质量，同时采用标准箱减少了从农户采收、装箱运输、配送到店、门店上架等一系列中间环节造成的物流损耗。"赵萌粗略估计，从整个流程来看，超市发的生鲜产品损耗率，至少由过去的8%~9%降低到了5%。此外，赵萌还坚持利用区域网点实现双向对流，从节约经营成本出发，减少重复、交叉配送和空载。

思考：
全国物流劳动模范赵萌的事迹对你有何启发？

相关知识 【学中做】

一、货架的分类

（一）按货架安装方式分类

（1）固定型货架：可细分为搁板式、托盘式、贯通式、重力式、压入式、阁楼式、悬臂式、流利式货架等。固定型货架如图1-2-4所示。

图1-2-4 固定型货架

（2）移动型货架：可细分为轨道移动式、旋转式、机器人托举移动式货架。移动型货架如图 1-2-5 所示。

图 1-2-5 移动型货架

（二）按仓库结构分类

（1）库架合一式货架：货架系统和建筑物屋顶等构成一个不可分割的整体，由货架立柱直接支撑屋顶荷载，在两侧的柱子上安装建筑物的围护（墙体）结构。库架合一式货架如图 1-2-6 所示。

（2）分离结构式货架：货架系统和建筑物为两个单独的系统，互相之间无直接连接。分离结构式货架如图 1-2-7。

图 1-2-6 库架合一式货架　　图 1-2-7 分离结构式货架

（三）按货架每层载重量分类

（1）轻型货架：每层载重量不大于 150 kg。
（2）中型货架：每层载重量为 150~500 kg。
（3）重型货架：每层载重量在 500 kg 以上。

（四）按货架的高度分类

（1）低位货架：高度在 3 m 以下。
（2）中低位货架：高度在 5 m 以下。
（3）高位货架：高度为 5~12 m。
（4）超高位货架：高度在 12 m 以上。

货架设备
选型与配置

二、常用的货架类型

这里只介绍普通仓库常用的存储区货架，立体库、智能化仓库的货架类型及特点在项目四中介绍。

(一) 搁板式货架

搁板式货架通常用于人工存取货，组装式结构，层间距均匀可调，货物也常为散件或不是很重的已包装物品（便于人工存取），货架高度通常在 2.5 m 以下，否则人工难以触及（如辅以登高车则可设置在 4 m 左右），单元货架跨度（边长度）不宜过长，单元货架深度不宜过深，按其单元货架每层的载重量可分为轻、中、重型搁板式货架，层板主要为钢层板、木层板两种。用途广泛，适合小零件、配件等较轻的工作场所，每层承重一般是 100～150 kg，以人力、手工搬运、存储及拣选作业为主。搁板式货架如图 1-2-8 所示。

图 1-2-8 搁板式货架

(二) 托盘式货架

托盘式货架，又称横梁式货架，或称货位式货架，通常为重型货架，在国内的各种仓储货架系统中最为常见。它用以储存单元化托盘货物，仓容利用率较高，是连同托盘可以一起放置的货架或带有托盘的台板式货架。托盘式货架多为钢结构，也可用钢筋混凝土结构；可做单排型连接，也可做双排型连接。它广泛应用于各行各业，是最通用的货架类型。托盘式货架如图 1-2-9 所示。

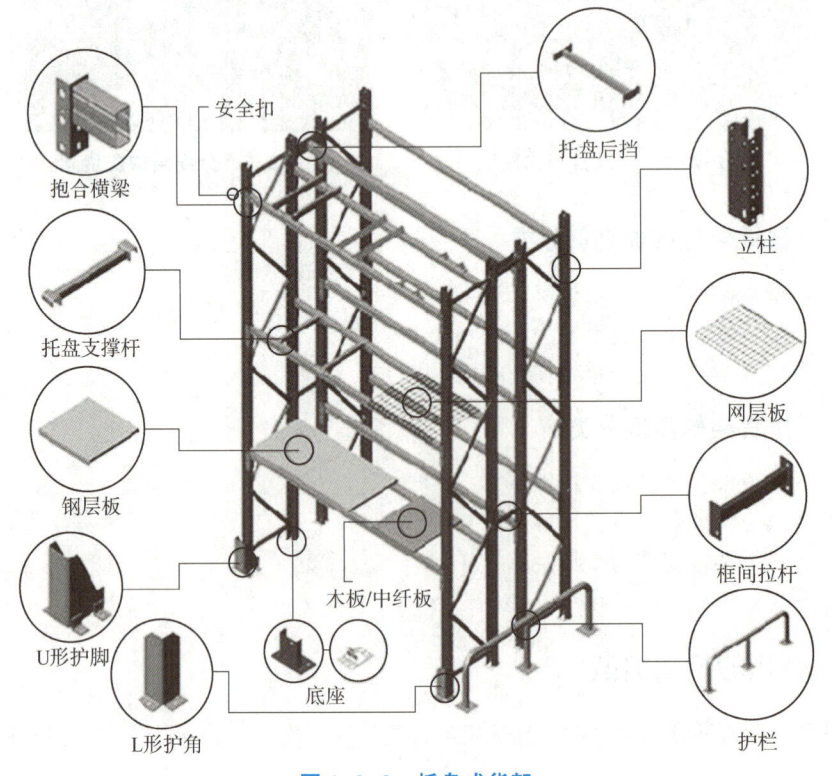

图 1-2-9 托盘式货架

图 1-2-9　托盘式货架（续）

（三）贯通式货架

贯通式货架是可供叉车驶入货道内，存取单元货物的货架，又称驶入式货架。在支撑导轨上，托盘按深度方向存放，一个紧接着一个，货物存取从货架同一侧进出，不能实现先进先出。

贯通式货架的一个通道是一个 SKU 的货物，适用于品种少、大批量货物储存。贯通式货架由于叉车需要进入货架内部存取货物，除了靠近通道的货位，通常单面取货，货架总深度一般不超过 6 个货位深度，中间区域（两边可进出）的货架总深度则需要控制在 12 个托盘深度以内，这样可方便平衡重式及前移式叉车驶入货架中间存取货物。贯通式货架存储密度高，存储量大，仓储面积利用率高，几乎是托盘式货架的两倍，但存取性较差。它常用于冷库、食品、烟草等存储空间成本较高的仓库。贯通式货架如图 1-2-10 所示。

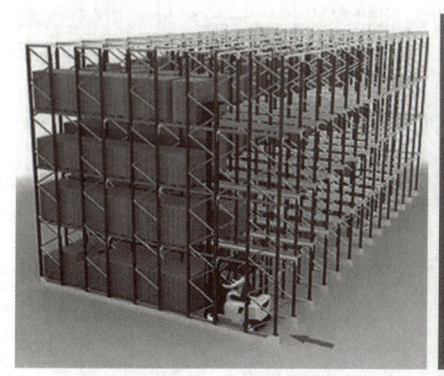

常用的存储货架选型

图 1-2-10　贯通式货架

(四)重力式货架

重力式货架是由托盘式货架演变而成的,采用辊子式轨道或底轮式托盘,轨道呈一定坡度(3°左右),利用货物的自重,实现货物的先进先出,一边进另一边出,适用于大批量、同类货物的先进先出储存作业,空间利用率很高,尤其适用于有一定质保期、不宜长期积压的货物。重力式货架如图1-2-11所示。

(五)压入式货架

压入式货架也是由托盘式货架演变而成的,采用轨道和托盘小车相结合的原理,轨道呈一定的坡度(3°左右),利用货物的自重,实现托盘货物的先进后出,同一边进同一边出,适用于大批量、少品种的货物存储,空间利用率很高,存取也较灵活方便。此类货架的制造精度要求较高,托盘小车与导轨间的合作尤为重要,如果制造、安装精度不高,极易导致货架系统的运行不畅。此类货架造价较高,在国际已有一定的运用。压入式货架如图1-2-12所示。

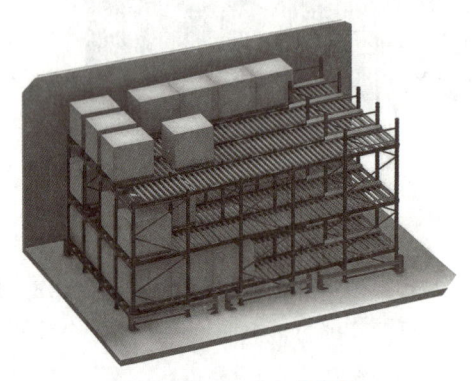

图1-2-11 重力式货架　　　　图1-2-12 压入式货架

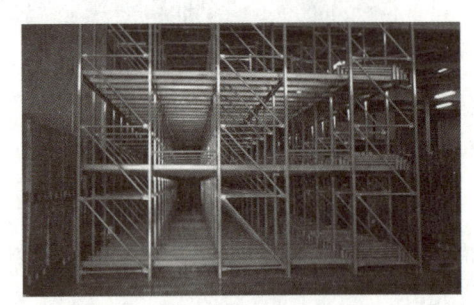

(六)流利式货架

根据载荷流动方式,流利式货架可分为托盘用和容器用两种。这种货架的一侧通道作为存放用,另一侧通道作为取货用,货物放在滚轮上。货架向取货方向倾斜一个角度,这个倾角的大小可根据实际情况来确定,利用货物的自重,实现货物向出口方向自动下滑,以待取出。

这种货架适用于大量储存、短时发货的货物,可实现先进先出,空间利用率高,人工拣取方便,可以配合电子标签系统使用。托盘流利式货架的储存空间比一般托盘式货架的储存空间多50%左右。流利式货架如图1-2-13所示。

图1-2-13 流利式货架

(七) 阁楼式货架

阁楼式货架是在已有的工作场地或货架上修一个中间阁楼，以增添存储空间，可做二、三层阁楼，宜存取一些轻泡及中小件货物，适于多种类大量或多品种小批量货物存取。货物通常由叉车、液压降落台或货梯收至二、三楼，再由轻型小车或液压托盘车送至某一位置。此类货架在汽车整部件企业、汽车 4S 店、电子行业有较多运用。阁楼式货架如图 1-2-14 所示。

图 1-2-14 阁楼式货架

(八) 悬臂式货架

悬臂式货架主要用于存放长形物料，如型材、管材、板材、线缆等，立柱多采用 H 型钢或冷轧型钢，悬臂采用方管、冷轧型钢或 H 型钢，悬臂与立柱间采用插接式或螺栓连接式，底座与立柱间采用螺栓连接式，底座采用冷轧型钢或 H 型钢。此类货架多用于机械制造行业和建材超市等。悬臂式货架如图 1-2-15 所示。

图 1-2-15 悬臂式货架

(九) 移动式货架

移动式货架主要分轻中型和重型两种类型，其中轻中型移动式货架（也称密集架）由轻、中型搁板式货架演变而成，密集式结构，是空间利用率最高的一种货架，分手动和电动两种类型。它主要用于档案馆、图书馆、银行、企业资料室以及电子轻工等行业。轻中型移动式货架如图 1-2-16 所示。

重型移动式货架由重型托盘式货架演变而成，裸露式结构，空间利用率极高。它的结构与轻中型移动式货架类似，区别在于重型移动式货架一定是电动式的，货物由叉车进行整托存取，主要用于一些仓库空间不是很大、要求最大限度地利用空间的场所，适用于机械制造等行业。重型移动式货架如图 1-2-17 所示。

图 1-2-16　轻中型移动式货架

图 1-2-17　重型移动式货架

三、存储区面积计算

（一）货物存放方式

存储区面积大小与库内货物的存放方式有关，常用的库内货物存放方式有三种：托盘平置存放、托盘堆码存放和托盘货架存放，分别如图 1-2-18～图 1-2-20 所示。

图 1-2-18　托盘平置存放

存储区面积计算——托盘平置存放

图 1-2-19　托盘堆码存放

图 1-2-20　托盘货架存放

· 44 ·

（二）不同存放方式下存储区面积计算方法

1. 托盘平置存放

大量发货时，将托盘放在地板上平置存放为宜，其中易碎、易破损、价值较高的物料推荐平置存放。托盘平置存放示意图如图 1-2-21 所示。

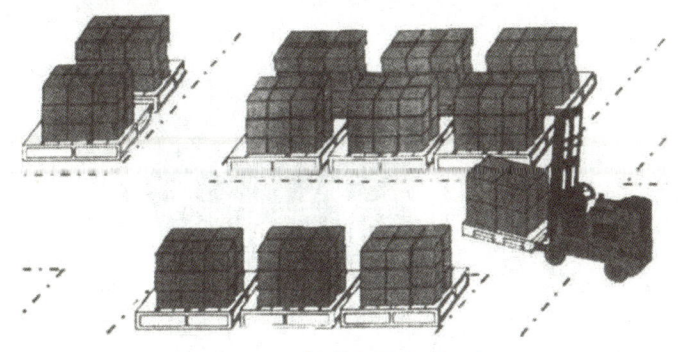

图 1-2-21 托盘平置存放示意图

计算存储面积时需考虑托盘数量、尺寸和通道。设托盘尺寸 $p×p$，每个托盘平均可堆放 N 箱货物，若规划仓容量为 Q 箱，则托盘占地面积 D 为：

$$D = \frac{Q}{N}(p×p)$$

或者 $D = $ 规划仓容量 $×(p×p)$

在计算实际仓储所需空间时，还应考虑到叉车存取作业所需空间。若考虑到叉车存取作业所需空间和主要通道占全部面积 30%~35%，则实际存储所需面积为：

$$A = \frac{D}{(1-35\%)} = 1.5D$$

> ☞ 练一练
>
> 【例 1-2-1】宏远食品配送中心的劲爽拉面规划仓容量为 6 000 箱，仓库内以托盘作为基本储存单位，托盘尺寸为 1 200 mm×1 000 mm×120 mm，每托盘可放置 30 箱，采用托盘平置堆放，考虑到叉车存取作业所需空间和主要通道约占全部面积的 35%，请计算所需的存储区面积。
>
> 解：

2. 托盘堆码存放

如图 1-2-22 所示，设托盘尺寸为 $p×p$，每个托盘平均可堆放 N 箱货物，托盘在仓库中可堆放 L 层，规划仓容量 Q 箱，则托盘占地面积为：

$$D=\frac{Q}{L \cdot N}(p \times p)$$

在计算实际存储所需空间时，还应考虑到高层叉车存取作业所需空间。若考虑到高层叉车存取作业所需空间和主要通道占全部面积的35%~40%，则实际存储区面积为：

$$A=\frac{D}{(1-40\%)}=1.67D$$

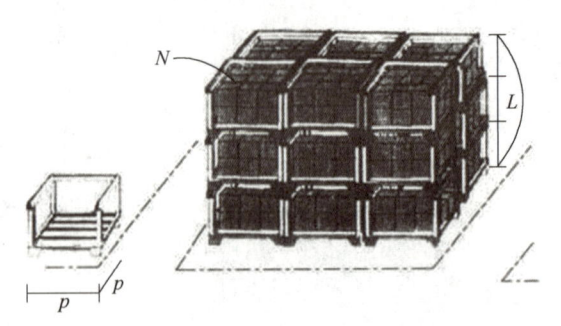

图 1-2-22 托盘堆码存放存储区面积计算

> **练一练**
>
> 【例1-2-2】宏远食品配送中心雪碧的规划存储量为6 000箱，仓库内以托盘作为基本储存单位，托盘尺寸为1 200 mm×1 000 mm×120 mm，每托盘可放置30箱，托盘在仓库中可堆放2层，考虑到叉车存取作业所需空间和主要通道约占全部面积的40%，请计算所需的存储区面积。
>
> 解：

3. 托盘货架存放

在使用托盘货架储存物品时，计算存储占地面积，除了考虑物品数量、托盘尺寸、货位形式和层数，还要考虑相应通道空间。

由于货架具有区块特性，即每个区块由两排货架和通道组成。实际存储区空间包括存取通道和仓库区块空间。在计算货架的货位空间时，应以一个货位为计算基础。一般一个货位可存放一个或两个托盘，现在以存放两个托盘为例加以说明。

在计算货架存放所占面积时，只要计算出每个区块的面积 A（如图1-2-23虚线框所示）和所需要的区块数 B，A 乘 B 就是货架存放所占面积。

（1）每个区块的面积 A 的计算：设区块货位列数为 Z，叉车直角存取通道宽 W_1，存储区区块侧向通道宽 W_2，如图1-2-23所示，则每一区块占地面积为：

$$A=(2P_1+W_1)\times(ZP_2+W_2)$$

存储区面积计算——货架存放

（2）存储区的区块数 B 的计算：设货架为 L 层，每个托盘可堆放 N 箱货物，仓库规划仓容量为 Q，则存货需要的占地托盘数为：

$$P = Q/(L \times N)$$

存储区的区块数为：

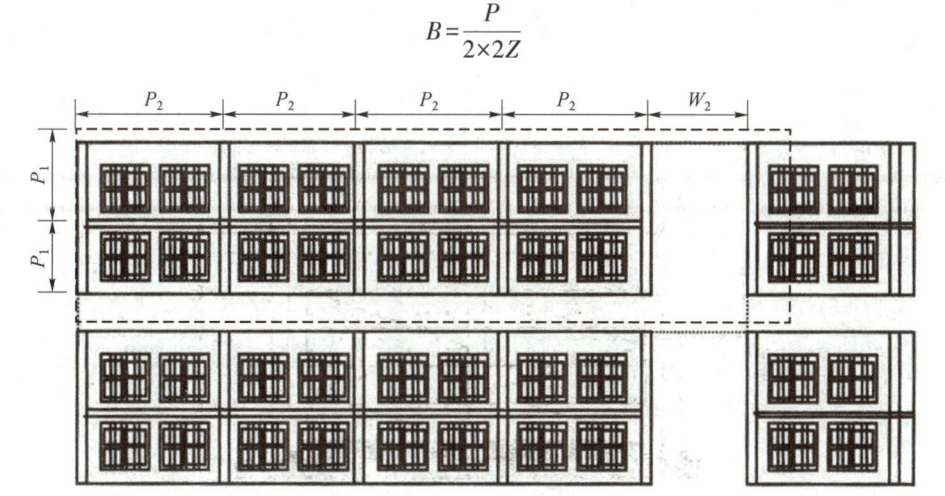

$$B = \frac{P}{2 \times 2Z}$$

图 1-2-23 货架存放尺寸

（3）求出存储区面积 S，即 $S = A \times B$。

（4）空间高度：使用货架可以提高库房高度的利用率。货架高度受制于建筑成本、物料搬运成本和货物堆码特性。根据货架形式、层数与码垛形式可以计算托盘货架区域所需空间高度。如图 1-2-24 所示，货物总高度 =（层数-1）×单层货架高度+货物码垛高度。

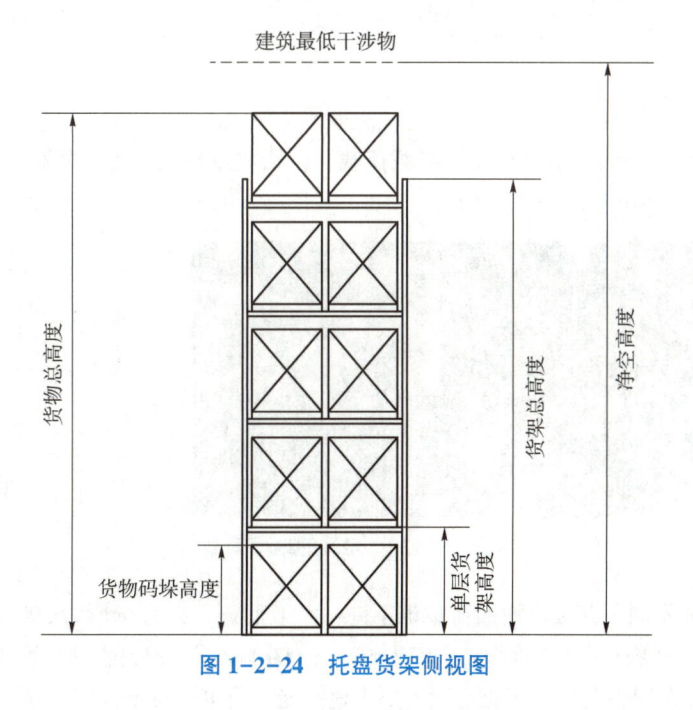

图 1-2-24 托盘货架侧视图

☞ 练一练

【例1-2-3】某仓配中心使用托盘货架存放，设区块货位列数 $Z=10$ 列，货架单位宽度 $P_1=1.5$ m，货架单位长度 $P_2=3$ m，叉车直角存取通道宽 $W_1=3$ m，区块侧向通道 $W_2=3$ m，请计算每个区块面积是多少。

解：

【例1-2-4】在例1-2-3的基础上，假设该仓库规划仓容量为60 000箱，每托盘存放20箱，每排货架设3层、10列，每列存放2托盘，请计算区块数，并计算仓储面积。

解：

四、地坪荷载设计

地坪荷载是指地面构造设计用的装载荷载，包括放置在地面上的货架、物品、各种搬运工具和车辆等，如图1-2-25所示。

图1-2-25 建筑的地面荷载

建筑物用途不同，其法定地面荷载也不同：一般而言，办公场所为 300 kg/m²，服饰物品仓库为 300~500 kg/m²，杂货物品仓库为 500~1 000 kg/m²，饮料物品仓库为 2 000 kg/m²，营业性仓库的物品是变化的，根据经验，要求地面能承受 400 kg/m² 以上的荷载。

地坪单位荷载 P =（货架货位重量+货物承重）×货位数/货架投影面积

《物流建筑设计规范》（GB 51157—2016）中对物流建筑地面的规定：（1）地面应为整体地面，地面厚度应根据堆载和车辆冲击荷载综合计算确定；（2）地面和楼面应平整、耐磨、不起尘、防滑、易清洁。当地面和楼面有特殊承重、保温隔热要求时，其构造及厚度应计算确定；（3）对于物流建筑中储存有易爆和易燃危险品的房间，其地面应采用不发火地面；（4）载重汽车、叉车等装卸车辆通行及装卸的道面，宜采用现浇混凝土垫层兼面层。通行金属轮车、托运尖锐金属物件等易磨损道面，宜采用现浇混凝土垫层兼面层，并宜对面层做耐磨和硬化处理；（5）物流建筑中无轨堆垛机和自动导向搬运车等自动化设备运行区域，地坪精度和平整度应满足设备安装及运行的要求。

五、常用的装卸搬运设备

（一）搬运设备选型要素

搬运设备指用来搬移、升降、装卸和短距离输送物料或货物的机械设备。选择装卸搬运设备时需考虑下面的因素：
(1) 商品特性；
(2) 作业方式与作业量；
(3) 环境条件；
(4) 设备的维护；
(5) 成本与需求的平衡。

装卸搬运设备选型与数量计算

绿色物流

绿色包装：减少泡沫箱使用，绿色包装守护青山绿水

党的二十大报告中提到，大自然是人类赖以生存发展的基本条件，必须牢固树立和践行绿水青山就是金山银山的理念，站在人与自然和谐共生的高度谋划发展。

京东在包装上通过延长使用寿命、创新包装方式、回收再利用等方式，守住青山绿水。京东物流循环保温箱是国内最早应用2C循环包装模式的试点，替代传统EPS白色泡沫箱和一次性冰袋。循环保温箱在京东B2C生鲜业务中使用，截至2022年年底，已在18个城市规模化、常态化投放70万个，累计投放超2亿次，减少泡沫箱使用2亿个。循环青流箱取消一次性封签或胶带使用，仅依靠物流面单即可封箱，已在30个城市常态化投放20万个，累计投放2 000万次。

近两年来，京东健康不断优化纸浆配比，药急送及京东到家使用超4 000万环保纸袋，节省的纸浆相当于少砍伐1.5万棵树。此外，2022年，京东到家77.1%的包装袋为可降解包装袋，已覆盖约70%订单。

2022年，京东到家还向商家提供包装材料6 587 t，同比下降约20%，在订单同比增长的情况下实现了配送包装袋使用的下降；其中可降解包装袋在总包装袋消耗量中占比为77.1%，目前已覆盖约70%的京东到家订单。

（二）搬运叉车

搬运叉车的特点如表1-2-3所示。

表 1-2-3 搬运叉车的特点

搬运选型	地牛	电动托盘堆垛车	平衡重式叉车	前移式叉车
特点	地牛也称手动托盘搬运车，它在搬运标准托盘时，最小直角堆垛通道约为 1 800 mm。 优点：人力手拉行走，手柄操纵，移动灵活，节能环保，价格便宜。 缺点：主要依靠人力推拉货物，搬运效率低，耗费人力，在地面不平整时费力。	主要用于仓库的货物堆垛和装卸，一般直角堆垛通道在 2 500 mm 左右，分步行式和站板式两种。 优点：价格较便宜。 缺点：货叉提升较低，一般最大提升高度不超过 4 800 mm	车体前方装有升降货叉，车体尾部装有平衡重块。 优点：价格较电动前移式叉车便宜，同时适合库外搬运和库内货物上架。 缺点：货叉举高较低（5 m 以下），车体较长，对货架堆垛通道要求较宽（通道大于 3 360 mm）	在有高位货架的物流仓库中应用。 优点：叉车提升高度最高可达 11 m 左右。对货架间通道要求相对较小，一般直角堆垛通道在 2 800 mm。 缺点：车轮直径较小，多为聚氨酯轮胎，对库地面要求较高，不适合作为搬运工具使用；目前价格较高
实物图				

搬运选型	电动搬运叉车	窄巷道叉车—侧面叉车	电动窄巷道中高位拣选叉车	电动牵引车
特点	承载能力 1.6~3 t，作业通道宽度一般为 2.3~2.8 m，货叉提升高度一般在 210mm，主要用于仓库内的水平搬运及货物装卸。分步行式、站驾式和坐驾式三种，可根据效率选择	主要应用于高位货架，对货物存储密度要求很高，叉车作业通道狭窄的仓库。 优点：车体无须直角转弯，通道最小为 1 700 mm，货叉提升高度可达 13 m	主要应用于中高位货架拣选货物，叉车在通道狭窄的通道内往复式运作。叉车通道狭窄，驾驶者根据拣选货物高度随拣货台上下移动拣货。 优点：可在中高层空间自由拣选，实现中高位存储拣选零在同一货位。 缺点：价格较高，目前基本为进口产品，灵活性较差	车体前方装有升降货叉，车体尾部装有平衡重块。叉车适用于港口、车站和企业内部装卸，堆垛和搬运成件物品。3 t 以下的叉车还可在船舱、火车和集装箱内作业
实物图				

· 50 ·

（三）小推车

小推车的样式如表1-2-4所示。

表1-2-4　小推车的样式

小推车	参数	实物图
样式一	车板外尺寸：825 mm×500 mm×50 mm 外包装尺寸：845 mm×525 mm×290 mm 脚轮直径：130 mm 车板高度：215 mm 可选配轮式单脚 材质：抗冲击改性PP 承载：≤250 kg 扶手高度：890 mm	
样式二	车板外尺寸：730 mm×490 mm×50 mm 外包装尺寸：750 mm×510 mm×280 mm 脚轮直径：100 mm 上层车板高度：680 mm 下层车板高度：170 mm 材质：抗冲击改性PP 承载：≤150 kg 扶手高度：860 mm 上下层车板间隔：470 mm	
样式三	车板外尺寸：825 mm×500 mm×50 mm 外包装尺寸：845 mm×525 mm×290 mm 脚轮直径：130 mm 车板高度：215 mm 可选配轮式单脚 材质：抗冲击改性PP 承载：≤250 kg 扶手高度：890 mm	

做任务

【做中学】

一、实训任务书

在掌握整进整出型仓库空间布局规划的方法、技能和相关知识的基础上，按照表1-2-5的任务单要求，完成本次任务。

表1-2-5 整进整出型仓库布局规划仿真任务单

任务名称	整进整出型仓库布局规划仿真任务单	任务编号	1.2

任务说明	1. 小组协作完成 小组成员按照任务资讯、计划、决策、实施、检查、评价的过程，完成本次任务。 2. 任务提交 每小组按照报告格式认真规范排版，提交一份Word文本，包含本项目所有任务的仓库布局方案设计报告，并以PPT汇报

任务背景	某电商公司计划在A市建设一个RDC，用于辐射周边地区5个FDC，并向FDC约定每个SKU的订货量以"托"为单位，供应商送货用12.5 m飞翼车，向FDC配送用7.5 m飞翼车。公司租赁了一个3 000 m²的仓库，平面规格为：库长100 m，库宽30 m，库高7.5 m，库内无立柱。仓库中存放有120个SKU，其中平均库存量1 900托，最大库存量3 800托，整体库存平均周转周期约为1周；RDC要求供应商必须带板（托盘）送货，使用1 200 mm×1 000 mm×150 mm的木质标准托盘。仓库建成后计划处理的货物信息如下表所示，请结合项目一分析设计的内容及本任务给定的信息资料完成该仓库的仓储货架选型、仓储面积规划、搬运设备选型等，并对方案进行仿真验证。 **计划处理的货物信息表** | 序号	货物编码	货物包装尺寸 （长×宽×高）	运输包装尺寸 （长×宽×高）	内包装 数量/件
1	KBC36LU6210	110 mm×45 mm×38 mm	360 mm×200 mm×200 mm	60
2	KBC36LU6211	190 mm×175 mm×120 mm	400 mm×360 mm×500 mm	16
3	KBC36LU6212	190 mm×145 mm×98 mm	400 mm×300 mm×200 mm	8
4	KBC36LU6213	192 mm×130 mm×120 mm	600 mm×400 mm×500 mm	36
5	KBC36LU6214	70 mm×95 mm×85 mm	500 mm×400 mm×450 mm	140
6	KBC36LU6227	110 mm×45 mm×38 mm	360 mm×200 mm×200 mm	60
7	KBC36LU6215	110 mm×80 mm×70 mm	460 mm×260 mm×300 mm	48
8	KBC36LU6216	185 mm×155 mm×130 mm	380 mm×320 mm×400 mm	12
9	KBC36LU6217	120 mm×145 mm×195 mm	500 mm×300 mm×400 mm	16
10	KBC36LU6218	100 mm×68 mm×245 mm	320 mm×280 mm×500 mm	24
11	KBC36LU6219	138 mm×92 mm×130 mm	420 mm×380 mm×400 mm	36
12	KBC36LU6220	190 mm×175 mm×120 mm	400 mm×360 mm×500 mm	16
13	KBC36LU6221	190 mm×145 mm×98 mm	400 mm×300 mm×200 mm	8
14	KBC36LU6222	192 mm×130 mm×120 mm	600 mm×400 mm×500 mm	36
15	KBC36LU6228	100 mm×68 mm×245 mm	320 mm×280 mm×500 mm	24
16	KBC36LU6223	70 mm×95 mm×85 mm	500 mm×400 mm×450 mm	140
17	KBC36LU6224	185 mm×155 mm×130 mm	380 mm×320 mm×400 mm	12
18	KBC36LU6229	100 mm×68 mm×245 mm	320 mm×280 mm×500 mm	24
19	KBC36LU6225	120 mm×145 mm×195 mm	500 mm×300 mm×400 mm	16
20	KBC36LU6226	100 mm×68 mm×245 mm	320 mm×280 mm×500 mm	24 | 注：①每个产品又分为A、B、C、D、E、F 6个规格，共120个SKU。 ②各SKU的平均在库存储量预计为：20%的SKU在库存储量为25~50个托盘，30%的SKU在库存储量为10~25个托盘，其余的SKU在库存储量为1~10个托盘，整体库存平均周转周期约为1周。 ③RDC要求供应商必须带板（托盘）送货，使用1 200 mm×1 000 mm×150 mm的木质标准托盘，托货总高度限制在1 200 mm以内
---	---

续表

相关参数说明	(1) 平衡重式叉车、电动托盘车、前移式叉车配置数量依据是：库存月周转次数为2时，各1台/2 000 m²，库存月周转次数每增加1次，配置数量翻倍，且前移式叉车上下架效率低于平衡重式叉车卸车的效率，可酌情增加。 (2) 托盘为木质标准托盘，规格尺寸：1 200 mm×1 000 mm×150 mm，托盘、物料箱（尺寸自定）、PDA 等数量无须配置，数量不受限制。 (3) 托盘式货架、驶入式货架、穿梭车货架、立体库货架平均每货位材质重量约为60 kg，各货架横梁高度均按120 mm 计，料箱机器人货架、电子标签拣选货架横梁高度为60 mm，叉车上下架所需作业空间（货架内）大于等于100 mm 即可。 (4) 所有货物码托后，最人托货总重不超过360 kg。 (5) 仓库"五距"仅考虑顶距即可，顶距设为0.5 mm。 (6) 月台计入仓库面积内，地坪荷载请按整数设置。 (7) 所有叉车货叉提升高度均默认满足需求。 (8) 依据消防规定，叉车充电区不设置在库内。 (9) 飞翼车规格尺寸如下表所示。 **飞翼车规格尺寸** 	类型	车辆外径尺寸	车厢内径尺寸	翼展后高度
7.5 m 飞翼车	9 990 mm×2 540 mm×3 990 mm	7 500 mm×2 350 mm×2 550 mm	5 260 mm
12.5 m 飞翼车 牵引车	5 957 mm×2 495 mm×2 896 mm		
12.5 m 飞翼车 挂车	12 900 mm×2 540 mm×3 990 mm	12 500 mm×2 420 mm×2 450 mm	5 260 mm | (10) 4.2 m 厢式货车车厢内径尺寸：4.15 m×2.1 m×2.2 m；额定载重：2 500 kg。7.5 m 厢式货车车厢内径尺寸：7.4 m×2.2 m×2.2 m；额定载重5 000 kg。 (11) 一个托盘集装单元总高度不允许超过2 150 mm
---	---
任务实施	任务1：货物信息分析 根据给定货物信息，分别计算 SKU 占比20%、30%和50%的仓库货物平均在库量、仓库总库存量和仓库最大库存量。
任务实施	任务2：存储区面积规划 1. 仓储货架类型及特点分析 请搜集资料填写下表，分析下面两种货架的优缺点和适用范畴。 **货架描述表** | 序号	存储区货架名称	优点	缺点	适用范畴
---	---	---	---	---
1	驶入式货架			
2	托盘式货架				 2. 货架类型选择 分析该仓库120个 SKU 的特点，选择每种类型适合的货架，并给出理由。 3. 货架数量计算 根据给定的货架参数和库存量计算所需货架数量，填写下面的货架参数表和货架数量计算表。

续表

货架参数表

序号	货架名称	宽度/mm	进深/mm	高度/mm	倍深	货位货格数
1	驶入式货架	1 500		1 420	5	1
2	托盘式货架	2 500	1 000	1 420	1	2

货架数量计算表

序号	货架名称	最大库存量	每层货位数	层数	组数
1	驶入式货架				
2	托盘式货架				

写出计算过程。

4. 存储区面积计算

仓库一般通道宽度如下表所示。请把本组设计的货架类型及数量在布局规划仿真软件中布局规划,把布局规划图截屏展示,并计算规划的存储区面积。

仓库一般通道宽度

序号	通道名称	宽度/m	设置原因
1	主要通道	5	主要通道需满足叉车、地牛等搬运设备的通行,将宽度设置为5 m
2	存储区-2通道	3	存储区-2通道需满足叉车、地牛等搬运设备的转弯半径、前悬距、货叉/托盘长度及作业安全距离,将宽度设置为3 m
3	存储区-1通道	5	存储区-1通道需考虑到驶入式叉车作业使用频率较多,会有会车的情况,还需满足驶入式叉车的转弯半径、前悬距、货叉/托盘长度及作业安全距离,将宽度设置为5 m

任务3:其他区域面积规划
任务4:地坪荷载设计

已知托盘式货架、驶入式货架、穿梭车货架、立体库货架平均每货位材质重量约为60 kg,所有货物码托后,最大托货总重不超过360 kg。根据《通用仓库及库区规划设计参数》中对地坪荷载"不宜小于3 t/m²"的要求,请计算托盘式货架和驶入式货架的地坪荷载,并给出该仓库设计的地坪荷载是多少。

续表

任务实施	任务5：搬运设备的选型和数量确定 1. 搬运设备选型 分析本仓库货物存储特点，你会选择哪种类型的叉车？并给出理由。 2. 搬运设备数量确定 根据题意，月库存周转次数为2时，各1台/2 000 m²，库存月周转次数每增加1次，配置数量翻倍，且前移式叉车上下架效率低于平衡重式叉车卸车的效率，可酌情增加；仓库面积为3 000 m²，月周转次数为4，请计算所需要的搬运设备数量，填写下表。 **搬运设备数量表** | 序号 | 搬运设备名称 | 数量/台 | |---|---|---| | | | | | | | | | | | |
方案撰写	任务6：RDC仓库布局规划方案 报告撰写要求：把项目一和项目二按照仓库布局规划的先后逻辑关系合成一个完整的规划方案。 （1）要有封面，需注明实训小组编号及成员，正文要有报告题目（三号黑体），一级标题为四号黑体，其余部分为小四号宋体，正文段落首行缩进，1.5倍行距。 （2）排版工整、图文并茂、内容能够充分体现现代物流与供应链的管理思想，以及精益管理理念。 （3）每人负责1~2个任务的整理和排版，最后组长汇总，每个任务标出负责人

二、任务评价

评价采用自我、组内、组间、教师评价相结合方式，主要从团队协作、任务单完成数量和质量、任务分析的逻辑性和完整性、任务实施的正确性、专业知识的灵活运用和掌握能力等方面进行评价，如表1-2-6所示。

表1-2-6 任务考核评价表

任务名称：_____　专业：_____　班级：_____　第_____小组
组长：_____　小组成员（姓名、学号）：_____

成员分工					
任务评价	自我评价____分	组内评价____分	组间评价____分	教师评价____分	
评价维度	评价内容			分值	得分
方案设计	任务1：计算正确，描述逻辑清晰、结论正确。计算错误一处扣2分			10	
	任务2：货架选型正确，选型原因分析逻辑清晰、有理有据			10	
	任务2：货架数量计算正确。错误一处扣2分			10	
	任务2：存储区面积计算正确，布局合理，符合实际情况和物流动线原则			10	

续表

评价维度	评价内容	分值	得分
方案设计	任务3：地坪荷载计算正确。结论判断准确。计算错误一处扣2分，结论错误或无结论扣2分	10	
	任务4：搬运设备的选型正确，符合本仓库货物搬运特点，漏选或错选一种设备扣2分；所选搬运设备的数量计算正确，错误一项扣1分	10	
	任务5：格式排版美观、符合要求，计算正确、完整，文字表述流畅清楚	10	
小组汇报	PPT制作逻辑清晰、排版美观、内容完整；汇报声音洪亮、表述清楚，回答问题准确、熟练，反映本小组设计思路、特点	20	
团队协作	团队成员分工明确、任务完成协作性好、按时提交设计方案	10	

科技兴企——负责14个机器人的仓库管理员

巩固拓展

一、单选题

1. 适合于作业流程相似，但有两种不同进/出货形态的物流形式，如一种为托盘形态，一种为货箱形态下的配送中心动线形式是（　　）。
   A. 锯齿形　　　　B. 双直线式　　　　C. 合流式　　　　D. U形

2. 以下关于U形动线，表述错误的是（　　）。
   A. 适用于出入口都在仓库同侧的情形。
   B. 不能够同时处理"快流"与"慢流"的货物，不宜于越库作业的进行。
   C. 集中货台管理，减少货台监管人员数量，易于控制和安全防范；可以更有效利用物流配送中心外围空间；可在建筑物三个方向进行空间扩张。
   D. 容易造成进出货物混淆和高峰期的车辆拥堵。

3. 进出货在同一月台、使用同一通道供车辆出入，容易造成进出货物混淆和高峰期的车辆拥堵的动线形式是（　　）。
   A. U形动线　　　B. I形动线　　　C. L形动线　　　D. S形动线

4. 搬运设备指用来（　　）、升降、装卸和短距离输送物料或货物的机械设备。
   A. 搬移　　　　B. 储存　　　　C. 加工　　　　D. 流通

5. （　　）适用于窄巷道。
   A. 电动牵引叉车　B. 三支点叉车　　C. 侧面叉车　　　D. 平衡重式叉车

6. 对于常用的货架特点，下列描述不正确的是（　　）。
   A. 贯通式货架存储密度高，存储量大，仓储面积利用率高，几乎是托盘式货架的两倍，适用于品种少、大批量货物存储。
   B. 流利式货架适用于大量储存、短时发货的货物，可实现先进先出，空间利用率高，人工拣取方便。
   C. 重力式货架空间利用率很高，用于大批量、同类货物的储存作业，空间利用率很高，但不能实现先进先出。
   D. 搁板式货架通常用于人工存取货，货架高度通常在2.5 m以下。

7. 已知规划仓容量为 34 103 托盘，储存物品所采用的货架为 6 层 10 列，每列存放两个托盘，则一个区块可存放（　　）托盘。

　　A. 60　　　　　　B. 90　　　　　　C. 120　　　　　　D. 240

8. 某仓库采取托盘货架存放，已知区块货位列数 $Z = 8$ 列，货架单位宽度 $P_1 = 1.5$ m，货架单位长度 $P_2 = 3$ m，叉车直角存取通道宽 $W_1 = 2$ m，区块侧向通道 $W_2 = 3.5$ m，则区块面积为（　　）m^2。

　　A. 181.5　　　　B. 91.5　　　　　C. 90　　　　　　D. 137.5

9. 宏远食品配送中心雪碧年运转量为 60 000 箱，周转率为 12 次/年，仓库内以托盘作为基本储存单位，托盘尺寸为 1 200 mm×1 000 mm×120 mm，每托盘可放置 30 箱，托盘在仓库中可堆放 2 层，考虑到叉车存取作业所需空间和主要通道约占全部面积的 40%，考虑 20% 的放宽比，则所需的存储区域面积是（　　）m^2。

　　A. 120　　　　　B. 200　　　　　C. 240　　　　　D. 300

10. 配送中心用 1 200 mm×1 000 mm×120 mm 的托盘进行地堆储存货物，已知冰红茶的规划仓容量为 1 200 托盘，货物堆放一层，叉车存取作业所需空间和主要通道约占全部面积的 30%，冰红茶所需要的仓储面积是（　　）m^2。

　　A. 1 200　　　　B. 1 400　　　　C. 2 058　　　　D. 4 800

11. 对于日化品配送中心，以下不属于常用的货物存放方式的是（　　）。

　　A. 托盘平置存放　　　　　　　B. 托盘堆码存放
　　C. 散堆法　　　　　　　　　　D. 托盘货架存放

12. 搬运设备指用来（　　）、升降、装卸和短距离输送物料或货物的机械设备。

　　A. 搬移　　　　　B. 储存　　　　　C. 加工　　　　　D. 流通

13. 在直角堆垛作业时，车体本身不做直角转向，而使前部的门架或货叉做直角转向或侧移，从而使作业通道宽度大大减少的叉车类型为（　　）。

　　A. 前移式叉车　　B. 窄通道叉车　　C. 插腿式叉车　　D. 拣选叉车

14. 下列描述正确的是（　　）。

　　A. 前移式叉车提升高度最高可达 15 m。
　　B. 平衡重式叉车为配重式结构，且由于转弯和直角堆垛需要，所需作业通道宽度一般超过 3 m。
　　C. 托盘货架的层间距是这层货架下横梁顶部至上横梁底部的高度。
　　D. 根据《托盘式货架》（WB/T 1044—2012）的规定，当单个托盘单元货品的额定荷载为 1 t 时，单层横梁片的额定荷载为 1 t。

15. 动力较大、底盘较高、具有较强的地面适应能力和爬坡能力的叉车类型是（　　）。

　　A. 插腿式叉车　　B. 窄通道叉车　　C. 平衡重式叉车　　D. 前移式叉车

二、多选题

1. 选择装卸搬运设备时需要考虑以下因素（　　）。

　　A. 商品特征　　　　　　　　　B. 作业方式与作业量
　　C. 商品类别　　　　　　　　　D. 成本与需求的平衡

2. 以下关于窄通道—侧面叉车的描述，正确的有（　　）。

　　A. 主要应用于高位货架，对货物存储密度要求很高、叉车作业通道狭窄的仓库
　　B. 通道宽度 1.7~2.0 m，提升高度可达 13 m
　　C. 有利于搬运条形、长尺寸货物，如长形管材、木料、铝型材等。
　　D. 是使用最广泛的叉车类型

3. 地面载荷是指地面构造设计用的装载载荷，包括（　　）。
  A. 放置在地面上的货架　　　　B. 放置在地面上的货物
  C. 各种搬运工具　　　　　　　D. 车辆
4. 一般情况下配送中心出入口的尺寸与（　　）有关。
  A. 卡车是否出入库　　　　　　B. 配送中心所用叉车尺寸
  C. 配送中心所保管货物的尺寸　D. 配送中心所用叉车频次
5. 影响配送中心面积的因素包括（　　）。
  A. 年出库量　　B. 存货周转率　　C. 搬运设备　　D. 库房结构
6. 对于托盘货架存放方式，计算存储区域面积时需要计算（　　）两个参数。
  A. 年出库量　　　　　　　　　B. 货架区域的区块数
  C. 托盘所占面积　　　　　　　D. 每个区块的面积
7. 以下选项中影响物流配送中心建筑物柱间距的因素有（　　）。
  A. 托盘尺寸　　　　　　　　　B. 通道宽度
  C. 运输车辆种类、规格型号　　D. 天花板高度
8. 在采用动线布局法进行配送中心功能区布局时，下列描述正确的有（　　）。
  A. 首先应布局面积较大且长宽不易改变的区域
  B. 首先应布局面积较大且长宽比例容易调整的区域
  C. 接着考虑配送中心的区域大小，再插入柔性区域
  D. 最后考虑行政办公区和物流存储区的关系，布局办公区域
9. 下列关于配送中心常见物流动线的描述，正确的是（　　）。
  A. 直线形动线适合于作业流程简单、规模较小的配送中心
  B. 一个配送中心有且只有一种动线布置形式
  C. 锯齿形或S形动线适用于多排并列的库存货架区域
  D. 双直线式动线适用于作业流程相似，但有两种进/出货形态的物流形式
10. 好的动线布局应遵循（　　）。
  A. 不迂回　　　B. 不交叉　　　C. 不并行　　　D. 动线最佳化

三、判断题

1. 配送中心规划设计是指从空间和时间上对配送中心的新建、改建和扩建进行全面、系统的规划。（　　）
2. 一般在市区土地价格昂贵、需要较高的土地利用率的地方，采用多层建筑最好。（　　）
3. 对于配送中心仓库内的作业，通道设计相当重要。通道应延伸至每一个货位，使每一个货位都可以直接进行作业。（　　）
4. 配送中心的主要通道，一般沿仓库纵向贯通，以直线或尽可能少的折线来连接出入口，道路最宽。（　　）
5. 配送中心的立柱间隔可以随意设置，对物流作业的影响不大。（　　）
7. 配送中心作业区域布置时应遵循物料搬运顺畅、短捷方便，且避免往返交叉的原则。（　　）
8. 动线布局中不迂回是指不绕远、不绕圈，防止无效搬运。（　　）
9. U形动线一般适用于收发货频率高且存储时间短的配送中心、转运中心或越库作业中心，常用于接收相邻加工厂的货物或用不同类型的车辆来出货和发货的处理中心。（　　）
10. 流利货架拣货方式适用于进发货量大、同品种、短时间存取、体积不大或外形不

规则货品。   (   )

四、应用题

1. 2022年石药某配送中心各类药品的年发货量如表1-2-7所示，仓库内以托盘作为基本储存单位，托盘尺寸为 1 200 mm×1 000 mm×120 mm，考虑20%的放宽比。完成以下问题：

（1）各类药品分区存放。求各类药品规划仓容量和总规划仓容量。（要求：仅以中药为例写出计算步骤即可，所有结果填写在表1-2-7中）

（2）仓库内采取托盘式货架存放，每排货架设3层、4列，每列存放2托盘，货架单位宽度 P_1 = 1.2 m，货架单位长度 P_2 = 2.5 m，叉车直角存取通道宽 W_1 = 2.6 m，区块侧向通道宽 W_2 = 3 m，货架平面示意图如图1-2-26所示，计算存储区面积。

表1-2-7 石药配送中心2022年总发货量及周转率

药品	总发货量/箱	周转率/(次/年)	每托存放数量/箱	规划仓容量（托盘）
中药	503 400	12	15	
西药	555 000	15	20	
针剂药	215 600	13	16	
合计	—	—	—	

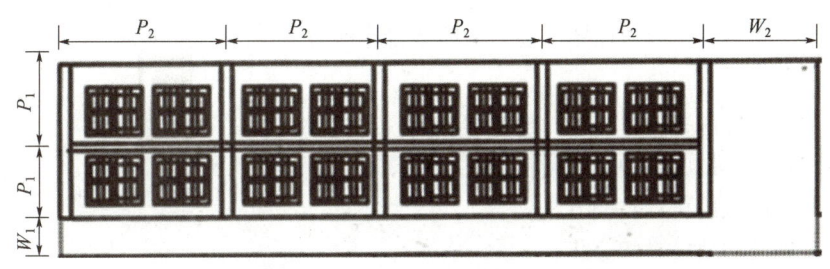

图1-2-26 货架平面示意图

自我分析和总结

自我分析
学习中的难点及困惑点

总结提高
用思维导图等方式归纳本次任务的主要内容，包括所需知识点、重点、易错点等，并写出需要继续学习提升的内容清单。

项目三　整进零出型仓库布局规划与仿真

学习目标

【素质目标】
- 培养爱岗敬业、责任担当、艰苦奋斗的职业精神；
- 提升信息素养、创新思维、创新能力；
- 树立质量意识、成本意识、优化意识；
- 提升分析问题、解决问题的能力及团队合作能力。

【知识目标】
- 掌握货物在库量、最大库存量计算方法；
- 掌握常用存储区货架类型及特点；
- 掌握存储区面积计算的方法；
- 掌握地坪荷载计算的方法；
- 理解常用搬运设备类型及特点。

【技能目标】
- 能够理解业务背景数据，能够计算出仓库货物平均在库量、仓库总库存量和仓库最大库存量；
- 能够根据仓库功能设置所需的功能区域；
- 能够根据仓库 SKU 特点选择适合的仓库货架类型，计算仓库所需货架数量，并选用合适的装卸搬运设备；
- 能够根据货架布局正确计算存储区和拣货区面积；
- 能够利用货物地坪荷载相关知识进行地坪荷载设计；
- 能够选择合适动线、墙体和地坪；
- 能够结合本仓配中心的设计阐述清楚作业流程。

行业资讯

着力推进产业智能化绿色化融合化　加快建设现代化产业体系

习近平总书记强调：现代化产业体系是现代化国家的物质技术基础，必须把发展经济的着力点放在实体经济上，为实现第二个百年奋斗目标提供坚强物质支撑。

新发展格局以现代化产业体系为基础，经济循环畅通需要各产业有序链接、高效畅通。现代化产业体系建设要着力突破产业瓶颈。当前，我国产业转型升级中一些核心零部件、核心软件、关键材料和关键装备仍面临"卡脖子"问题，在一定程度上制约了国内大循环的畅通运行。为此，要突出重点、整合资源，实施产业基础再造工程和重大技术装备攻关工程，推动一批关键核心技术加快取得实质性进展和突破，推动传统产业转型升级，支持其加快技术改造和创新，向高端化、智能化、绿色化、融合化发展。

——摘自《人民日报》（2023年6月29日08版）部分内容

项目作用

随着电子商务、新零售模式的发展，仓储物流环节逐渐成为新零售模式供应链中的核心环节，这对仓配中心的运营管理提出了新的要求。在新零售模式下，整进零出型仓配中心越来越多，这类仓配中心的库存结构从大批量、少品种变为小批量、多品种，订单呈现为多种类、小批量、快频率的特点。同时，这类仓配中心对仓储作业效率和准确率要求越来越高。本项目以一个整进零出型仓库的实际案例为基础，详细讲解此类仓配中心的功能区域规划、设备选型、功能区域面积规划、地坪荷载设计等，让学生掌握此类仓库设备选型及布局规划的理论和方法。

工作任务

【析中学】

京东亚洲一号"无人仓"

一、任务描述

某汽车散热器厂计划新建一个3 200 m² 的仓库，仓库平面规格为：库长80 m，库宽40 m，库高8 m，库内无立柱。仓库计划用于满足该厂成品的存储与配送，货物信息如表1-3-1所示。供应商送货用12.5 m飞翼车，向客户配送用7.5 m飞翼车。

请同学们仔细阅读给定信息，以小组为单位整理分析本次需要规划的FDC仓库的基础数据，利用所学专业知识，结合给定的信息，对该仓库实施布局规划和设备选型搭建。

表 1-3-1　货物信息表

序号	产品编码	包装尺寸（长×宽×高）	单个产品重量/kg	畅销程度
1	E2SX1632085	885 mm×175 mm×500 mm	40	畅销
2	M2SX1632094	885 mm×175 mm×500 mm	40	畅销
3	M2SX1621016	775 mm×130 mm×470 mm	35	畅销
4	M2SX1615173	750 mm×140 mm×420 mm	40	畅销
5	M2SX1623163	800 mm×150 mm×400 mm	30	一般
6	M2SX1623168	640 mm×130 mm×480 mm	30	一般
7	M2SX2612101	860 mm×140 mm×465 mm	45	一般
8	E2SX1615171	780 mm×130 mm×500 mm	35	一般
9	E2SX1615236	740 mm×130 mm×490 mm	35	一般
10	E2SX1632011	755 mm×110 mm×520 mm	40	一般
11	E2SX1617221	775 mm×130 mm×470 mm	35	一般
12	E2SX1616082	805 mm×100 mm×425 mm	30	一般
13	M2SX1632012	740 mm×130 mm×480 mm	45	一般
14	A2SX1612361	815 mm×120 mm×480 mm	45	一般
15	A2SX1612362	775 mm×130 mm×470 mm	30	一般
16	E2SX2632263	645 mm×130 mm×480 mm	30	一般
17	A2SX1617066	740 mm×130 mm×495 mm	35	一般
18	M2SX1614305	720 mm×110 mm×530 mm	35	一般
19	M2SX1614307	780 mm×130 mm×500 mm	45	一般
20	M2SX2241039	775 mm×130 mm×470 mm	30	一般

注：①每个产品又分为 A、B、C、D、E、F 6 个规格，共 120 个 SKU；
②所有商品预计平均在库存储量 25 000 件，其中 E2SX1632085 和 M2SX1632094 两个产品系列，库存量约占库存总量的 40%，其余产品系列每个 SKU 平均在库存储量最大的约为 400 件；
③托盘式货架单货位承重 1 t，驶入式货架单货位承重 1 t，轻型搁板式货架单层承重 150 kg；
④预计年平均库存周转周期为 15 天；
⑤同时考虑未来发展所需冗余；
⑥货物堆码时，以包装箱的高为高，并加固；
⑦畅销品系列以托为单位出库，其余系列以件为单位出库。

相关参数说明：

（1）配置装卸搬运设备数量的依据是：库存月周转次数为 2 时，各 1 台/2 000 m²，库存月周转次数每增加 1 次，配置数量翻倍。

（2）托盘选用木质标准托盘，规格尺寸为 1 200 mm×1 000 mm×150 mm，重量为 20 kg，承重 1 500 kg。

（3）托盘式货架、驶入式货架、穿梭车货架、立体库货架平均每货位材质重量约为 60 kg，各货架横梁高度均按 120 mm 计，料箱机器人货架、电子标签拣选货架横梁高度为 60 mm。

（4）仓库"五距"仅考虑顶距即可，顶距设为 0.5 m。

（5）月台计入仓库面积内，地坪荷载按整数设置。

（6）所有叉车货叉提升高度均默认满足需求。

（7）依据消防规定，叉车充电区不设置在库内。

（8）在库存储时，托货总高度不超过 1 200 mm。

（9）叉车安全作业间隙为 150 mm。

（10）飞翼车规格尺寸如表 1-3-2 所示。

表 1-3-2　飞翼车规格尺寸

类型	车辆外径尺寸	车厢内径尺寸	翼展后高度	翼展后宽度	转弯半径	两侧作业宽度
7.5 m 飞翼车	9 990 mm×2 540 mm×3 990 mm	7 500 mm×2 350 mm×2 550 mm	5 260 mm	7 640 mm	9.5 m	15 m
12.5 m 飞翼车	牵引车 5 957 mm×2 495 mm×2 896 mm	—	—	—	14 m	15 m
	挂车 12 900 mm×2 540 mm×3 990 mm	12 500 mm×2 420 mm×2 450 mm	5 260 mm	7 440 mm		

二、任务分析

完成本任务，需要解决以下问题：

（1）FDC 仓库运作管理对布局规划有何要求？

（2）FDC 仓库布局规划设计应包含哪些内容？FDC 仓库布局规划与 RDC 仓库布局规划有哪些区别？

（3）规划中需要搜集和查阅哪些规范、标准和资料？

技术创新

货到人解决方案：智能技术助力拣选效率

作为全球 AMR 引领者，极智嘉 2022 年上半年除了签约多个客户，在产品创新方面也有不少动作，例如：适配电商包裹中大件趋势，皮带式分拣机器人全球落地；发布智能升级版货到人拣选工作站，以智能技术助力拣选效率提升。此外，极智嘉 3 月份发布的一站式上存下拣解决方案，更是为高密度立体存取提供了新思路。

根据介绍，极智嘉推出的一站式上存下拣解决方案，通过四向车及立体货架充分利用超广立体存储空间，同时结合 P800 拣选机器人，提供快速高效的货到人拣选模式，将密集存储与高效拣选合为一体。通过充分利用立体存储空间，可实现存储能力较人工仓提升超 5 倍，货到人系统及智能算法赋能拣选效率提升 2~3 倍，可普遍适用于商超零售、快消、3PL、医药流通等行业。

三、任务实施

FDC 仓库作为城市配送中心、前端配送中心，主要功能是从制造商处接收进货，面向零售商分拣组合配送，并进行快递活动，因此，FDC 仓库经常是整进零出型仓库的代表类型。整进零出型仓库规划设计框架图如图 1-3-1 所示。

整进零出型仓库规划设计框架

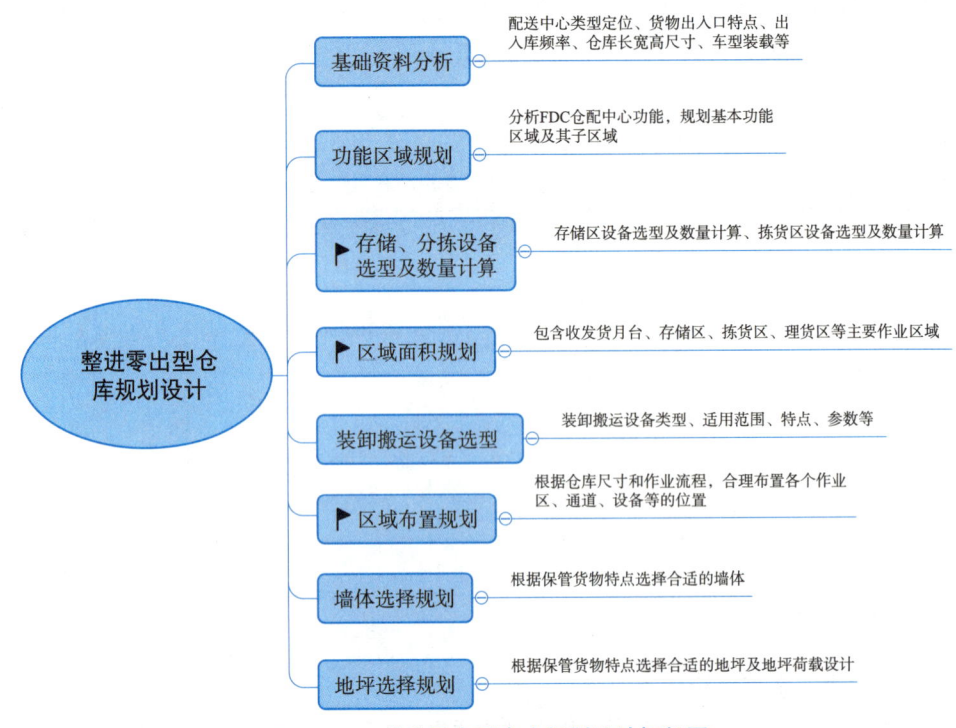

```
整进零出型仓          ┌─ 基础资料分析 ── 配送中心类型定位、货物出入口特点、出
库规划设计            │                   入库频率、仓库长宽高尺寸、车型装载等
                     │
                     ├─ 功能区域规划 ── 分析FDC仓配中心功能，规划基本功能
                     │                   区域及其子区域
                     │
                     ├─ ▶存储、分拣设备 ── 存储区设备选型及数量计算、拣货区设备选型及数量计算
                     │   选型及数量计算
                     │
                     ├─ ▶区域面积规划 ── 包含收发货月台、存储区、拣货区、理货区等主要作业区域
                     │
                     ├─ 装卸搬运设备选型 ── 装卸搬运设备类型、适用范围、特点、参数等
                     │
                     ├─ ▶区域布置规划 ── 根据仓库尺寸和作业流程，合理布置各个作业
                     │                   区、通道、设备等的位置
                     │
                     ├─ 墙体选择规划 ── 根据保管货物特点选择合适的墙体
                     │
                     └─ 地坪选择规划 ── 根据保管货物特点选择合适的地坪及地坪荷载设计
```

图 1-3-1　整进零出型仓库规划设计框架图

（一）任务1：项目基础资料分析

本任务是分析给定的项目基础资料数据，为后面规划提供依据，分析的内容包括但不限于以下内容：

（1）仓库长宽尺寸、高度、库内立柱情况，墙体、地坪的要求等。
（2）仓库的功能类型、仓库在供应链中的位置、上下游关系等。
（3）货物存放的要求、出入库特点、周转频率、物权保管形式等。
（4）配送车辆装载托盘数量计算。根据给定的入库和配送车辆规格尺寸、吨位及装载的托盘规格，计算每种车型能够装载的集装托盘数量，为后面月台和理货区计算提供依据。

（二）任务2：功能区域规划

仓库需要设置哪些功能区域由仓库承担的功能及货物出入库要求来决定。本仓库为汽车散热器厂的自建仓库，承担着成品的存储与配送功能，同时存储的货物一部分是以托为单位出库、一部分以件为单位出库，有拆零出库的货物，需要采取存拣分离模式。因此，可大致判定该仓库需要设置收货月台、入库理货区、存储区、拣货区、出库理货区、出货月台、叉车等搬运工具临时存放区、办公区、托盘及物流箱存放区等。

（三）任务3：仓储和拣选设备的选型及数量确定

仓储设备选型要考虑存储的每类 SKU 的品项数、单个 SKU 的最大在库储量、货物出入库频率等因素；确定了仓储货架的类型后，就可根据存储货物数量、货架参数、层高等计算货架组数，从而确定货架数量。

1. 货物信息及组托分析

根据项目背景可知，本仓库存放的货物按照畅销程度和包装规格可分为三类。

一类畅销货物：E2SX1632085 和 M2SX1632094，每类货物 6 种规格，共计 12 个 SKU；二类畅销货物：M2SX1621016 和 M2SX1615173，共计 12 个 SKU；其余货物作为一般货物，共计 96 个 SKU。

一类畅销货物组托：尺寸相当，托盘码放单层 6 个，可摆放 2 层，单托盘码放货物 12 箱，SKU 数为 12 个。

二类畅销货物组托：码放数量相当，托盘单层摆放 10 个，可摆放 2 层，单托盘码放货物 20 箱，SKU 数为 12 个。

一般货物组托：取面积最大者 M2SX2612101，该货物面积为 120 400 mm^2，单托盘码放货物 18 箱，SKU 数为 96 个。

2. 存储区货架选型

普通仓库托盘货架存储区常用的货架有驶入式货架和托盘式货架。驶入式货架适合存放品项少、单个 SKU 存储量大的一类货物，托盘式货架适合存放品项多、单个 SKU 存储量少的一类货物。

本项目存储区货架选型如下：

（1）一类畅销货物：E2SX1632085 和 M2SX1632094 共 12 个 SKU，占总库存量的 40%，所有商品预计平均在库存储量 25 000 件，单托盘码放货物 12 箱，即一类畅销货物最大在库托盘数为：25 000×2×40%/12≈1 667（托）。

这类货物属于品项少、大批量存储的货物，较适合选用驶入式货架。

（2）二类畅销货物：M2SX1621016 和 M2SX1615173 总计 12 个 SKU，每个 SKU 平均在库存储量最大的约为 400 件，单托盘码放货物 20 箱，计算得知二类畅销货物最大在库托盘数为：400×12×2/20＝480（托）。

这类货物仍属于品项少、大批量的货物，较适合选用驶入式货架。

（3）一般货物系列

一般货物剩余最大在库量为 25 000×2－25 000×2×40%－6×400×2×2＝20 400（件），共 96 个 SKU，单托盘码放货物 18 箱。所以，一般货物最大在库托盘数为 1 134 托，单个 SKU 平均最大托盘数为 1 134/96＝12（托），属于小批量、多品种的货物，较适合选用托盘式货架。

3. 拣货区货架选型

本项目畅销品系列以托为单位出库，可采取存拣合一模式，不单独设置拣货区。一般货物系列以件为单位出库，需拆零拣选，为便于拣货，需要单独设置拣货区。根据货物包装和重量可知，本项目中货物包装尺寸较大，单件重量较重，不适合选用电子标签货架和轻型搁板式货架，较适合选择托盘平仓堆垛位。

4. 货架数量计算

（1）层高和层数计算：托货总高度限制在 1 200 mm 以内，各货架横梁高度均按 120 mm 计，叉车上下架所需作业空间（货架内）大于等于 100 mm。仓库"五距"仅考虑顶距。

层高：1.2＋0.12＋0.1＝1.42（m）

仓库可放高度：8－0.5＝7.5（m）

根据实际情况，不需要考虑货架顶层横梁高度，所以顶层货架的层高为 1.42－0.12＝1.3（m）。

因此，货架层数为（7.5－1.3）/1.42＋1＝5（层）。

同时，货架净格高度为 1.3 m，也满足国标要求中托盘式货架货格尺寸有效高度宜为 50 mm 或 75 mm 的整数倍，所以可将托盘式货架和驶入式货架都设为 5 层。

（2）货架倍深设置：为方便叉车进出货架，通常驶入式货架总深度不超过 6 个货位深度，考虑到仓容利用率、作业便利性和仓储空间利用率，因此将驶入式货架设为5倍深。托盘式货架深度设置为1，得出货架参数，如表1-3-3所示。

表1-3-3 货架参数一览表

序号	货架名称	宽度/mm	进深/mm	层高/mm	层数	倍深	每层货位数	承重/kg
1	驶入式货架	1 500	1 000	1 420	5	5	5	360
2	托盘式货架	2 500	1 000	1 420	5	1	2	360
3	平仓堆垛位	1 200	1 000	1 60	1	1	1	360

（3）货架数量计算：存储区货架数量计算要考虑每类货品的总托盘数及所选用货架的单组货架的货位数。

本项目中存储区货架数量计算如下：

一类畅销货品12个SKU共计1 667托，平均单个SKU138托，每组驶入式货架可存放25托。因此，单个SKU需要6组驶入式货架，共计需要72组驶入式货架。

二类畅销货品12个SKU共计480托，平均单个SKU40托，每组驶入式货架可存放25托。因此，单个SKU需要2组驶入式货架，共计需要24组驶入式货架。

一般货物最大在库托盘数为1 134托，一个托盘式货架总计10个货位。因此，共需114组托盘式货架，考虑仓库布局及冗余情况，设置120组左右的托盘式货架。

综上所述，共计需要96组驶入式货架、120组托盘式货架。

拣货区货架数量计算要考虑需要设置的拣选货物的品项数及每组货架的货位数。本项目中拣货区采用托盘平仓堆垛位，需要对96个SKU的一般货品设置拣货位，因每种货物包装尺寸较大。因此，每个托盘设置一个拣货位，共计96个托盘拣货位。

（四）任务4：功能区域面积规划

区域面积规划中可先计算刚性区域，再计算柔性区域。本项目存储区、拣货区等主要功能区属于刚性区域，它的面积取决于仓库作业能力、设备选型及设备数量，月台、理货区、暂存区等柔性区域则根据剩余仓库面积灵活设定，并应符合设计规范。

存储区面积规划主要考虑放置至少96组驶入式货架和120组托盘式货架，要考虑货架尺寸、摆放布局方式、作业通道、叉车转弯半径等进行布局，做到存取货便利、仓容面积利用率高。不同货架布局方式会影响仓储作业区面积，存储区面积计算方法在项目二中已经讲述，在此不再赘述。各组根据所选用的货架布局计算相应的面积。

本部分"相关知识"拣货区面积计算中给出了拣货区面积计算的方法及示例，各组根据所设定的拣货区托盘的摆放方式及所留取的拣货通道宽度计算相应的面积。

月台、理货区、暂存区、设备存放区等其他区域面积规划在项目二中已经讲述，在此不再赘述。

（五）任务5：功能区域布局与设备搭建

分析I形、U形、L形、S形动线特点，考虑仓库尺寸、各作业区面积、作业流程、作业效率等选择适宜动线，并绘制仓库平面布局图。仓库平面布局图示例如图1-3-2所示。

进入仓库布局仿真实训平台，完成本次任务的仿真搭建。搭建完成后对功能区的面积（长、宽）、位置设定做出说明，形成各功能区面积及面积比重表，完成功能区布局与设备搭建成型效果图。设备搭建成型三维效果图示例如图1-3-3所示。

单位：m

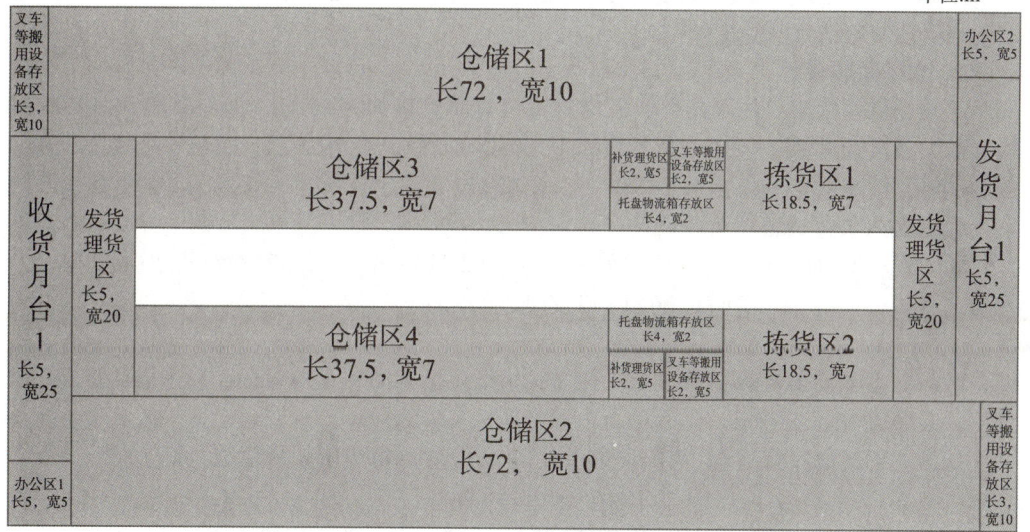

叉车等搬运设备存放区 长3，宽10	仓储区1 长72，宽10				办公区2 长5，宽5
收货月台1 长5，宽25	发货理货区 长5，宽20	仓储区3 长37.5，宽7	补货理货区 长2，宽5 / 叉车等搬运设备存放区 长2，宽5	拣货区1 长18.5，宽7	发货理货区 长5，宽20 / 发货月台1 长5，宽25
			托盘物流箱存放区 长4，宽2		
		仓储区4 长37.5，宽7	托盘物流箱存放区 长4，宽2	拣货区2 长18.5，宽7	
			补货理货区 长2，宽5 / 叉车等搬运设备存放区 长2，宽5		
办公区1 长5，宽5	仓储区2 长72，宽10				叉车等搬运设备存放区 长3，宽10

图 1-3-2　仓库平面布局图示例

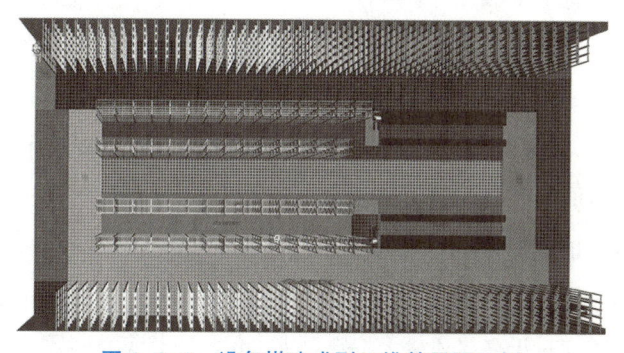

图 1-3-3　设备搭建成型三维效果图示例

（六）任务6：装卸搬运设备选型

本仓库配置的装卸搬运设备要考虑用于库外飞翼车装卸货物、库内对驶入式货架和托盘式货架上下架操作，以及托盘平仓区的补货、移库等操作。因此，考虑到作业效率、作业便利性和叉车升降高度等因素，本仓库可选配置平衡重式叉车、前移式叉车、电动托盘搬运车和地牛。

配置数量依据是：库存月周转次数为2时，各1台/2 000 m²，月库存周转次数每增加1次，配置数量翻倍，且前移式叉车上下架效率低于平衡重式叉车卸车的效率，可酌情增加，该仓库面积为3 200 m²，月周转次数为2。

$$叉车数量 = 仓库面积/2\,000 = 3\,200/2\,000 \approx 2（台）$$

考虑前移式叉车上下架效率低于平衡重式叉车卸车的效率，因此，可配置平衡重式叉车2台，前移式叉车3台，电动托盘搬运车2台，地牛4~6台。

（七）任务7：地坪选择及荷载设计

1. 地坪选择

分析不同地坪特点及仓库存储货物信息，选择适宜地坪。本仓库优先选择金刚砂耐磨地坪，原因是该仓库为汽车散热器厂建设的一个仓库，产品重量较大，需要选择具有较强耐磨性的地坪，地面平整度较高，减少运输时的阻力，并考虑其经济性因素，选择使用金刚砂耐磨地坪更适合该仓库。

2. 地坪荷载设计

已知托盘式货架，驶入式货架平均每货位材质重量约为 60 kg，所有货物码托后，单货位最大载重量为 1 t。驶入式货架规格 1 500 mm×1 000 mm，分5层，每层5个货位，共摆放 25 个托盘。

（1）驶入式货架地坪荷载设计：

驶入式货架地坪荷载＝（货架总重量+托货总重量）×每组货架货位数/货架面积

$$= (0.06+1) \times 25 / (1.5 \times 1 \times 5)$$
$$\approx 3.53 \,(t/m^2)$$

（2）托盘式货架地坪荷载设计：托盘式货架规格 2 500×1 000 mm，分5层，每层2个货位，共摆放 10 个托盘。

托盘式货架地坪荷载＝（货架总重量+托货总重量）×每组货架货位数/货架面积

$$= (0.12+2) \times 10 / (2.5 \times 1 \times 2)$$
$$= 4.24 \,(t/m^2)$$

（3）平仓堆垛位地坪荷载设计：

平仓堆垛位地坪荷载设计＝（货架总重量+托货总重量）×每组货架货位数/货架面积

$$= 1.5 \times 1 / 1.2$$
$$= 1.25 \,(t/m^2)$$

根据《通用仓库及库区规划设计参数》中对仓库地坪"不宜小于 3 t/m²"的荷载要求，因此本仓库地坪荷载设置为 5t/m²。

（八）任务8：墙体选择

分析不同墙体特点及仓储存储货物信息，选择适宜墙体。本仓库优先选择普通常温围板，原因是存储的货物对于存储环境无特殊要求，保温隔热等功能需求低，考虑到经济性因素，选择普通常温围板更适合该仓库。

（九）任务9：作业流程分析

结合仓库布局描述入库、在库、出库作业流程。

绿色物流

低碳物流技术：低碳技术为企业减碳赋能

党的二十大报告中指出，积极稳妥推进碳达峰碳中和。实现碳达峰碳中和是一场广泛而深刻的经济社会系统性变革。2023 年 4 月 11 日，在"2023绿色供应链创新发展论坛"上，京东物流联合中华环保联合会绿色供应链专委会正式发布供应链碳管理平台（SCEMP）。该平台能够吸纳中国超过 140 种道路运输载具碳排放因子，并基于运输工具的真实轨迹，以最小颗粒度计算物流运输碳足迹。

供应链碳管理平台可实现移动排放源 MRV（碳排放监测核算 Monitoring、报告 Reporting、核查 Verification）可视化，并为供应链物流运输全景化搭建计算模型。在具体的供应链物流计算中，通过平台能够清晰看到企业特定时间范围内的物流运输碳排放情况，通过图形具象展示订单与碳排放的关系，同时通过不同燃料类型占比直观体现企业移动排放源占比，为企业后续减碳提供基础数据统计，让减碳更加科学、精准；而聚焦到订单维度，该平台能够根据时间、地点维度进行碳足迹展示，清晰展现单张订单计算逻辑。

相关知识

【学中做】

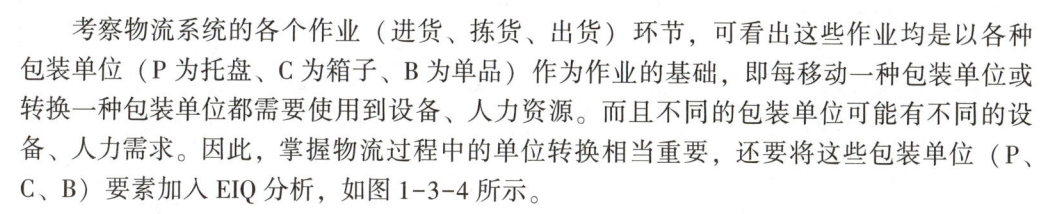

一、储运单位分析——PCB 分析

（一）PCB 分析的含义

考察物流系统的各个作业（进货、拣货、出货）环节，可看出这些作业均是以各种包装单位（P 为托盘、C 为箱子、B 为单品）作为作业的基础，即每移动一种包装单位或转换一种包装单位都需要使用到设备、人力资源。而且不同的包装单位可能有不同的设备、人力需求。因此，掌握物流过程中的单位转换相当重要，还要将这些包装单位（P、C、B）要素加入 EIQ 分析，如图 1-3-4 所示。

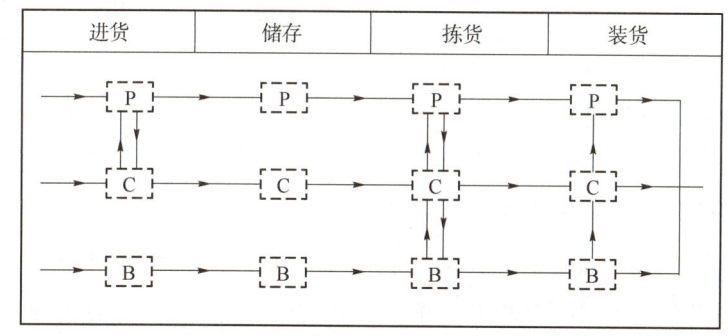

图 1-3-4　物流作业时商品包装单位的变化

一般企业的订单资料中同时含有各类出货形态。订单中包括整箱与零散两种类型同时出货，以及订单中仅有整箱出货或仅有零散出货。为合理规划仓储与拣货区，必须将订单资料依出货单位类型加以分割，正确计算各区实际的需求。常见物流系统的储运单位组合形式，如表 1-3-4 所示。

表 1-3-4　储运单位分析表

入库单位	储存单位	拣货单位
P	P	P
P	P、C	P、C
P	P、C、B	P、C、B
P、C	P、C	C
P、C	P、C、B	C、B
C、B	C、B	B

注：P 为托盘；C 为箱；B 为单品。

（二）PCB 分析的作用

储运单位分析就是考察配送中心各个主要作业环节的基本储运单位（P、C、B），不同的储运单位所配备的储存和搬运设备是不同的，如表1-3-5所示。

表1-3-5 不同的储运模式设备配置参考表

储运模式	设备配置		
	全自动方式	半自动方式	人工方式
P→P	托盘式自动仓储系统+输送机（穿梭车）		托盘式货架+叉车
P→C	托盘式自动仓储系统+拆盘机+输送机 托盘式自动仓储系统+穿梭机+机器人	自动仓库+输送机	托盘式货架+叉车（托盘车） 托盘式货架+笼车 托盘式货架+手推车 托盘式货架+输送机
C→C	流利式货架+自动拣取机+输送机		
C→B	流利式货架+机器人+输送机 自动拣取机+输送机	水平旋转自动仓库+输送机	流利式货架+笼车 流利式货架+手推车 流利式货架+输送机 件式平货架+手推车
B→B		垂直旋转自动仓库+手推车	件式平货架+手推车

二、计算规划仓容量

（一）仓容量和规划仓容量

仓容量是指仓库或者货场在除去必要的通道和间隙后，在同一时间内最大安全堆存货物的数量，常用的单位一般是箱或者托盘。

规划仓容量是指一个仓库在综合考虑客户一年的进出库量、货物周转率、高峰期的数量变化等因素后，要规划多少储位能够满足货物存放的需求。规划仓容量一般来说会比实际计算出的仓容量要大，要考虑促销、"双11"等高峰期的容量。

规划仓容量如果过多，会出现仓库空置率高，造成投资浪费；但如果规划不足，会造成高峰期时仓库爆满，出现货物无处可放的情形。因此，好的规划仓容量既要能满足仓库进出库高峰的存货需求，又不会出现仓库空置率过高的问题。

（二）规划仓容量的计算方法

1. 周转率计算法

利用周转率估计仓储运转能力的特点是简便快速、实用性强，但不够精确。考虑到仓储运转的弹性变化，为适应高峰期的高运转量要求，仓容量需要放宽。放宽比又称安全系数，一般仓库根据货物出入口特点增加10%~25%的放宽比。

计算公式为：

$$规划仓容量 = \frac{年运转量}{周转次数} \times (1+放宽比)$$

式中：年运转量是指将物流配送中心的各项进出产品单元换算成相同单位的储存总量，如托盘或标准箱等。这种单位是目前或以后规划仓储作业的基本单位。按基本单位分类求出全年各种物品的总量就是物流配送中心的年运转量。周转次数用来估计物流配送中心仓储

计算规划仓
容量——周
转率估算法

存量年周转率目标。一般情况下，食品零售业年周转次数为 20~25 次，制造业为 12~15 次。在规划物流配送中心时，可针对经营品项的特性、物品价值、附加利润和缺货成本等因素，估算年周转次数。

【练习题 1-3-1】某配送中心一般重要级的某类货物 2021 年发货总量为 30 万箱，该类货物当年平均存储量为 1 万箱，则此类货物的年周转次数是多少？

解：

【练习题 1-3-2】宏远食品配送中心冰红茶的年发货量为 20 万箱，每一标准托盘可堆放 10 箱该产品，周转次数为 12，放宽比为 20%；劲爽拉面的年发货量为 50 万箱，每一标准托盘可堆放 8 箱该产品，周转次数为 20，放宽比为 15%。若冰红茶、劲爽拉面两种货物共同储存，试计算规划仓容量为多少托盘。

解：

2. 物品送货频率计算法

如果能搜集到各物品的年运转量和发货天数，根据上游厂商送货频率进行分析，也可计算仓容量。计算公式为：

$$规划仓容量 = \frac{年运转量}{年发货天数} \times 送货周期 \times (1 + 放宽比)$$

$$= 平均日运转量 \times 送货周期 \times (1 + 放宽比)$$

式中的年发货天数可以是年工作天数，也可以是产品类别的实际出货天数。

【练习 1-3-3】假设宏远食品配送中心准备新建仓库，专门用来储存脉动和 HELLO-C 柚。已知脉动年运转量为 15 万箱，实际的年出货天数为 280，供应商大恩食品有限公司每隔 7 天送一次货物，而 HELLO-C 柚的年运转量为 20 万箱，年出货天数为 300，供应商汇盛源实业有限公司每隔 4 天送一次货，请计算宏远食品配送中心仓库的规划仓容量。

解：

三、仓配中心面积规划

（一）面积规划方法

目前，关于物流配送中心规模设计的理论尚不完善，没有形成一套较为成熟的物流配送中心规模设计的方法。但从现实应用情况来看，可大致分为两类。

1. 分作业区的公式计算法

这种方法主要是把物流配送中心内部的主要作业区的作业能力换算成需求面积，然后加起来便得出物流配送中心的总面积。它的一般公式可以定义为：

$$S_{总} = S_{存储区} + S_{拣货区} + S_{月台} + S_{加工区} + S_{配套设计} + S_{其他}$$

存储区面积计算方法在项目二中已详细介绍，本项目重点介绍拣选区、集货区、月台等面积计算。

2. 荷重计算法

荷重计算法是根据仓库有效面积上的单位面积承重能力来确定仓库面积的方法。计算公式为：

$$S_{库} = Q/(Tqk)$$

式中：Q——货物年入库量，t；

T——库存周转率；

q——仓容物资储存定额，t/m²；

k——仓库面积利用系数。

（二）拣货区面积规划

由于拣货区运转能力计算主要考虑单日发货品所需的拣选作业空间，所以拣货区面积计算主要以拣选品项数和作业面为考虑要素。一般拣货区的规划不需包含当日所有发货量，在拣货区货品不足时可以由存储区进行补货，如图1-3-5所示。

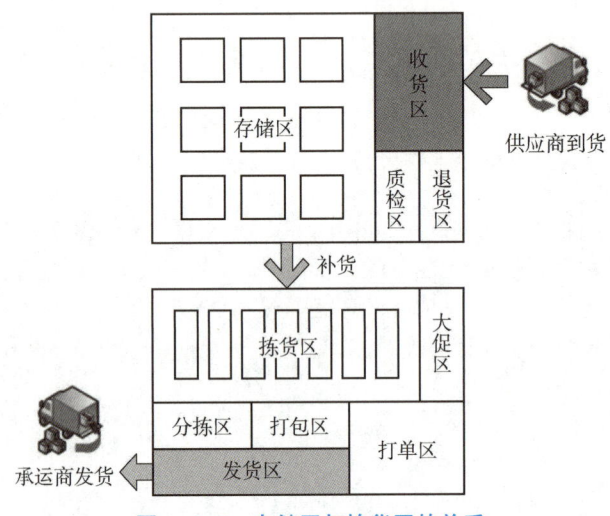

拣选区货架选型及面积计算

图1-3-5　存储区与拣货区的关系

1. 拣货区布局

（1）存储区与拣货区共用托盘式货架的拣选方式：适合体积大、发货量也大的货品存放，是常见的一种存拣合一模式。一般是托盘式货架第 1 层（地面层）为拣货区，第 2 层及以上为存储区。当拣货位的货物不足时，可由上层存储区向底层拣货区补货。存储区和拣货区共用托盘式货架计算图如图 1-3-6 所示。

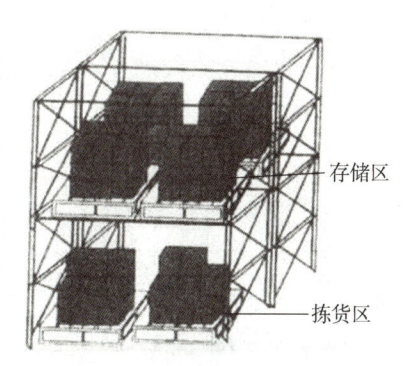

空间计算时，首先考虑拣货区的货物品项数，因为品项数的多少将影响地面层的托盘数目。实际占地面积多少取决于品项总数和库存量所需的托盘数。

在此种存储方式下计算存储面积时，库存空间应适当放大，一般放大 1.1~1.3 倍为宜。由于实际库存以托盘为单位，所以不足一个托盘的品项仍按一个托盘来计算。设平均库存量为 Q 箱，平均每托盘堆放货品箱数为 N，堆放层数为 L，库存空间放大倍数为 1.3，则存储区每层托盘数为：

$$P = 1.3 \times Q / N(L-1)$$

设需要设置的拣货品项数为 I，则拣货区所需托盘数为 $\max(I, P)$。

图 1-3-6 存储区和拣货区共用托盘式货架示意图

（2）存储区与拣货区共用箱、单品的拣货方式：常用流利式货架配合出入库输送机完成作业，一般适用于进发货量大、同品种、短时间存取、体积不大或外形不规则货品的取货作业，拣货单位可分为箱拣货或单品拣货。在进货区把货品直接由货车放到入库输送机上，入库输送机自动把货品送到存储区和拣货区，拣货人员只需在拣货通道上行走即可完成拣货，如图 1-3-7 所示。规模较大的物流配送中心可采用多列流利式货架拣货作业，如图 1-3-8 所示。

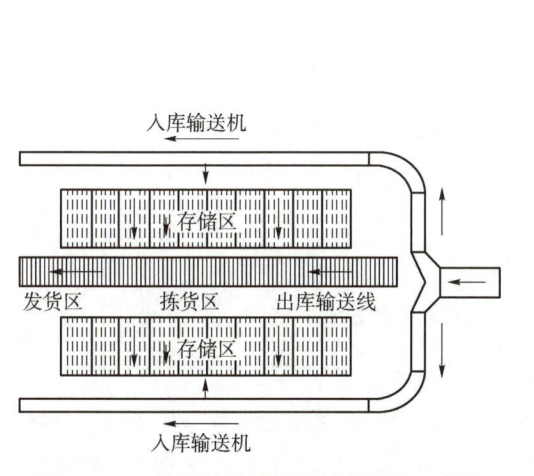

图 1-3-7 单列流利式货架拣货作业示意图

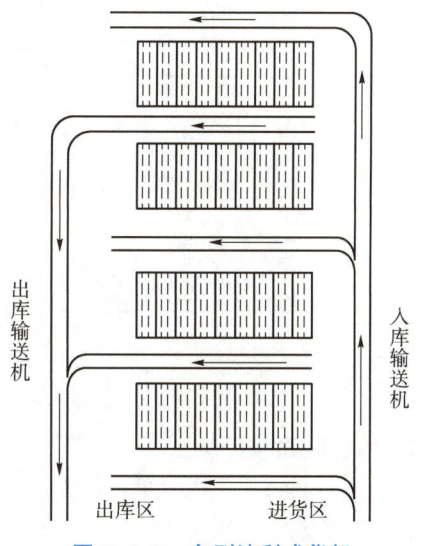

图 1-3-8 多列流利式货架拣货作业示意图

（3）存储区与拣货区分开的拣货方式：存储区和拣货区分开又称存拣分离型仓库，其存储区也叫"整存区"，主要存放入库的整托货物，也可用于整箱货物的拣货作业；对于需要拆零出货的货物，集中放入拣货区，因此，拣货区又称"拆零拣选区"。这种模式是电商仓库常见的存拣模式。存拣分离模式下需要通过补货作业把货品由存储区送到拣货区。

拣货区货架常用的有流利式货架、电子标签货架、轻型货架、斜桶式货架等，可配合有动力的出入库输送线进行拣货，如图 1-3-9 所示，也可采用人工推车或者配合无动力的输送线进行拣货，如图 1-3-10 所示。

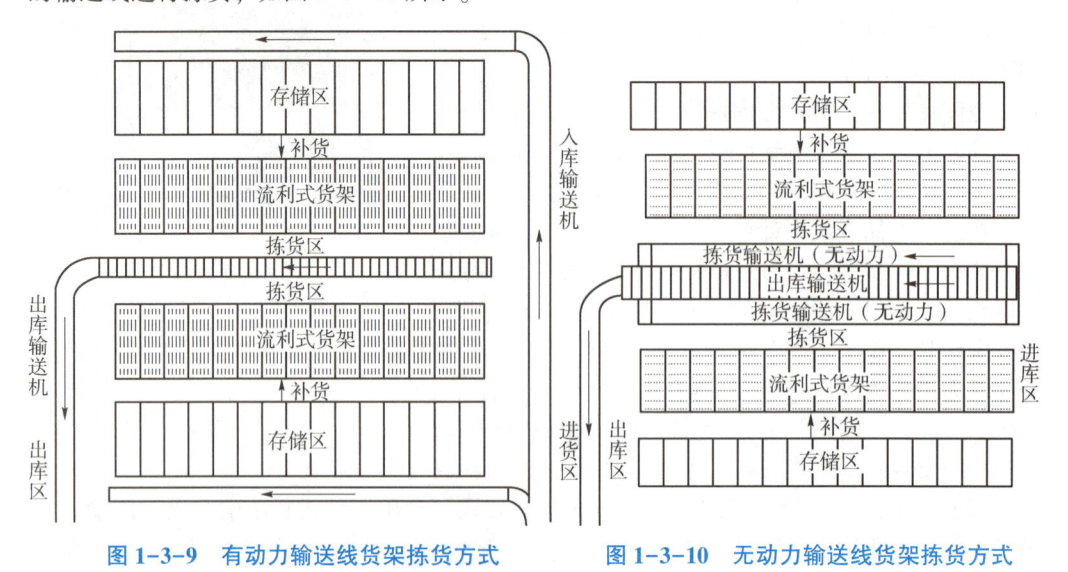

图 1-3-9　有动力输送线货架拣货方式　　**图 1-3-10　无动力输送线货架拣货方式**

对于出库频率高、出库量大或者体积较大的货品，也可采用托盘平置的方式设置拣货位，如图 1-3-11 所示，一般每个托盘设置 2 个拣货位。

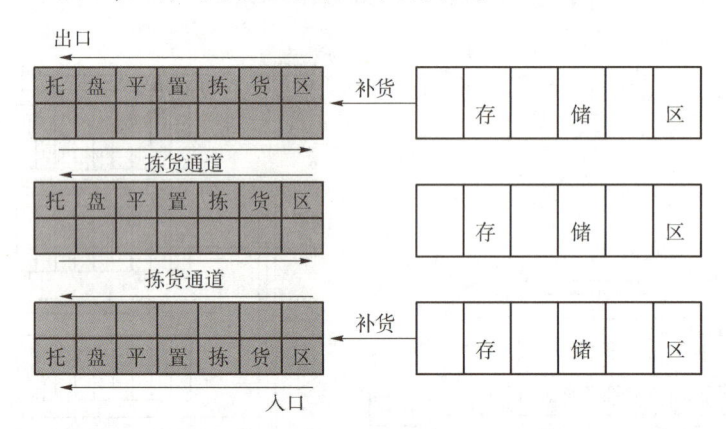

图 1-3-11　托盘平置存放拣货方式

2. 拣货区面积计算

存拣合一模式下不需要单独计算拣货区所占面积，在此只讲授存拣分离模式下拣货区面积的计算方法。配送中心拣货区面积计算方法可简化为托盘平置存放拣货区面积计算和货架存放拣货区面积计算两大类。

（1）托盘平置存放的拣货区面积计算：拣货区托盘平置存放示意图如图 1-3-12 所示，把一个拣货通道及两侧的拣货位看成一组，为增加每组存放的拣货品数量，一般会在一个托盘上设置两个拣货位。

$$拣货区面积 = 每组所占面积 \times 组数$$
$$每组所占面积 = 该组托盘数量 \times 每个托盘所占面积 + 通道面积$$
$$组数 = 拣货区需要设置的总拣选品项数量 / 每组中所含拣选品项数量$$

图 1-3-12　拣货区托盘平置存放示意图

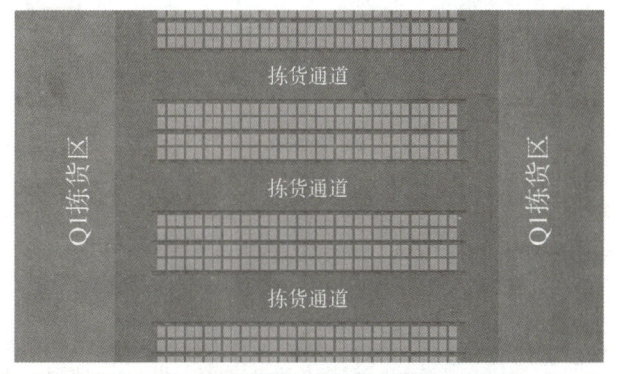

（2）货架存放的拣货区面积计算：拣货区选用的货架可能是电子标签拣选货架、轻型货架、斜桶式货架等多种形式，但计算所占面积时，要考虑一般是货架前侧拣货、货架后侧补货的形式，因此，一般需要在货架后面留出补货通道。

拣货区面积＝每组货架所需要的拣货区面积×组数

每组货架所需要的拣货区面积＝货架所占面积＋补货通道面积＋拣货通道面积

组数＝拣货区需要设置的总拣选品项数量／每组中所含拣选品项数量

下面以两排货架面对面摆放，共用一个拣货通道的情形为例讲解计算过程，如图 1-3-13 和图 1-3-14 所示。货架单排摆放时的计算思路相同。

图 1-3-13　每组货架摆放示意图

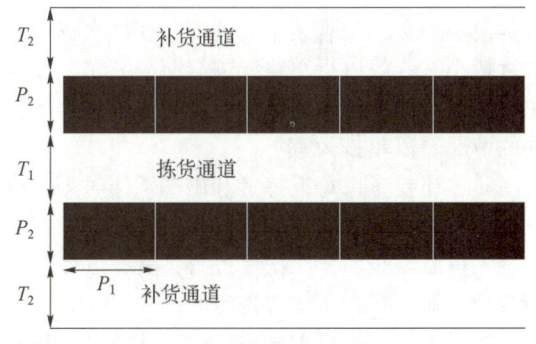

图 1-3-14　每组货架平面俯视图

每组货架所需要的拣货区面积计算如下：

拣货区面积＝每组货架所需拣货区面积×货架组数

每组货架所需拣货区面积＝$(2P_2+T_1+2T_2) \times P_1 \times Z$

货架组数＝该区域需存放的总品项数／$(2 \times Z \times H)$

式中：P_1——每列货位的长度；
　　　P_2——货架深度；
　　　T_1——拣货通道宽度；
　　　T_2——补货通道宽度；
　　　Z——每组货架的列数；
　　　H——每组货架的层数。

（三）集货区面积规划

经过拣选分拣作业的物品，就被搬运到集货区，也就是发货暂存区。由于拣货方式和装载容器不同，集货区要有待发物品的暂存和发货准备空间，以便进行货物的清点、检查和准备装车等作业。集货区设计主要考虑发货物品的订单数、时序安排、车次、区域、路线等因素，其发货单元可能有托盘、储运箱、笼车、台车等。

集货区划分以单排为主、按列排队为原则。对于不同的拣货方式，集货作业也相应有所不同。

1. 订单拣取，订单发货

这种集货主要适合订货量大、使车辆能满载的客户。集货方式以单一订单客户为货区单位，单排按列设计集货区以待发货。

2. 订单拣取，区域发货

这种集货主要适合订货量中等、单一客户不能使车辆满载的情况。集货方式以发往地区为货区单位，在设计时可分为主要客户和次要客户的集货区。为了区分不同客户的物品，可能要进行装拼、组合或贴标、注记等工作，这样有利于装车送货员识别不同客户的物品。这种集货方式要求有较大的集货空间。

3. 批次拣取，区域发货

这是多张订单批量拣取的集货方式。这种方式在拣取后需要进行分拣作业，因此需要有分拣输送设备或者人工分拣的作业空间。

集货区货位设计，一般以发往地区为货区单位进行堆放，主要客户与次要客户区别，同时考虑发货装载顺序和动线畅通性，在空间条件允许的情况下以单排为宜。否则，可能造成装车时在集货区查找货物比较困难，影响搬运工作，降低装载作业效率。

4. 批次拣取，车次发货

这种集货适合于订货量小、必须配载装车的情况。在批次拣取后，也需要进行分拣作业。由于单一客户的订货量小，一般以行车路线进行配载装车。集货区货位设计也以此为货区单位进行堆放，主要客户与次要客户相区别，按客户集中程度，远距离靠前，近距离靠后，在空间条件允许的情况下以单排为宜。

另外，在规划集货区时，还要考虑每天拣货和出车工作时序安排。例如，有的物品要求夜间发货，拣货时段则在白天上班时间完成，夜间发货物品则在下班前集货完毕。在不同发车时序要求下，集货人员需要按照发车次序进行集货，以便车辆到达物流配送中心立即可以进行货物清点和装载作业，减少车辆等待时间。

对于规模较小的物流配送中心，也可以把发货暂存区放在发货月台。但是发货月台的空间常作为装载工作之用，如果拣出的货物需要等待较长时间才能装车，则有必要把发货月台和发货暂存区分开。

（四）暂存区面积规划

暂存区从总体上可以分为入库暂存区和出库暂存区。

1. 入库暂存区

入库暂存区用以暂时性存放尚未放置货架的商品，入库暂存区的面积一般为 250~500 m²。

2. 出库暂存区

出库暂存区连接发货集货区与发货月台，用以货物装载。出货暂存区面积一般是由波次备货门店数乘以每家门店需备货面积确定。有时可以把出库暂存区与集货区放在一起，但是出库暂存区的空间常作为装载工作之用，如果拣出的货物需要等待较长时间才能装车，则有必要把集货区与出库暂存区分开。

（五）包装或流通加工区面积规划

包装或流通加工区面积根据加工作业区的不同布置规划而定。标准作业区如图 1-3-15 所示。

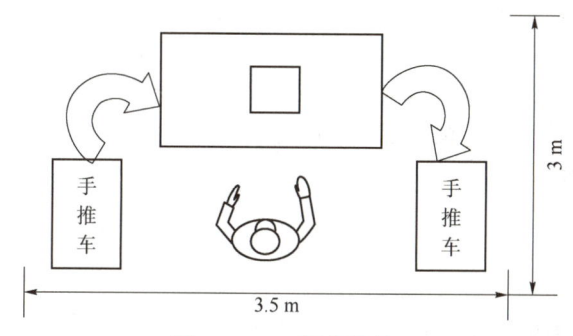

图 1-3-15 标准作业区

设作业人员有 N 人，则包装或流通加工区面积 = $3.5 \times 3 \times N$ (m²)。

（六）其他区域面积规划

1. 退货区

退货商品的处理区域可以设置在入库暂存区旁边，面积为 30~50 m²。

2. 收/发货办公室

一般收货办公室设于入库月台，发货办公室设于发货月台，面积为 20~50 m²。

3. 叉车充电区

叉车充电区一般设置在库房内办公区域周围，面积为 40 m² 左右。

4. 工具存放区

工具存放区可设于办公室附近，面积为 20~50 m²。

四、区域布置方法——关联线图法

（一）关联线图法的含义

关联线图法的基本思想是在完成各作业区面积需求的计算及基本规划后，考虑各个作业区之间活动的相互关系，对活动关联性的关系进行整合，以决定各作业区域的位置，布局时将关联性强的作业区布置在一起。

1. 关联活动关系

各类作业区域之间可能存在的活动关系如下：

探寻区域布置方法——关联线图法

（1）程序上的关系，即建立在物流和信息流之间的关系。
（2）组织上的关系，即建立在各部门组织之间的关系。
（3）功能上的关系，即区域之间因功能需要而形成的关系。
（4）环境上的关系，即考虑到操作环境和安全需要而保持的关系。

物流作业区域的布置规划以物流作业流程程序上的关系为主线。根据区域物品动态特征、进口和出口的物流量大小，明确各区域之间物流量规模大小及程度。

辅助作业区域是辅助性的区域，必须考虑信息流和有关组织、功能及环境等方面相配合的区域。

在进行活动关系的分析时，首先是对规划区域的特性和活动关联性，即上述各种关系密切程度进行分析分类，并根据各区域之间的活动关系密切程度布置其相互关系。

2. 影响关联性的因素

影响关联性的因素主要有：
（1）人员接触程度；
（2）共用相同的人员；
（3）文件往返程度或配合事务流程顺序；
（4）使用共同记录；
（5）共用设备；
（6）共用共同的空间区域；
（7）进行类似的活动；
（8）物料搬运次数的考虑；
（9）作业安全考虑；
（10）提升工作效率的考虑；
（11）改善工作环境的考虑。

3. 作业区域间接近程度等级

在关联线图法中作业区域间接近程度等级主要被分为以下几种：
（1）绝对重要：A（Absolutely Necessary）；
（2）特别重要：E（Especially Important）；
（3）重要：I（Important）；
（4）普通重要：O（Ordinary Importance）；
（5）不重要：U（Unimportant）；
（6）不可接近：X（Closeness Undesirable）。

在进行区域布置规划时，如果区域关系程度高时，区域布置尽量相邻接近，如发货区与称重区应接近。而关系程度低的区域则不宜接近，如库存区与司机休息室。

（二）关联线图法的主要步骤

通过关联线图法确定物流配送中心的布局规划方案，大致可分为下面三个步骤：

1. 根据已知资料制作定性关联线图

定性关联线图（图1-3-16）中两个区域相交的四边形格内字母表示两个区域的关联等级，例如作业区1和作业区2的关联等级为E，作业区1和作业区3的关联等级为O，依次类推。

2. 根据关联线图制作关联线图底稿表

关联线图底稿表（表1-3-6）中，行表示A、E、I、O、U、X的关联关系，列是作业区名称。填写该底稿表时对照图 1-3-16 中各作业区间的关联关系，"逐行成对"填写。

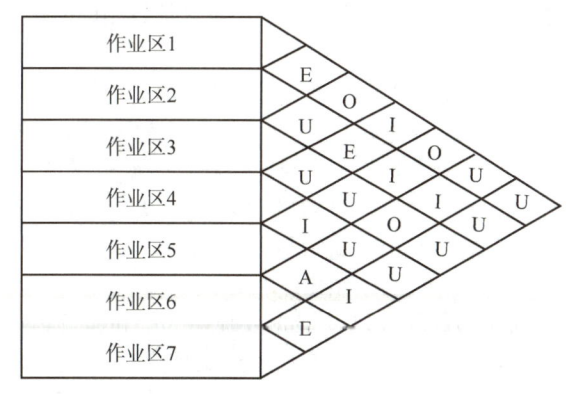

图 1-3-16　定性关联线图

例如，先从图 1-3-16 中找出关联关系是 A 的区域对是 5 和 6，就在 A 行的作业区 5 下面写上 6，作业区 6 下面写上 5；当所有关联关系是 A 的区域对填写完后，再看关联关系是 E 的区域对。从图 1-3-16 可以看出，共有 3 个区域间的关联关系是 E，按顺序逐个填写，在 E 行对应的作业区 1 下面写 2，作业区 2 下面写 1，依次类推，全部填写完成后如表 1-3-6 所示。

表 1-3-6　关联线图底稿表

关联	作业区 1	作业区 2	作业区 3	作业区 4	作业区 5	作业区 6	作业区 7
A					6	5	
E	2	1, 4		2		7	6
I	4	5, 6		1, 5	2, 4, 7	2	5
O	3, 5		1, 6		1	3	
U	6, 7	3, 7	2, 4, 5, 7	3, 6, 7	3	1, 4	1, 2, 3, 4
X							

3. 根据前两个步骤的信息绘制方块样板图

（1）选定第一个进入布局的作业区：选择具有最多"A"关联的作业区作为开始。

若有多个作业区同时符合条件，则按下列顺序加以选定：最多"E"的关联、最多"I"的关联、最少"X"的关联。最后如果还是无法选定，就在这些条件完全相同的作业区中，任意选定一个作业区作为第一个进入布局的作业区。

观察表 1-3-6，我们发现作业区 5 和作业区 6 均有"A"关联，此时考虑将两个作业区中拥有最多"E"关联的作为第一个进入布局的作业区，因此选择作业区 6。

（2）选定第二个进入布局的作业区：第二个被选定的作业区，是与第一个进入布局的作业区相关联的、未被选定的作业区中具有最多"A"关联的作业区。

如果有多个作业区具有相同条件，则与步骤（1）一样，按照最多"E"的关联、最多"I"的关联、最少"X"的关联进行选择。最后如果还是无法选定，就在与第一个进入布局的作业区相关联的、条件完全相同的作业区中，任意选定一个作业区作为第二个进入布局的作业区。

根据以上要求，我们选择作业 5 区成为第二个进入布局的作业区，布置图如图 1-3-17（a）所示。

（3）选择第三个进入布局的作业区：第三个被选定的作业区，应与已被选定的前2个作业区同时具有最高的接近程度。如果遇到多个作业区具有相同的优先顺序，仍采用步骤（1）的顺序法则来处理。

观察关联线图底稿表，发现在剩下的几个区域中与前2个作业区具有最高接近程度的是作业区7，因此选定第三个进入布局的是作业区7，布置图如图1-3-17（b）所示。

（4）选择第四个进入布局的作业区：第四个作业区选定的逻辑与步骤（3）相同，被选定的作业区应与前3个作业区具有最高的接近关系。观察剩下的未被选定的几个作业区，作业区2与已经选定的3个作业区的关联性最高，为"I、I、U"，因此选择作业区2作为第四个进入布局的作业区，布置图如图1-3-17（c）所示。

（5）选择第五个进入布局的作业区：根据步骤（3）和步骤（4）的法则选择第五个作业区。考虑作业区1和4，作业区1与已经选定的4个作业区的关联性为"U、O、U、E"，而作业区4与已经选定的4个作业区的关联性为"U、I、U、E"，作业区4与已选定的作业区的关联性最高，因此选择作业区4作为第五个进入布局的作业区，布置图如图1-3-17（d）所示。

（6）选择第六个进入布局的作业区：根据步骤（3）和步骤（4）的法则选择第六个作业区。观察剩下的几个作业区可知，作业区1与已经选定的5个作业区的关联性最高，为"U、O、U、E、I"，因此选择作业区1作为第六个进入布局的作业区，布置图如图1-3-17（e）所示。

（7）选择第七个进入布局的作业区：剩下的最后一个作业区3进入布局，布置图如图1-3-17（f）所示。

由于放置样板位置相当主观，因此可能发展出不同的布局方案，布局结果可能与图1-3-17中所展示的不同。

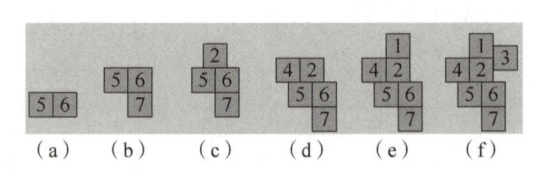

图1-3-17 方块样板图

☞ 练一练

使用关联线图法进行人人餐厅区域布置规划。

1. 根据表1-3-6的已知条件绘制关联线图，如图1-3-18所示。

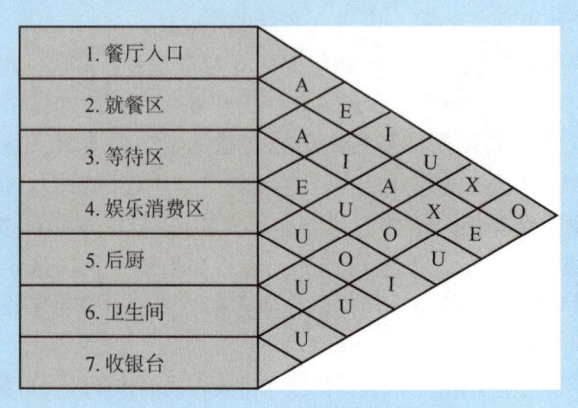

图1-3-18 人人餐厅的关联线图

2. 制作关联线图底稿表，如表1-3-7所示。

表1-3-7 人人餐厅的关联线图底稿表

关联	1	2	3	4	5	6	7
A	2	1, 3, 5	2		2		
E	3	7	1, 4	3			2
I	4	4		1, 2, 7			4
O	7		6	6		3, 4	1
U	5		5, 7	5	1, 3, 4, 6, 7	5, 7	3, 5, 6
X	6	6				1, 2	

3. 根据关联线图底稿表绘制样板图，如图1-3-19所示。

由于5（后厨）只需与2（就餐区）相邻，所以如果就餐区在四周包围后厨的布局也是可行的，如图1-3-20所示。

图1-3-19 人人餐厅方块样板图

图1-3-20 最终布局图

五、区域布置方法——物流量从至表法

（一）物流量从至表的含义

物流量又称物流强度，是指两两物流作业区域之间搬运物料的数量乘以搬运的距离。物流量分析即汇总各项物流作业活动从某区域至另一区域的物流量，作为分析各区域间物料流量大小的依据，填写至配送中心物流量从至表。

从至表是用来表示各作业区域之间物料移动的方向和流量的方阵图表，如表1-3-8所示。表中的列表示物料移动的起始点，称为从；表中的行表示物料移动的目的地，称为至；行列交叉点表明从起始地到目的地的物流量。在人人餐厅游戏中，例如，从餐厅入口到就餐区人流量是281，从餐厅入口到等待区是36，依次类推，填写表1-3-8，即为物流量从至表。

物流量从至表法

表1-3-8 物流量从至表示例

至＼从	餐厅入口	就餐区	等待区	娱乐消费区	后厨	卫生间	收银台
餐厅入口							
就餐区	281						
等待区	36	7					

续表

至 \ 从	餐厅入口	就餐区	等待区	娱乐消费区	后厨	卫生间	收银台
娱乐消费区	5	2	2				
后厨	25	522	4	0			
卫生间	7	343	13	3	65		
收银台	2	78	7	0	6	5	

（二）制作物流量从至表法的步骤

（1）统计各区域间物流量，填写物流量从至表。

当物料沿着作业单位排列顺序正向移动时，即没有倒流物流现象，从至表中只有下三角数据，这是一种理想状态。当存在物流在区域间双向流动时，在从至表中就存在上三角的数据。

（2）将从量和至量相加得到总的物流量。

从至表中任何两个作业单位之间的物流量（物流强度）等于正向物流量与逆向物流量之和，将其相加得到总的物流量，填写至物流量从至表中。

（3）将物流量由大到小排序，计算物流量的百分比和累计百分比。

（4）根据物流强度等级比例划分标准，确定各区域间的物流强度等级关系。

物流强度等级划分标准如表1-3-9所示，将物流强度转化为五个等级，分别是A、E、I、O、U，物流强度等级按物流路线比例或承担的物流量比例来确定。计算方法与ABC分类法的原理相似。

表1-3-9 物流强度等级划分标准

物流强度等级	符号	物流路线比例/%	承担的物流量比例/%
超高物流强度	A	10	40
特高物流强度	E	20	30
较大物流强度	I	30	20
一般物流强度	O	40	10
可忽略搬运	U	0	0

（5）根据计算的物流强度等级绘制出关联线图。

绘制出关联线图后的步骤就与定性关联线图法的步骤相同了，也就是先绘制底稿表，根据底稿表再绘制方块样板图，最终绘制布局图。

物流量从至表法的Excel操作过程

技能拓展

Excel物流量从至表法计算

物流量从至表法也可借助Excel工具快速完成，下面以使用物流量从至表快速完成人人餐厅区域布局为例讲解操作过程，操作步骤可观看微课"物流量从至表法的Excel操作过程"。

劳模榜样

张海涛：组建高效活力团队，将责任践行到底

德邦快递哈尔滨牡丹江分公司快递员张海涛，在从事快递工作的第五年，光荣地获得了牡丹江市五一劳动节奖章。

在一线岗位上兢兢业业的张海涛，得到这份嘉奖当之无愧。2016 年夏天，他怀揣着对快递工作的一腔热情入职德邦快递，仅过了半年时间，他就以优异的业务能力和工作业绩晋升为快递员组长。

这时候张海涛意识到，组长的职务不是荣誉，而是责任。面对初出茅庐的年轻人，他不仅以身作则，脏活累活抢先做，还把自己在工作中积累的经验无私地分享给新入职的快递新人，组建了一支服务高效且有活力的快递团队。

在入职德邦快递五年的时间点上，张海涛迎来了新的开始。初心不改，责任依旧，张海涛将继续肩负自己的使命，奋战于他所热爱的快递之路上。

做任务 【做中学】

一、实训任务书

在掌握整进零出型仓库布局规划的方法、技能和相关知识的基础上，按照表 1-3-10 的任务单要求，完成本次任务。

表 1-3-10　整进零出型仓库布局规划仿真任务单

任务名称	整进零出型仓库布局规划与仿真任务单		任务编号	1.3
任务说明	1. 小组协作完成 小组成员按照任务资讯、计划、决策、实施、检查、评价的过程，完成本次任务。 2. 任务提交 每小组按照报告格式认真规范排版，提交一份 Word 文本，包含本项目所有任务的仓库布局方案设计报告，并以 PPT 汇报			
任务背景及相关参数说明	某连锁贸易公司计划在 A 市建设一个 FDC，用于辐射周边 30 km 以内的门店客户。公司租赁了一个 3 600 m² 的仓库，平面规格为：库长 90 m，库宽 40 m，库高 7.5 m，库内无立柱。预计年平均库存周转周期为 15 天，对 FDC 配送使用 7.5 m 飞翼车带板运输，对终端客户配送使用 4.2 m 厢式货车。仓库建成后计划处理的货物信息如下表所示。请利用所学专业知识，结合给定的信息，对该仓库实施仿真布局、设备搭建成型。 **计划处理的货物信息表**			
	序号	货物编码	货物包装尺寸 （长×宽×高）	运输包装尺寸 （长×宽×高）	内包装 数量/件
	1	KBC36LU6210	110 mm×45 mm×38 mm	360 mm×200 mm×200 mm	60
	2	KBC36LU6211	190 mm×175 mm×120 mm	400 mm×360 mm×500 mm	16
	3	KBC36LU6212	190 mm×145 mm×98 mm	400 mm×300 mm×200 mm	8

续表

序号	货物编码	货物包装尺寸（长×宽×高）	运输包装尺寸（长×宽×高）	内包装数量/件
4	KBC36LU6213	192 mm×130 mm×120 mm	600 mm×400 mm×500 mm	36
5	KBC36LU6214	70 mm×95 mm×85 mm	500 mm×400 mm×450 mm	140
6	KBC36LU6227	110 mm×45 mm×38 mm	360 mm×200 mm×200 mm	60
7	KBC36LU6215	110 mm×80 mm×70 mm	460 mm×260 mm×300 mm	48
8	KBC36LU6216	185 mm×155 mm×130 mm	380 mm×320 mm×400 mm	12
9	KBC36LU6217	120 mm×145 mm×195 mm	500 mm×300 mm×400 mm	16
10	KBC36LU6218	100 mm×68 mm×245 mm	320 mm×280 mm×500 mm	24
11	KBC36LU6219	138 mm×92 mm×130 mm	420 mm×380 mm×400 mm	36
12	KBC36LU6220	190 mm×175 mm×120 mm	400 mm×360 mm×500 mm	16
13	KBC36LU6221	190 mm×145 mm×98 mm	400 mm×300 mm×200 mm	8
14	KBC36LU6222	192 mm×130 mm×120 mm	600 mm×400 mm×500 mm	36
15	KBC36LU6228	100 mm×68 mm×245 mm	320 mm×280 mm×500 mm	24
16	KBC36LU6223	70 mm×95 mm×85 mm	500 mm×400 mm×450 mm	140
17	KBC36LU6224	185 mm×155 mm×130 mm	380 mm×320 mm×400 mm	12
18	KBC36LU6229	100 mm×68 mm×245 mm	320 mm×280 mm×500 mm	24
19	KBC36LU6225	120 mm×145 mm×195 mm	500 mm×300 mm×400 mm	16
20	KBC36LU6226	100 mm×68 mm×245 mm	320 mm×280 mm×500 mm	24

任务背景及相关参数说明

注：①每个产品又分为 A、B、C、D、E、F、G、H、I、J、K、L、M、N、O 15 个规格，共 300 个 SKU；

②预计该仓库货物年发货量 132 万箱，规划仓容量考虑 20% 的放宽比，KBC36LU6213/KBC36LU6220/KBC36LU6211/KBC36LU6212 四个产品系列库存量约占库存总量的 50%，其余产品系列平均在库储量最大的约为 300 箱，平均在库储量最小的约为 30 箱；

③预计 100% 的 SKU 都会以"件"为单位被订购，以"箱"为单位被订购的 SKU 预计占比为 20%；

④使用标准托盘（1 200 mm×1 000 mm×150 mm），最高允许码 3 层，最大的箱型尺寸 885 mm×130 mm×520 mm，每层最多码放 10 箱；

⑤同时考虑未来发展所需冗余；

⑥搬运设备配置要求：当库存月周转次数为 2 次时，搬运设备配置各按 1 台/2 000 m² 配置，月库存周转次数每增加 1 次，配置数量翻倍，且前移式叉车上下架效率低于平衡重式叉车的卸车效率，可酌情增加。

任务实施

任务 1：项目基础资料分析

根据给定货物信息，分别计算 SKU 占比 20%、30% 和 50% 的仓库货物平均在库量、仓库总库存量和仓库最大库存量。

任务 2：功能区域规划

任务 3：存储区设备选型和面积规划

1. 仓储货架类型及特点分析

请搜集资料填下表，分析下面两种货架的优缺点和适用范畴。

续表

货架描述表

序号	货架名称	优点	缺点	适用范畴
1	驶入式货架			
2	托盘式货架			

2. 货架类型选择

分析该仓库 300 个 SKU 的特点，选择每种类型适合的货架，并给出理由。

3. 货架数量计算

根据给定的货架参数和库存量计算所需货架数量，填写货架参数表和货架数量计算表。

货架参数表

序号	货架名称	宽度/mm	进深/mm	高度/mm	倍深	货位货格数
1	驶入式货架	1 500	1 000	1 420	5	1
2	托盘式货架	2 500	1 000	1 420	1	2

货架数量计算表

序号	货架名称	最大库存量	每层货位数	层数	组数
1	驶入式货架				
2	托盘式货架				

写出计算过程。

4. 存储区面积计算

仓库一般通道宽度如下表所示，请把本组设计的货架类型及数量在布局规划仿真软件中布局规划，把布局规划图截屏展示，并计算规划的存储区面积。

仓库一般通道宽度

序号	通道名称	宽度/m	设置原因
1	主要通道	5	主要通道需满足叉车、地牛等搬运设备的通行，将宽度设置为 5 m
2	存储区-2 通道	3	存储区-2 通道需满足叉车、地牛等搬运设备的转弯半径、前悬距、货叉/托盘长度及作业安全距离，将宽度设置为 3 m
3	存储区-1 通道	5	存储区-1 通道需考虑叉车作业使用频率较多，会有会车的情况，还需满足叉车的转弯半径、前悬距、货叉/托盘长度及作业安全距离，将宽度设置为 5 m

任务 4：拣选区设备选型和面积规划

任务 5：其他区域面积规划

任务 6：地坪选型及荷载设计

已知托盘式货架、驶入式货架、穿梭车货架、立体库货架平均每货位材质重量约为 60 kg，所有货物码托后，最大托货总重不超过 360 kg。根据《通用仓库及库区规划设计参数》中对地坪荷载"不宜小于 3 t/m²"的要求，请计算托盘式货架和驶入式货架的地坪荷载，并给出该仓库设计的地坪荷载是多少。

续表

任务实施	任务7：墙体选择 任务8：搬运设备的选型和数量确定 1. 搬运设备选型规划 分析本仓库货物存储特点，你会选择哪种类型的叉车？并给出理由。 2. 搬运设备数量的设定 根据题目已知条件计算本仓库所需要的搬运设备数量，填写下表。 **搬运设备数量表** | 序号	搬运设备名称	数量/台
---	---	---
			  任务9：仓库作业流程描述
方案撰写	任务10：仓库布局规划方案 报告撰写要求： （1）要有封面，需注明实训小组编号及成员，正文要有报告题目（三号黑体），一级标题为四号黑体，其余部分为小四号宋体，正文段落首行缩进，1.5倍行距。 （2）排版工整、图文并茂，内容能够充分体现现代物流与供应链的管理思想，以及精益管理理念。 （3）每人负责1~2个任务的整理和排版，最后组长汇总，每个任务标出负责人

二、任务评价

评价采用自我、组内、组间、教师评价相结合方式，主要从团队协作、任务单完成数量和质量、任务分析的逻辑性和完整性、任务实施的正确性、专业知识的灵活运用和掌握能力等方面进行评价，如表1-3-11所示。

表1-3-11 任务考核评价表

任务名称：_____ 专业：_____ 班级：_____ 第_____小组
组长：_____ 小组成员（姓名、学号）：_____

成员分工					
任务评价	自我评价___分	组内评价___分	组间评价___分	教师评价___分	
评价维度	评价内容			分值	得分
方案设计	任务1：描述逻辑清晰、内容完整，结论正确。结论错一处扣1分			5	
	任务2：功能区域设置正确，理由充分。多设或少设一个区域扣1分			5	
	任务3：存储区货架优缺点分析完整，选型合理，选型原因分析逻辑清晰、有理有据；货架数量计算正确；存储区面积计算正确。错误一处扣1分			10	
	任务4：拣货区设备选型合理，选型原因分析逻辑清晰、有理有据；拣货区货架数量计算正确；拣货区面积计算正确。错误一处扣1分			10	

· 86 ·

续表

评价维度	评价内容	分值	得分
方案设计	任务5：其他各区域面积规划有理有据，分析合理，符合实际情况。错误一处扣1分	10	
	任务6：仓库地坪类型选择原因分析有理有据，符合实际情况和成本节约原则；地坪荷载计算正确，结论判断准确。计算错误一处扣1分	5	
	任务7：墙体特点归纳清晰、完整，选择原因有理有据，符合实际情况和成本节约原则。结论错误或无结论扣2分	5	
	任务8：搬运设备的选型正确，符合本仓库货物搬运特点，漏选或错选一种设备扣2分；所选搬运设备的数量计算正确，错误一项扣1分	10	
	任务9：作业流程描述逻辑清晰，与本仓库作业结合紧密；描述正确，符合本仓库作业流程特点		
	任务10：布局规划方案格式排版美观、符合要求、计算正确、完整，文字表述流畅清楚。错误一处扣1分	10	
小组汇报	PPT制作逻辑清晰、排版美观、内容完整；汇报声音洪亮、表述清楚，回答问题准确、熟练，反映本小组设计思路、特点	20	
团队协作	团队成员分工明确，任务完成协作性好，按时提交设计方案	10	

巩固拓展

一、单选题

1. PCB分析又称货态分析，其中P代表（　　）。
   A. 单品　　　　B. 托盘　　　　C. 箱　　　　D. 拣选单位

2. 宏远食品配送中心冰红茶的年发货量为20万箱，每一标准托盘可堆放10箱该产品，周转次数为15，放宽比为20%，则该商品的规划仓容量为（　　）托盘。
   A. 1 500　　　B. 1 600　　　C. 1 700　　　D. 1 800

3. 已知劲爽拉面的年发货量为50万箱，每一标准托盘可堆放8箱该产品，周转次数为20，放宽比为15%，则规划仓容量是（　　）托盘。
   A. 3 593　　　B. 28 750　　　C. 3 594　　　D. 3 125

4. 仓库内以托盘作为基本储存单位，托盘尺寸为1 200 mm×1 000 mm×120 mm，货品包装箱高0.3 m，底面为0.5 m×0.4 m，使用托盘堆码时要求总高度不能超过1.5 m，且货箱不能超出托盘边界，则一托盘可堆放（　　）箱货物。
   A. 4　　　　　B. 5　　　　　C. 24　　　　D. 30

5. 下列哪一个是按周转率法计算配送中心储存能力的公式？（　　）
   A. 年运转量/年周转次数
   B. 年运转量/2
   C. 年运转量×发货周期×放宽比/年发货天数

D. 年运转量×放宽比/年周转次数

6. 利用关联线图法进行区域布局时，作业区域间的接近程度被划分为6类，下列选项中对关联关系由高到低排序正确的是（　　）。
   A. AEIOUX　　　　B. AIEOUX　　　　C. AEIUOX　　　　D. AIEUOX

7. 某配送中心员工拆零拣选效率为2 000件/(人·日)，该配送中心日均拣货数量为30 000件，其中拆零拣选数量为16 000件，高峰作业系数为1.2，则该配送中心应配备的拆零拣选员工数量为（　　）人。
   A. 10　　　　B. 8　　　　C. 18　　　　D. 15

8. 物流量又称（　　），是指两两物流作业区域之间搬运物料的数量乘以搬运的距离。
   A. 物流等级　　　B. 物流强度　　　C. 物流数量　　　D. 物流向量

9. 物流强度等级按物流路线比例或承担的物流量比例来确定，可划分为五个等级，其中超高物流强度可用字母（　　）表示。
   A. A　　　B. E　　　C. I　　　D. O　　　E. U

10. 某食品仓库中有320个品项采用斜桶式货架拣货位。已知每组斜桶4层5列共20个拣货位，每组斜桶尺寸：长2.0 m，宽1.2 m。则这些产品需要（　　）组斜桶式货架。
    A. 12　　　　B. 16　　　　C. 18　　　　D. 20

11. 在某食品仓库中，有256个品项采用托盘地堆形式的拣货位，每个托盘设置2个拣货位，托盘尺寸1.2 m×1 m，拣货通道宽3 m，长16 m，则地堆区的面积是（　　）m²。
    A. 88　　　　B. 182　　　　C. 238　　　　D. 352

12. 对于年发货量大、平均日发货量较小，但是发货天数很多的货品，仍以固定储位方式为主，同时货物存量水平可取得（　　）一些。
    A. 较高　　　B. 偏高　　　C. 较低　　　D. 一般

13. 拣货区运转能力计算主要考虑单日发货品所需的拣货作业空间，故以品项数和（　　）为主要考虑要素。
    A. 货架尺寸　　　B. 规划仓容量　　　C. 托盘尺寸　　　D. 作业面

14. 物流强度等级按物流路线比例或承担的物流量比例来确定，可划分为五个等级，其中较大物流强度可用字母（　　）表示。
    A. A　　　B. E　　　C. I　　　D. OE. U

15. 就餐区和等待区的关联关系为A，A代表两个区域之间的关系（　　）。
    A. 重要　　　B. 不重要　　　C. 绝对重要　　　D. 特别重要

二、多选题

1. 常见的储运模式有（　　）。
   A. P→P　　　B. P→C　　　C. P→B　　　D. C→B

2. 关于规划仓容量，以下说法正确的有（　　）。
   A. 规划仓容量是指一个仓库在综合考虑客户一年的进出库量、货物周转率、高峰期的数量变化等因素后，规划出的能够满足货物存放需求的数量。
   B. 规划仓容量一般来说会比实际计算出的仓容量要大，因为要考虑促销、"双11"等高峰期的仓库容量。
   C. 规划仓容量如果过多，会出现仓库空置率高，造成投资浪费；但如果规划不足，会造成高峰期时仓库爆满，出现货物无处可放的情形。
   D. 好的规划仓容量必须能满足仓库进出库高峰的存货需求，要按存货需求的最大量进行设计。

3. 计算规划仓容量常用的方法有（　　）。
   A. 周转率计算法　　　　　　　　B. 送货频率计算法
   C. 存货百分比率计算法　　　　　D. 容积率计算法
4. 在进行作业区域布置的过程中用到的方法主要包括（　　）。
   A. 关联线图法　　　　　　　　　B. 物流量从至表法
   C. 动线分析法　　　　　　　　　D. 物动量分析法
5. 关于关联线图的说法正确的有（　　）。
   A. 在关联线图的绘制过程中需要用到关联线图底稿表、方块样板图
   B. 在绘制方块样板图时，选择具有最多 A 关联的作业区域第一个进入布局区域
   C. 方块样板图中都用同样大小的方块来代表各个作业区域
   D. 方块样板图中各个作业区域的位置是唯一的、固定的
6. 下列选项中属于作业区域布置规划方法的有（　　）。
   A. 关联线图法　　　　　　　　　B. 节约里程法
   C. 动线分析法　　　　　　　　　D. 线性回归法
7. 下列选项关于关联线图的关联等级描述正确的有（　　）。
   A. 关联关系 A 代表绝对重要　　　B. 关联关系 E 代表特别重要
   C. 关联关系 I 代表重要　　　　　D. 关联关系 U 代表不重要
8. 在进行区域布置规划时，下列选项中的说法正确的是（　　）。
   A. 如果两个区域间的关联程度高，则这两个区域尽量接近
   B. 如果两个区域间的关联程度高，则这两个区域不宜接近
   C. 如果两个区域间的关联程度低，则这两个区域不宜接近
   D. 如果两个区域间的关联程度低，则这两个区域尽量接近
9. 进行作业区域布置规划时需要遵循的原则主要有（　　）。
   A. 物料搬运顺畅、快捷方便，避免往返交叉
   B. 合理划分和协调配置存储区域和作业场所
   C. 充分利用建筑物空间，创造安全、舒适的作业环境
   D. 具备适应变化的柔性，投资合算。
10. 对于批次拣取，车次发货的集货作业情形，下列描述正确的有（　　）。
    A. 这种集货适合于订货量小、必须配载装车的情况
    B. 这种集货适合于订货量中等、按区域发货的情况
    C. 集货区位设计一般以行车路线进行配载装车。
    D. 在不同发车时序要求下，集货人员需要按照发车次序进行集货，以便车辆到达物流配送中心立即可以进行货物清点和装载作业，减少车辆等待时间。

三、判断题

1. 经过拣选分拣作业的物品，就被搬运到集货区，又称发货暂存区。（　　）
2. 对于批次拣取，区域发货的集货方式是将多张订单批量拣取，拣取后再进行分拣作业，为此需要有分拣输送设备或者人工分拣的作业空间。（　　）
3. 对于年发货量和平均日发货量均很大、发货天数很多的货物，应设置固定拣货位，并保持较大的存量水平。（　　）
4. 托盘式货架第 1 层（地面层）为拣货区，第 2 层及以上为存储区，这种存储方式属于存拣合一模式。（　　）
5. 仓容量是指仓库或者货场在除去必要的通道和间隙后，在同一时间内最大安全堆

存货物的数量，常用的单位一般是箱或者托盘。 （ ）

6. 利用周转率估计仓储运转能力的特点是简便快速、实用性强，而且精确。 （ ）

7. 放宽比一定是一个大于1的系数。 （ ）

8. 从至表是用来表示各作业区域之间物料移动的方向和流量的方阵图表，表中的列表示物料移动的起始点，称为从，表中的行表示物料移动的目的地，称为至，行列交叉点表明从起始地到目的地的物流量。 （ ）

9. 关联线图分为定性关联图和定量关联图，定量关联图确定各区域间的关联关系，主观性偏大。 （ ）

10. 物流量从至表是一种能够根据区域间物流量大小，确定区域关联关系的定量方法。 （ ）

四、拓展题

1. 2022年石药某配送中心各类药品的年发货量如表1-3-12所示，仓库内以托盘作为基本储存单位，托盘尺寸为 1 200 mm×1 000 mm×120 mm，考虑20%的放宽比。求各类药品规划仓容量和总规划量。（要求：以中药为例写出计算步骤即可，把结果填写在表1-3-12中）

表1-3-12　规划仓容量计算表

	总发货量/箱	周转率/(次/年)	每托存放数量/箱	规划仓容量（托盘）
中药	496 000	12	15	
西药	600 000	15	20	
针剂药	205 300	12	16	
合计	—	—	—	

注：考虑20%的放宽比

2. 某仓配中心计划新建一个仓库，仓库总面积控制在 9 000 m²。新建仓库主要提供的服务有仓储服务〔卸货、收货（区域厂家批量送货）、存储（中转调拨库存）、分拣、发货、退货〕、配送服务（部分区域快递服务）、B2B入仓个性服务（礼盒组装、贴标、促销装的预包装）。

已知该配送中心的平均库存量为34.32万箱，日均接单量为10万单，日均峰值单量为35万单，每单平均包含6件商品。托盘尺寸为 1 200 mm×1 000 mm×120 mm，货箱尺寸为 0.4 m×0.3 m×0.2 m，每个托盘可堆码5层货箱。

（1）请写出该仓库所需要的功能区域。

（2）假如该仓库采取托盘地堆2层的方式存放，通道所占面积占总仓储面积的35%，请计算该仓库的存储区面积。

（3）根据表1-3-13中的作业效率数据分别计算出日常（8小时工作制）及高峰期（12小时工作制）时所需各类员工数量。

表1-3-13　作业效率数据　　　　　　　　　　　　　单位：单/(人·小时)

打单	拣选	包装	称重	质检	交接
300	80	100	300	300	600

3. 某日用品仓配中心的规划与布局设计。

任务背景：最近一段时间，东城日用品配送中心的企业发展部王经理忙得焦头烂额，他正在紧张地筹划配送中心新址的建设工作。原址由于地铁施工将要进行拆迁，所以在 5 个月内，配送中心的全部工作要转移到新址。

经过对多个备选地址的综合权衡，配送中心决定将新址选在东开发区，是一处闲置的仓库。新址的建设需要考虑如下内容：

（1）新址东侧紧邻珠峰大道，西侧和北侧是园区内规划路，南侧是月台，宽 3 m，出入口在同侧。配送中心东西长 350 m，南北长 100 m，仓库高度 10 m，照明设备全部采用吸顶灯，仓库没有窗户。

（2）各种商品之间没有很大的影响，且均无特殊储存要求。

（3）规划期内产品结构不发生大的变化。

（4）入库货物分为日化品和纸品两大类，每类产品入库前进行统一包装。日化品包装箱高 0.3 m，底面为 0.5 m×0.4 m；纸品包装箱高 0.4 m，底面为 0.5 m×0.4 m。使用托盘堆码时要求总高度不能超过 1.5 m，且货箱不能超出托盘边界。日化品和纸品的包装箱示例如图 1-3-21 所示。

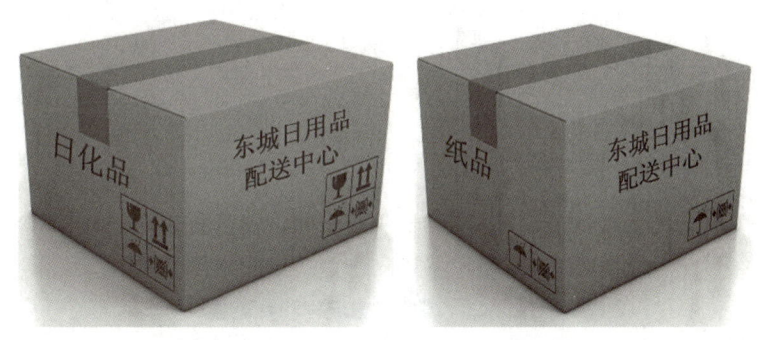

图 1-3-21 日化品和纸品的包装箱示例

（5）库内总品项数为 5 000 余种，假定各供应商的品项数与出货量成正比。

表 1-3-14 是按照历史数据预测的各主要供应商销售量及库存量。

经过研究，管理层已经决定了该配送中心将设置的区域，包括接货区、验收区、日化品存储区（宝洁、强生、雕牌）、纸品存储区（维达、红叶、金佰利）、流通加工区、发货区，各区工艺流程和物流量如图 1-3-22 所示。

表 1-3-14 各主要供应商销售量

2021 年总销售量及周转率（考虑18%的放宽比）			
商品	总销售量/箱	周转率/(次/年)	备注
宝洁	4 890 100	12	日化品
强生	2 037 300	13	日化品
雕牌	659 760	13	日化品
维达	444 690	14	纸品
红叶	245 530	13	纸品
金佰利	99 380	12	纸品

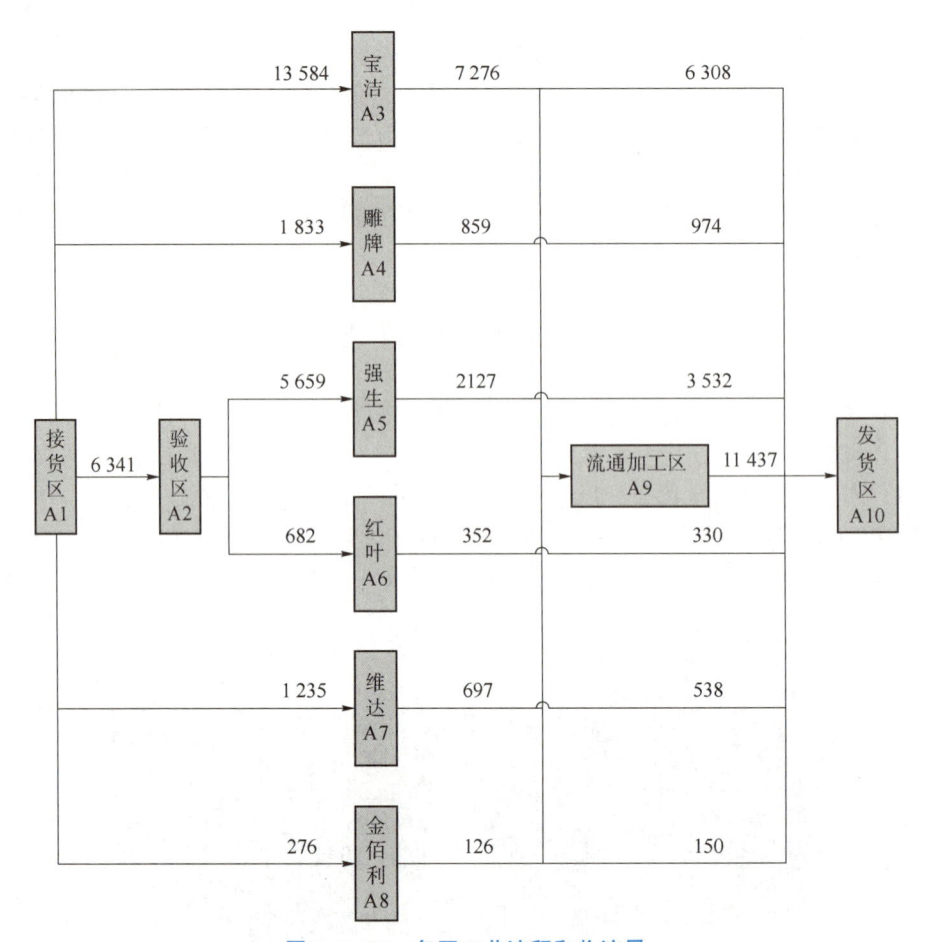

```
                                    13 584    ┌──────┐   7 276         6 308
                            ┌──────────────── │宝洁  │ ─────────┬──────────────┐
                            │                 │ A3   │          │              │
                            │                 └──────┘          │              │
                            │                                                  │
                            │                    ┌──────┐                      │
                            │        1 833       │雕牌  │   859          974   │
                            │ ────────────────── │ A4   │ ─────────┬──────────│
                            │                    └──────┘          │          │
                            │                                                 │
                            │                    ┌──────┐                     │
                            │        5 659       │强生  │   2127        3 532 │
                            │ ────────────────── │ A5   │ ─────────┬──────────│
 ┌──────┐      6 341   ┌──────┐                  └──────┘       ┌────────┐    │    ┌──────┐
 │接货区│ ──────────── │验收区│                                 │流通加工区│   11 437 │发货区│
 │ A1   │              │ A2   │                                 │  A9    │ ────────│ A10  │
 └──────┘              └──────┘                  ┌──────┐       └────────┘    │    └──────┘
                            │        682         │红叶  │   352          330  │
                            │ ────────────────── │ A6   │ ─────────┬──────────│
                            │                    └──────┘                     │
                            │                                                 │
                            │                    ┌──────┐                     │
                            │        1 235       │维达  │   697          538  │
                            │ ────────────────── │ A7   │ ─────────┬──────────│
                            │                    └──────┘                     │
                            │                                                 │
                            │                    ┌──────┐                     │
                            │        276         │金佰利│   126          150  │
                            └────────────────── │ A8   │ ─────────┴──────────┘
                                                 └──────┘
```

图 1-3-22　各区工艺流程和物流量

现在，王经理需要综合考虑产品周转率、产品特性、包装单位关系条件等因素，完成库内布局方案的设计。王经理将工作进行了细分，其中有一些任务需要你来完成。

任务一：用物流量从至表法进行功能区域的总体布置。（要有计算步骤）

任务二：计算配送中心的基本储存能力。仓库内以托盘作为基本储存单位，托盘尺寸为 1 200 mm×1 000 mm×120 mm，根据已知数据计算规划仓容量（以托盘为单位）。

任务三：按照存储方案计算存储区面积。

配送中心决策层目前暂不考虑使用自动化立体库，仓储管理部给出了下面三种存储方案供企业发展部参考。请根据不同方案的数据分别计算各方案所需的存储区面积，并选择可行的方案。

方案一：采取托盘就地堆码堆放一层。叉车存取作业所需空间和主要通道约占全部面积的 35%，请计算大致所需的存储区面积。

方案二：采取托盘就地堆码堆放二层。叉车存取作业所需空间和主要通道约占全部面积的 40%，请计算大致所需的存储区面积。

方案三：货物在库内采取上货架存放。经过询价和比对，有三家企业的货架适合该配送中心，货架尺寸如表 1-3-15 所示。

表 1-3-15　三家企业的货架尺寸表

供应商名称	层数 L	层高 H/m	列数 Z	列宽 P_2/m	每列存放托盘数	侧向通道 W_2/m	叉车直角存取通道 W_1/m	货架单位宽度 P_1/m
企业 A	3	1.6	5	2.8	2	3	3	1.5
企业 B	4	1.8	6	3	2	3.1	3	1.4
企业 C	6	1.5	10	2.9	2	3	3	1.5

结合房屋高度，请选定货架规格，计算存储区面积。

任务四：绘制配送中心的总平面布局图。根据以下要求按照关联性分析的方法，对配送中心内部进行总体布局，确定配送中心各功能区域面积，绘制配送中心平面布局图。

根据经验，有一部分商品出货时需要拆零作业，需通过设拣货区来满足其拣选出货的要求，拣货区的面积定位 816 m²。

货物流量有一部分需要进行刷贴标签等简单的流通加工，强生、红叶的货物需要全部进行进货验收，其他企业货物免予验收，具体数据参考前文的物流量图。区内还需设置办公场所、休息场所、叉车停靠场所等。

结合配送中心基本作业流程完成配送中心总体布局，同时确定各功能区域的位置关系。除存储区外，其余区域的面积可自行设定，但需说明理由。

自我分析和总结

自我分析
学习中的难点及困惑点

总结提高
用思维导图等方式归纳本次任务的主要内容，包括所需知识点、重点、易错点等，并写出需要继续学习提升的内容清单。

项目四　智能化仓库设备选型与布局规划

学习目标

【素质目标】
- 培养爱岗敬业、责任担当、艰苦奋斗的职业精神；
- 树立绿色发展、技术驱动、科技创新的意识；
- 养成良好的职业素养和服务意识；
- 提升分析问题、解决问题的能力及团队合作能力。

【知识目标】
- 掌握栈板（托盘）载体存储、容器载体存储、单品存储及其他特殊需求存储情况下所选用的货架类型及其特点；
- 理解仓储设备选用设计的流程和考量重点；
- 掌握自动化立体库数量及堆垛机数量的配置方法；
- 掌握多穿立库区巷道数量及多向穿梭车数量的配置方法；
- 掌握拆零拣选库区货架数量及 AGV 小车数量的配置方法；
- 掌握周转设备托盘、周转箱选型及数量配置方法；
- 理解常见的分拣设备特点、适用场景及选型要求。

【技能目标】
- 能够根据仓库业务量需求和作业特点，完成自动化立体库货架数量及堆垛机数量的配置；
- 能够根据仓库业务量需求和作业特点，完成多穿立库区巷道数量及多向穿梭车数量的配置；
- 能够根据仓库业务量需求和作业特点，完成拆零拣选库区货架数量及 AGV 小车数量的配置；
- 能够根据仓库作业要求，选择适宜的装载器具并配置数量。

项目四 智能化仓库设备选型与布局规划

行业资讯

智能化仓储与智慧化物流人才需求增加

随着全球物流业的快速发展和智能化程度的不断提高，智能仓储正成为该领域的一个重要分支。智能仓储指的是通过物联网技术、自动化控制技术、大数据分析等先进技术手段，实现仓储物流全过程的自动化、智能化和数据化管理的一种仓储方式。

智能仓储的未来发展将会朝着智能化技术不断完善、数据化管理成为主流、智能仓储与智能交通的融合、智能化物流企业的崛起的方向发展。随着智能化技术的不断发展和应用，未来智能化物流企业将会对智能化物流人才的需求不断增加，这些人才需要具备物联网技术、自动化控制技术、大数据分析等多种技能，同时需要具备创新意识和团队合作精神。这也将会带动智能化物流教育和培训的发展，为智能化物流企业提供更加优秀的人才。

项目作用

近年来，物流行业持续快速发展，全球智能仓储市场激增，物流企业主体多元发展，服务能力逐步提升。物流设施和系统的保障是仓储服务能力的基础，目前，仓储人才稀缺，培养全面物流人才成为这一领域亟待解决的问题。

仓储人才培养问题的痛点是学生很难通过教材或者现场参观来掌握全面的物流设备知识。为解决此问题，本项目以一个智能化仓配中心规划的实际案例为基础，详细讲解配送中心物流设施设备配置、信息系统规划和人员配置，直观立体地展现仓储设备选型和人员配置中的问题处理及方法论。

工作任务

【析中学】
无人之路——京东物流

一、任务描述

某电子原材料配送中心为西南区域配送中心，业务范围包含手机、家庭终端、车载等产品的原材料、成品、故障品、报废品的收、存、拣、发、逆向处理等，为区域内 ODM 工厂和 OEM 工厂提供原材料供给，仓储面积约 20 000 m^2。为了解决人力成本高与对操作人员依赖性强等问题，该配送中心希望通过采用自动化技术，减少操作人员依赖度，降低作业成本，实现从传统仓库劳动密集和手工叉车密集型模式到设备先进、技术突出、人才聚集为主模式的逐步转型，显著提高仓库的自动化水平和业务能力。目前，该配送中心储存物料品规 5 000 种，分为 SMT 类、裸机类、组件类、包装类四大品类，预计提供 1 亿台电子设备的原材料供给。

经充分论证后，该配送中心要建设自动立体化仓库，按照储运单元不同分成栈板（托盘）存储区、箱式存储区和拆零拣选区三个区域。根据历史数据，预估该配送中心货物收存拣数据和作业能力需求如表 1-4-1 所示，货物周转天数为 7 天。

表 1-4-1　西南区域配送中心收存拣数据

业务环节	业务量	日均业务量需求	作业能力需求	备注
收货	板/天	391	563	（1）日收货工作时长 10 小时； （2）日波动系数 1.2； （3）小时波动系数 1.2； （4）每天发货 4 波次； （5）发货时效要求：1 小时处理完成分拣任务
收货	板/时	40	57	^
收货	箱/天	1 655	2 383	^
收货	箱/时	166	239	^
发货	板/天	275	396	^
发货	箱/天	2 319	3 340	^
发货	拆零/天	3 483	5 016	^
发货	板/波次	69	99	^
发货	箱/波次	580	835	^
发货	拆零/波次	871	1 254	^

三个区域中，托盘存储区采用巷道双深位堆垛机立库，每个巷道两侧货架设置 4 层 4 列 40 排，共计可存放 640 个托盘位，单台堆垛机服务能力为 35 盘/时。

箱式存储区采用双深位多穿立库，每个巷道两侧货架 12 层 4 列 61 排，可储存 2 928 个箱位，多向穿梭车服务能力为 60 箱/时。托盘样例如图 1-4-1 所示。

隆链双伸位穿梭车立库

多层穿梭车动画——拆零拣选

图 1-4-1　托盘样例

拆零拣选区平均每个储位存放 30 个拆零件。拆零拣选区设置顶升 AGV 小车，每组货架 4 层，其中 2 层配置 8 个货位，另外 2 层配置 4 个货位，每组货架 24 个货位。顶升 AGV 小车是为了满足每个工作台的服务能力，已知单工作台处理能力 125 订单行/时，平均每单 4 个拆零件，每个工作台 4 台顶升 AGV 小车。

考虑多穿库四向车存取适配要求，本项目选取 1 200 mm×800 mm 的川字形塑料托盘作为库内运作的托盘储存容器，选取防静电的可堆式周转箱（600 mm×400 mm×280 mm）作为拆零物料拣选的储存容器。

请完成以下任务：

任务 1：规划三个库区的仓容量。项目效果图如图 1-4-2 所示。

任务 2：规划托盘存储区的立库组数及堆垛机数量。

任务 3：规划多穿立库区的巷道数及多向穿梭车数量。

任务 4：规划拆零拣选区的货架组数和顶升 AGV 小车数量。

任务 5：规划仓库的托盘数量和周转箱数量。

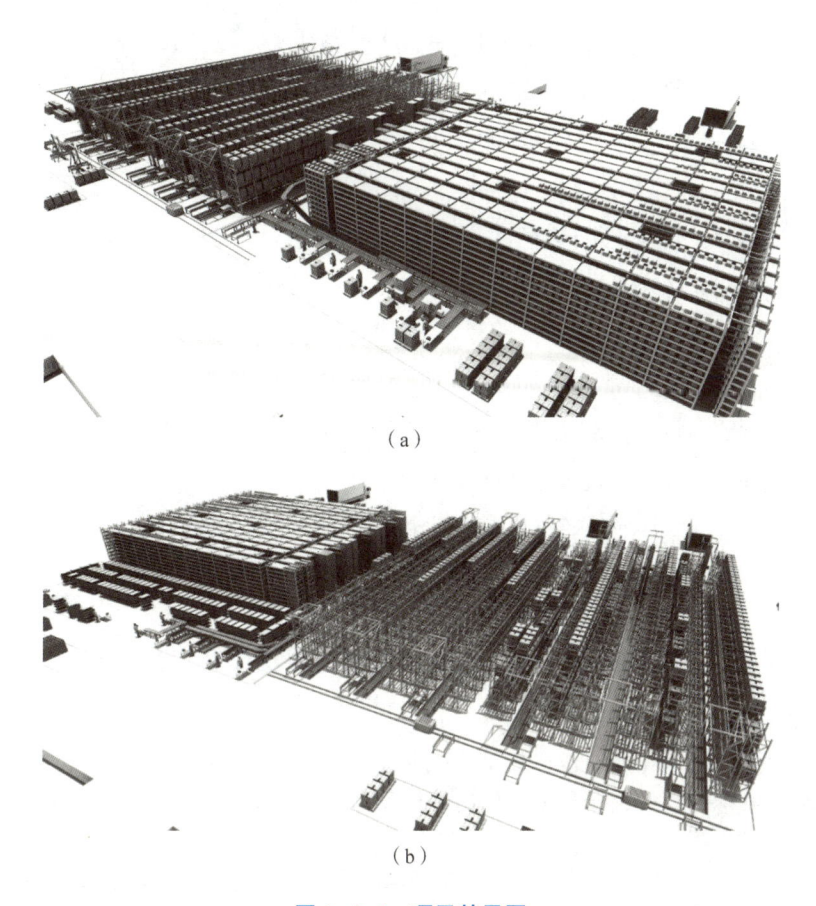

项目四　智能化仓库设备选型与布局规划

(a)

(b)

图 1-4-2　项目效果图

绿色物流

绿色包装：快递包装绿色治理推动行业发展

党的二十大报告指出，实施全面节约战略，推进各类资源节约集约利用，加快构建废弃物循环利用体系。快递包装绿色治理是一项系统工程，涉及从包装设计到回收再利用全生命周期的各个环节，需要政府各相关部门齐抓共管，建立覆盖全链条的法律法规和标准体系来支撑全过程治理，促进行业高质量发展。

2022年"双11"期间，不少快递企业推出了快递包装绿色治理的具体措施。例如，菜鸟宣布从11月1日到11月20日，全国13万家菜鸟驿站再次启动"快递包装换蛋"活动，消费者在驿站取件后留下快递包装，扫码后可领取鸡蛋等。德邦快递则宣布将继续推进电子面单、循环纤袋、循环围板箱、小型聚丙烯中空箱等绿色包装材料，进一步加强包装瘦身和包装循环使用的行动力度。

二、任务分析

完成本任务，需要解决以下问题：
(1) 智能化仓储设备选用设计流程与考量重点是什么？
(2) 常用的智能化仓储设备类型及其特点是什么？

· 97 ·

（3）仓容量及智能化仓储设备数量的计算方法是什么？

（4）智能化仓库搬运设备与周转设备数量计算的方法是什么？

三、任务实施

（一）任务1：规划三个库区的仓容量

规划仓容量的计算公式：

$$W = \sum_{1}^{n} C/T \times M$$

式中：W 为规划仓容量，$\sum_{1}^{n} C/T$ 为日均作业能力需求；M 为周转天数。

根据上述公式计算规划仓容量，结果如下：

托盘存储区规划仓容量 = 396×7 = 2 772（板）

箱区规划仓容量 = 3 340×7 = 23 380（箱）

拆零区规划仓容量 = 5 016/30×7 = 1 171（箱）（平均每个储位30个拆零件）

（二）任务2：规划托盘存储区的立体库巷道数及堆垛机数量

1. 立体库巷道数计算

已知托盘存储区采用巷道双深位堆垛机立库，每个巷道两侧货架设置4层4列40排，共计可存放640个托盘位，任务1计算出的托盘存储区规划仓容量为2 772板，则巷道数计算如下：

巷道数 = 2 772/640 = 4.33（个）

因此至少设置5个巷道双深位堆垛机立库。

在实际布局中还要考虑现场的充分利用，该仓库场地正好能放置6组巷道立库，最终采用6巷道双深位堆垛机立库，共计40排24列4层，可储存3 840托盘位。每个巷道配置1台堆垛机，拟配置堆垛机6台，需要再测算6台堆垛机作业能力是否满足现有业务量出库要求。

2. 堆垛机数量计算

库存搬运设备数量计算公式：

$$N = C \times K_1 \times K_2 / (D \times A)$$

式中：N 为存储设备数量；C 为日收发货托盘数；K_1 为日波动系数；K_2 为小时波动系数；D 为日工作时长；A 为单台设备服务能力。

已知单台堆垛机服务能力为35盘/时，根据上述公式计算堆垛机数量：

堆垛机数量 = (391×1.2×1.2/10 + 275×1.2×1.2/4)/35 = 5（台）

因此，结合储位需求及冗余考虑，综合配置6台堆垛机。整板存储区设备配置示意图如图1-4-3所示。

（三）任务3：规划多穿立库区的巷道数及多向穿梭车数量

1. 多穿立库区巷道数计算

已知箱式存储区采用双深位多穿立体库，可储存2 928个箱位，箱区规划仓容量为23 380箱，巷道数计算如下：

23 380/2 928 = 7.98（巷道）

图 1-4-3 整板存储区设备配置示意图

因此，设置 8 巷道，共计 61 排 32 列 12 层，可储存 23 424 箱位，能够满足要求。

2. 多向穿梭车数量计算

已知多向穿梭车服务能力为 60 箱/时，根据库存搬运设备数量计算公式，多向穿梭车的数量计算如下：

多向穿梭车数量 =（1 655×1.2×1.2/10+2 319×1.2×1.2/4）/60＝18（台）

结合储位需求和层数综合考虑配置，12 层货架每层配置 2 台，共计 24 台。多穿立库区设备配置示意图如图 1-4-4 所示。

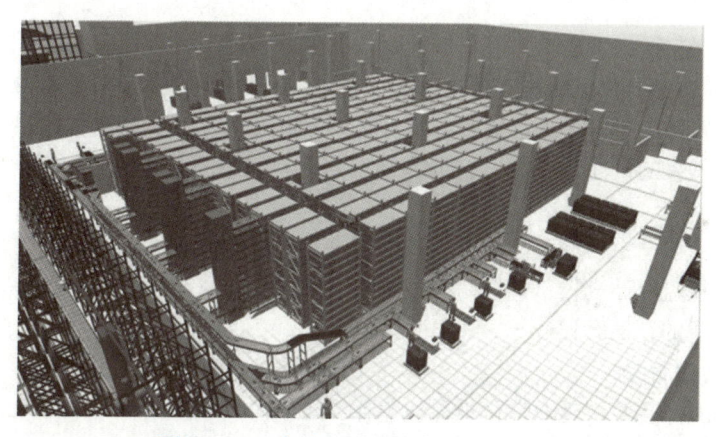

图 1-4-4 多穿立库区设备配置示意图

（四）任务 4：规划拆零拣选区的货架组数和顶升 AGV 小车数量

已知拆零拣选区规划仓容量为 1 171 箱，平均每个储位 30 个拆零件。拆零拣选区设置顶升 AGV 小车，每组货架 4 层，其中 2 层配置 8 个货位，另外 2 层配置 4 个货位，每组货架 24 个货位。

1. 货架组数计算

至少要配置的货架数 = 1 171/24 = 48.79 ≈ 50（组）。

考虑到后期业务增量和场地情况，最终设置 103 组拆零拣选货架，可储存 2 472 储位箱。

2. 配置顶升 AGV 小车数量计算

顶升 AGV 小车是为了满足每个工作台的服务能力，单工作台处理能力 125 订单行/

时，平均每单 4 台拆零件，每个工作台 4 台顶升 AGV 小车。

根据库存搬运设备数量计算公式计算工作台数量：

$$工作台数量 = 3\,483 \times 1.2 \times 1.2 / (4 \times 500) = 3（工作台）$$

每个工作台配置 4 台顶升 AGV 小车，共计配置 12 台，满足项目效率需求。拆零拣选区设备配置示意图如图 1-4-5 所示。

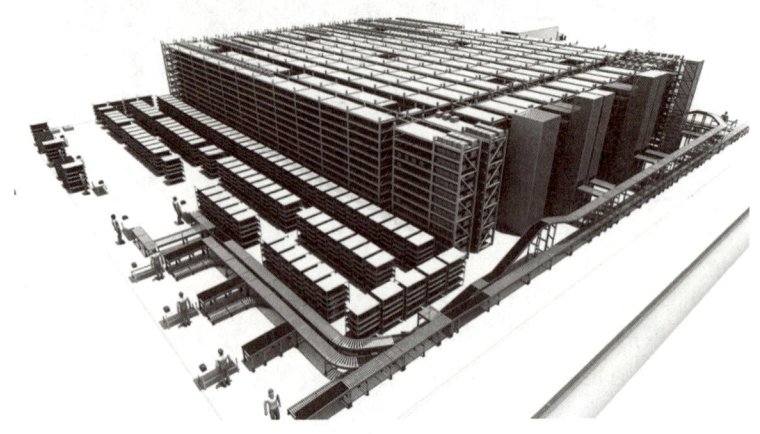

图 1-4-5 拆零拣选区设备配置示意图

（五）任务 5：规划仓库的托盘数量和周转箱数量

根据任务 2~任务 4 的计算可知，托盘库区是采用 6 巷道双深位堆垛机立库，共计 3 840 个托盘位；箱式库区采用多穿立库，共计 61 排 32 列 12 层，可储存 23 424 中箱位；拆零拣选区设置 103 组拆零拣选货架，设有 2 472 储位。箱式库中 20% 的物料过小，需要周转箱储存，其余的量原包装储存，拆零物料每个周转箱平均储存 30 个拆零件，每天发货 4 波次。

考虑多穿库四向车存取适配要求，本项目选取 1 200 mm×800 mm 的川字形塑料托盘作为库内运作的托盘存储容器，选取防静电的可堆式周转箱（600 mm×400 mm×280 mm）作为拆零物料拣选的存储容器。

1. 托盘数量计算

托盘库区是采用 6 巷道双深位堆垛机立库，40 排 24 列 4 层，共计 3 840 个托盘位，每个波次周转 99 托，外部托盘回收的周转数量为每天发货 396 托。因此，托盘数量 = 3 840+99+396 = 4 335（个）。

2. 周转箱数量计算

箱式库区设置 23 424 中箱位，箱式库中 20% 的物料过小，需要周转箱存储，其余的量原包装存储；1 个波次拆零 1 254 个，拆零物料每个周转箱平均储存 30 个拆零件，每天发货 4 波次。

配送中心周转器具数量公式：

$$周转设备数量\ V = V1 + V2 + V3$$

式中：V1 为满足内部存储储位需求的设备数量；V2 为满足库内周转的设备数量；V3 为满足外部托盘周转的设备数量。根据上述公式得出：

$$周转箱数量 = 存储 + 1 个波次的库内周转 + 4 个波次的周转回收$$
$$= 23\,424 \times 20\% + 1\,254/30 + 1\,254/30 \times 4 \approx 4\,894（个）$$

劳模榜样

从四川省甘孜藏族自治州州府康定出发，穿越高山峡谷，抵达德格县，有一条上千公里长的雪线邮路。60多年来，这条坎坷邮路上的"绿衣使者"，将来自党中央的声音、四面八方的邮件送往雪域高原的各个角落。其美多吉，就是这条邮路上的邮车驾驶员，30多年的坚守，这里的少数民族同胞亲切地称他——"雪线邮路上的忠诚信使"。

邮车体型大，在崎岖山路上的每一次转弯、换挡都必须十分精确。从战战兢兢到游刃有余、进退自如，其美多吉成为最熟悉这条路的司机。在雪域行车，被风雪困在山上是常有的事，就着雪水吃糌粑，对其美多吉来说是家常便饭。

相关知识 【学中做】

一、认识储存体系

储存设备体系主要包含四个大类：栈板载体存储、容器载体存储、单品存储及其他特殊需求存储类型。储存设备体系如图1-4-6所示。

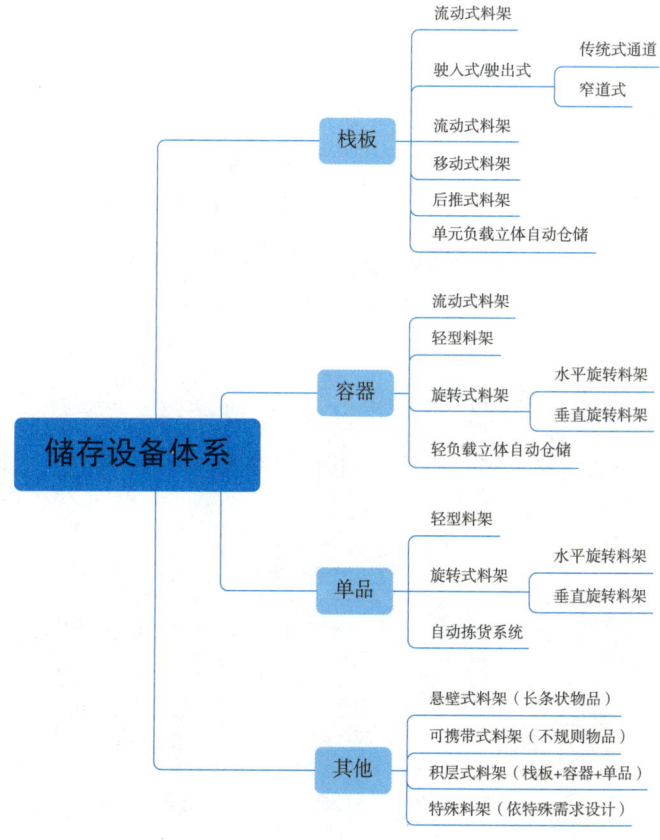

图1-4-6 储存设备体系

二、仓储设备选用的设计流程与考量重点

仓储设备从需求到落地主要分为 6 个步骤：
（1）储存系统分析规划，通过数据分析得出存储区分类及各区域的流量需求；
（2）储存设备形式选定；
（3）基本设计，得出储存设备的技术参数；
（4）配置，详细物料动线规划；
（5）评估，重点关注作业能力、空间效率、商品管理、初期成本、管理成本；
（6）实施。

仓储设备选用的设计流程与考量重点如图 1-4-7 所示。

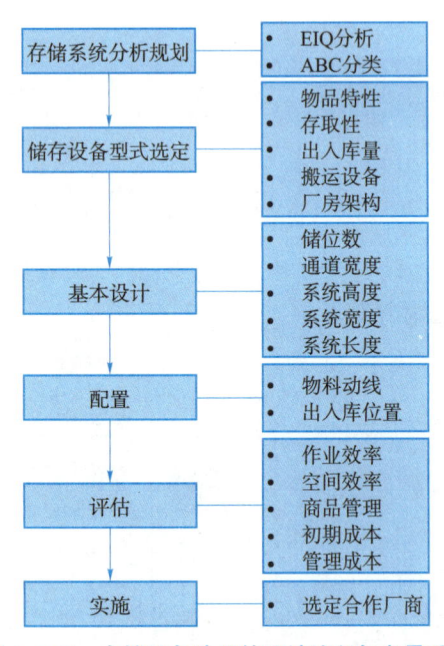

图 1-4-7　仓储设备选用的设计流程与考量重点

三、仓储设备选用的考虑因素

配送中心储存设备选用考虑因素有物品特性、存取性、出入库量、搬运设备、厂房架构（图 1-4-8）。

图 1-4-8　储存设备选用考虑因素

四、常用仓储设备介绍

（一）整板存储货架

整板存储货架举例如表 1-4-2 所示。

表 1-4-2　整板存储货架举例

板存系统	横梁货架	重力式货架	托盘自动化立体仓库	四向车立体仓库
说明	横梁货架专门用于存放堆码在托盘上的货物，也叫托盘式货架，托盘式货架多为钢材结构，可做单排型连接，也可做双排型连接	重力式货架是利用货物的自重，使货物在有一定高差的通道上，从高向低运动，从而完成进货、储存、出库的作业	托盘自动化立体仓库（AS/RS 仓库）是物流配送中心最常用的仓储形式，利用堆垛机自动存取，应用广泛	四向车立体仓库由货架、四向车、提升机及配套输送系统构成
特点	（1）结构简单，可调整组合，安装简易，费用经济；（2）出入库不受先后顺序的限制，可做到先进先出；（3）储物形态为托盘装载货物，实现机械化储存作业	（1）单位库房面积存储量大，仓库面积可节省近 50%；（2）固定了出入库位置，减少了出入库工具的运行距离；（3）专业、高效、安全性高；（4）保证货物先进先出	（1）具有适合机械化作业、快速进出货、对货品的适应性强、仓容利用率高等诸多特点；（2）适用于立体空间较高的仓库类型；（3）自动化仓库对信息系统依赖性强、维护管理成本高，对存储品的规格尺寸限制严格	（1）适用于密集型存储，增加存储效率；（2）可以根据存取效率不同灵活配置四向车数量，减少设备成本的浪费

横梁货架、重力式货架、AS/RS 仓库、四向车立体仓库分别如图 1-4-9、图 1-4-10、图 1-4-11、图 1-4-12 所示。

图 1-4-9　横梁货架

图 1-4-10　重力式货架

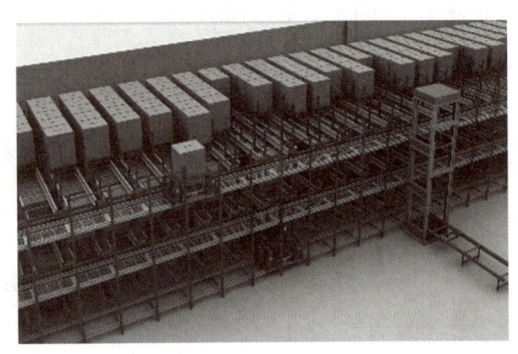

图 1-4-11　AS/RS 仓库　　　　　　　　图 1-4-12　四向车立体仓库

(二) 箱式存储系统

箱式存储系统举例如表 1-4-3 所示。

表 1-4-3　箱式存储系统举例

箱存系统	流利货架电子标签拣选系统	多穿系统	料箱机器人系统	顶升 AGV 系统
说明	流利货架一般采用滚轮式铝合金或钣金流利条，呈一定坡度（3°左右）放置。货物通常为纸包装或将货物放于塑料周转箱内，利用其自重实现货物的流动和先进先出，货物由小车进行运送，人工存取，存取方便，单元货架每层载重通常在 100 kg 左右，货架高度在 2.5 m 以内，分格放置产品	多穿系统由货架、四向车、提升机及配套输送系统构成	存储形式由搁板货架和料箱机器人组成，料箱机器人最多单次可以拣选 8 个料箱物料，配合输送系统，货到人完成拣选	顶升 AGV 系统采用惯性导航+视觉二维码的导航技术，产品主要技术包括陀螺仪惯性导航、二维码视觉姿态矫正、激光区域扫描仪避障、二维码站点旋转顶升、友好人机交互、无线 AP 系统调度、自动充电系统技术
特点	(1) 适于装配线两侧的工序转换、流水线生产、配送中心的拣选作业等场所； (2) 可配以电子标签实现货物的信息化管理，广泛应用于汽车、医药、化工和电子等行业	(1) 适用于密集型存储，增加存储效率； (2) 可以根据存取效率不同灵活配置四向车数量，减少设备成本的浪费	(1) 适合标准料箱存储物料； (2) 可以根据业务量增减机器人数量，减少设备成本浪费	(1) 适用于多种形态的货到人拣选； (2) 可以根据货物存储形态选择配置货架形式

流利货架电子标签拣选系统、多穿系统、料箱机器人系统、顶升 AGV 系统分别如图 1-4-13、图 1-4-14、图 1-4-15、图 1-4-16 所示。

图 1-4-13 流利货架电子标签拣选系统

图 1-4-14 多穿系统

图 1-4-15 料箱机器人系统

图 1-4-16 顶升 AGV 系统

五、规划仓容量和设备数量计算

（一）规划仓容量计算

$$W = \sum_{1}^{n} C/T \times M$$

式中：W——库存量；

C——满足发货能力的日均发货量，立方/箱/最小单位；

T——平均每托盘容量，立方/箱/最小单位；

M——周转天数；

n——不同种类的物料代码。

（二）库存搬运设备数量计算

$$N = C \times K_1 \times K_2 / (T \times D \times A)$$

式中：N——存储设备数量；

C——满足收发货能力的日发货量，立方/箱/最小单位；

D——日工作时长；

T——平均每托盘容量，立方/箱/最小单位；

A——单台设备服务能力；

K_1——日波动系数；

K_2——小时波动系数。

六、周转设备选型及计算

（一）托盘介绍

1. 托盘的概念及功能

托盘是用于集装、堆放、搬运和运输的放置作为单元负荷的货物和制品的水平平台装置，又称栈板。这种平台有供叉车插入并将台板托起的叉入口，在平台板结构基础上形成的各种集装器具通常为托盘。

托盘有下面的功能：

（1）集装容器：集装堆放物料，节省存储空间；

（2）装卸搬运工具：便于叉车和堆垛机的叉取和存放，站内和库内进行整托盘运输，提高装卸搬运效率。

2. 托盘的特点

（1）自重小；

（2）返空容易；

（3）装盘容易；

（4）装载数量有限；

（5）保护性差。

3. 托盘的分类

（1）按上部结构分类：平托盘、柱式托盘、箱式托盘、轮式托盘、特种专用托盘（图1-4-17）。

（2）按材料分类：木质托盘、金属托盘、塑料托盘、高密度合成板托盘、纸托盘。

平托盘　　柱式托盘　　箱式托盘　　网箱托盘

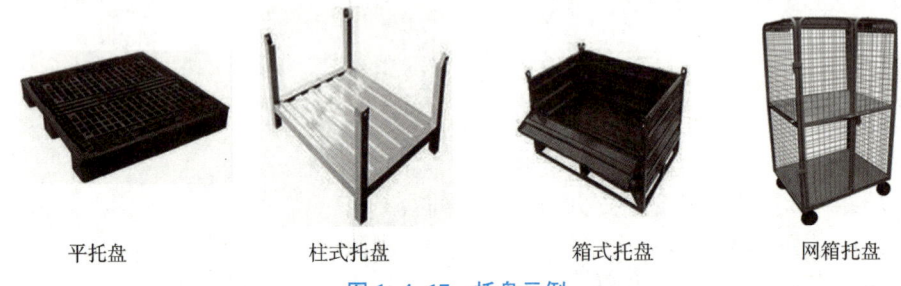

图 1-4-17　托盘示例

（二）周转箱介绍

1. 周转箱的概念及功能

（1）概念：周转箱，也称为物流箱，其外尺寸是指物流箱带盖最大尺寸。它广泛用于机械、汽车、家电、轻工、电子等行业，能耐酸耐碱、耐油污，无毒无味，可用于盛放食品等，清洁方便，零件周转便捷，堆放整齐，便于管理。

（2）功能：周转箱适用于工厂物流中的运输、配送、储存、流通加工等环节。它可与多种物流容器和工位器具配合，用于各类仓库以及生产现场等多种场合。

2. 周转箱的特点

（1）耐用。物流周转箱材质为共聚丙烯、聚乙烯合成，冲击性好，自重轻，使用寿命长。

（2）耐热耐冷。物流周转箱有效工作温度为-25~40 ℃。

（3）可堆叠。物流周转箱可堆叠存放，节省使用空间。

（4）环保。食品级的环保材料，无毒无味、抗紫外线、不易变色。

（5）多功能性。物流周转箱根据具体需求定制防静电、导电、阻燃等符合项目需求的产品。

3. 周转箱的分类

按性能可分为可堆式周转箱、可插式周转箱、折叠式周转箱（图1-4-18）。

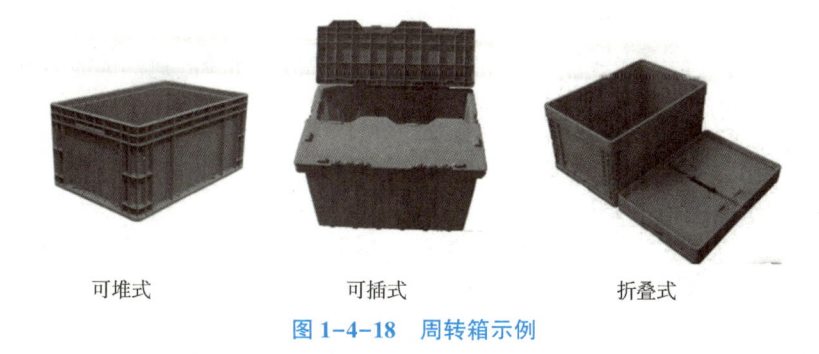

可堆式　　　　可插式　　　　折叠式

图1-4-18　周转箱示例

（三）配送中心周转设备数量计算公式

$$V = V_1 + V_2 + V_3$$

式中：V——周转设备数量；

V_1——满足内部存储储位需求的设备数量；

V_2——满足库内周转需求的设备数量；

V_3——满足外部托盘回收周转需求的设备数量。

团队合作

木桶原理

木桶原理的核心内容是：一只木桶盛水的多少，并不取决于桶壁上最高的那块模板，而恰恰取决于桶壁上最短的那块。根据这一内容，可以有两个推论：其一，只有桶壁上的所有木板都足够高，木桶才能盛满水；其二，只要这个木桶里有一块不够高度，木桶里的水就不可能是满的。

而在一个团队里，决定这个团队战斗力强弱的不是那个能力最强、表现最好的人，而恰恰是那个能力最弱、表现最差的落后者。因为，最短的木板对最长的木板起着限制和制约的作用，决定了这个团队的战斗力，影响了这个团队的综合实力。也就是说，要想方设法让短板子达到长板子的高度，才能完全发挥团队作用，充分体现团队精神。

思考：

生活中有哪些现象可以用木桶原理来解释？木桶原理对你有什么样的启示？

七、常见分拣设备介绍及选型

分拣系统设备选用考虑的因素主要有拣选物品的品项数、体积、重量、批量大小和发货频率等。

体积小、小批量、重量轻、发货频率不高的物品,可选用轻型货架存储,人工方式拣取,物流台车配合。

多品种、小批量、发货频率高的物品,可选用流利式货架或旋转式货架存储拣选,搬运设备选用搬运台车或拣选梭车。

体积大、重量大的物品,若发货频率低,宜选用升降叉车等搬运机械辅助作业;若发货频率较高,选用计算机辅助拣选系统。

若发货频次较高,宜选用自动化拣选设备。

(一) 自动化拣选设备

自动化拣选设备示例如表1-4-4所示。

表1-4-4 自动化拣选设备示例

类型	实物图	参数特性	分拣物件	通用行业
翻板式		环形布局; 可设置分拣格口多; 物件规格适应性较差; 速度2~3 m/s; 效率10 000~20 000 件/时; 单件最大60 kg	箱、盒、袋等	邮政、快递、机场等
交叉带式		环形布局/直线形布局; 可设置分拣格口多; 物件规格适应性强; 速度2~3 m/s; 效率15 000~30 000 件/时; 单件最大50 kg	箱、盒、袋、软包、扁平件、信函等	邮政、快递、机场、电商、服装、商超、医药等
落袋式		环形布局; 可设置分拣格口多; 物件规格适应性一般; 速度1.3 m/s; 效率12 500~25 000 件/时; 单件最大10 kg	服装、箱盒类、软包、扁平件、圆形、无包装、异形件等	邮政、快递、电商、服装、珠宝、医药、零售等

续表

类型	实物图	参数特性	分拣物件	通用行业
滑块式		直线形布局； 可设置分拣格口数量中等； 物件规格适应性一般； 速度 1.3 m/s； 效率 12 500~25 000 件/时； 单件最大 10 kg	箱、盒、软包等	商超、服装、医药、快递等
直线窄带式		直线形布局； 可设置分拣格口数量中等； 物件规格适应性强； 速度 1.5~2 m/s； 效率约 7 000 件/时； 单件最大 50 kg	箱、盒、袋、软包、异形件等	邮政、快递、电商等
导轮式		嵌入式的直线形布局； 可设置分拣格口数量中等； 物件规格适应性一般； 速度 1.5~2.5 m/s； 效率 5 000~8 000 件/时； 单件最大 30~50 kg	箱、盒、袋等	邮政、快递、电商、商超、医药等
模组带式		直线形布局； 可设置分拣格口数量中等； 物件规格适应性强； 效率约 7 000 件/时； 单件最大 25 kg	箱、盒、软包、扁平件、信函等	邮政、快递、电商、服装、医药等
窄带式		直线形布局； 可设置分拣格口数量较多； 物件规格适应性差； 效率约 4 000 件/时； 单件最大 30 kg	箱、盒等	邮政、快递、电商、服装、商超等
AGV 式		柔性布局； 可设置分拣格口数量多； 物件规格适应性一般； 效率约 12 000 件/时； 单件最大 5 kg（常规）	箱、盒、软包等	邮政、快递、电商等

（二）输送设备

常用输送设备如表 1-4-5 所示。

表 1-4-5 常用输送设备

托盘输送	实物图	链式输送机	实物图	移载机	实物图	旋转输送机	实物图	辊筒输送机	实物图	前移式叉车
中箱输送	实物图	伸缩皮带机	实物图	移载机	实物图	转弯输送机	实物图	辊筒输送机	实物图	皮带输送线

做任务

【做中学】

一、实训任务书

在掌握智能化仓库设备选型与规划的方法、技能和相关知识的基础上，按照表1-4-6的任务单要求，完成本次任务。

表1-4-6 智能化仓库设备选型与布局规划任务单

任务名称	智能化仓库设备选型与布局规划任务单			任务编号	1.4
任务说明	1. 小组协作完成 小组成员按照任务资讯、计划、决策、实施、检查、评价的过程，完成本次任务。 2. 任务提交 每小组按照报告格式认真规范排版，提交一份Word文本，包含本项目所有任务的仓库布局方案设计报告，并以PPT汇报				
任务背景及相关参数说明	某大型电商零售平台需要在武汉建设一个华中区域配送中心，主要满足下游区域经销商和个人网购用户的订单配送需求，服务内容包括从供应商处收货入库、货物储存、分拣、打包出库、退换货处理等作业。该配送中心面积约20 000 m²，储存物料品规8 000余种，包含服装、鞋帽、美妆、食品、洗护用品、数码产品等八大品类。 经充分论证后，该配送中心要建成自动立体化仓库，按照储运单元不同分成托盘存储区、箱式存储区和拆零拣选区三个区域。根据历史数据，预估该配送中心货物收存拣数据和作业能力需求见下表，货物周转天数为7天。 **华中区域配送中心收存拣数据** <table><tr><th>业务环节</th><th>业务量</th><th>日均业务量需求</th><th>作业能力需求</th><th>备注</th></tr><tr><td rowspan="4">收货</td><td>板/天</td><td>423</td><td>593</td><td rowspan="7">（1）日收货工作时长10小时； （2）日波动系数1.2； （3）小时波动系数1.2； （4）每天发货4波次； （5）发货时效要求：1小时处理完成分拣任务</td></tr><tr><td>板/时</td><td>50</td><td>70</td></tr><tr><td>箱/天</td><td>1 785</td><td>2 499</td></tr><tr><td>箱/时</td><td>186</td><td>261</td></tr><tr><td rowspan="6">发货</td><td>板/天</td><td>285</td><td>399</td></tr><tr><td>箱/天</td><td>2 538</td><td>3 554</td></tr><tr><td>拆零/天</td><td>3 848</td><td>5 388</td></tr><tr><td>板/波次</td><td>82</td><td>115</td><td></td></tr><tr><td>箱/波次</td><td>690</td><td>966</td><td></td></tr><tr><td>拆零/波次</td><td>951</td><td>1 332</td><td></td></tr></table> 三个区域中，托盘存储区采用巷道双深位堆垛机立库，每个巷道两侧货架设置4层5列40排，单台堆垛机服务能力35盘/时。 箱式存储区采用双深位多穿立库，每个巷道两侧货架12层5列60排，可储存3 600个箱位，多向穿梭车服务能力为60箱/时。 拆零拣选区平均每个储位存放30个拆零件。拆零拣选区设置顶升AGV小车，每组货架4层，其中2层配置8个货位，另外2层配置4个货位，每组货架24个货位。顶升AGV小车是为了满足每个工作台的服务能力，已知单工作台处理能力140订单行/时，平均每单6个拆零件，每个工作台4台顶升AGV。				

续表

任务背景及相关参数说明	考虑多穿库四向车存取适配要求，本任务选取 1 200 mm×800 mm 的川字形塑料托盘作为库内运作的托盘存储容器，选取防静电的可堆式周转箱（600 mm×400 mm×280 mm）作为拆零物料拣选的存储容器
任务实施	任务1：规划三个库区的仓容量，写出计算步骤
	任务2：规划托盘存储区的立体库巷道数及堆垛机数量
	任务3：规划多穿立库区的巷道数及多向穿梭车数量
	任务4：规划拆零拣选区的货架组数和顶升 AGV 小车数量
	任务5：规划仓库的托盘数量和周转箱数量
仿真搭建	任务6. 智能化仓库布局仿真搭建（根据实训环境可选做） 进入布局仿真平台，按照规划设计进行仓库仿真搭建

二、任务评价

评价采用自我、组内、组间、教师评价相结合方式，主要从团队协作、任务单完成数量和质量、任务分析的逻辑性和完整性、任务实施的正确性、专业知识的灵活运用和掌握能力等方面进行评价，如表1-4-7所示。

表1-4-7 任务考核评价表

任务名称：_____ 专业：_____ 班级：_____ 第_____小组
组长：_____ 小组成员（姓名、学号）：_____

成员分工				
任务评价	自我评价____分	组内评价____分	组间评价____分	教师评价____分
评价维度	评价内容		分值	得分
方案设计	任务1：三个库区的规划仓容量计算正确，描述逻辑清晰、结论正确。计算错误一处扣2分		10	
	任务2：托盘存储区立体库巷道数及堆垛机数量计算正确、原因分析逻辑清晰、有理有据。错误一处扣2分		10	
	任务3：多穿立库区的巷道数及多向穿梭车数量计算正确、原因分析逻辑清晰、有理有据。错误一处扣2分		10	
	任务4：拆零拣选区的货架组数和顶升 AGV 小车数量计算正确，原因分析逻辑清晰、有理有据。错误一处扣2分		10	
	任务5：仓库的托盘数量和周转箱数量计算正确、结论判断准确。计算错误一处扣2分，结论错误或无结论扣1分		10	
	任务6 搬运设备的选型正确，符合本仓库货物搬运特点，漏选或错选一种设备扣2分；所选搬运设备的数量计算正确，错误一项扣1分		10	
	仿真模型搭建美观、布局合理		10	
小组汇报	PPT 制作逻辑清晰、排版美观、内容完整；汇报声音洪亮、表述清楚，回答问题准确、熟练，反映本小组设计思路、特点		20	
团队协作	团队成员分工明确，任务完成协作性好，按时提交设计方案		10	

【科技兴国】中国的快递分拣系统逆天了：机器人5分钟计算量，相当于一个繁忙机场！

巩固拓展

一、单选题

1. 以下哪项不属于现代"货至人"拣选设备？（   ）
   A. MiniLoad 拣选系统　　　　　　　B. Kiva 拣选系统
   C. AutoStore 拣选系统　　　　　　 D. DPS 拣选系统

2. 以下符合自动化仓库的描述是（   ）。
   A. 仅对托盘货物进行储存作业　　　 B. 可设计成整体式或分离式
   C. 一条巷道必须对应一台堆垛机　　 D. 出入库站台应高度一致

3. 某托盘存储区采用巷道双深位堆垛机出入库，已知该区域规划仓容量为 4 750 板，每个巷道两侧货架设置 5 层 4 列 40 排，共计可以储存 800 个托盘位，那么该区域需要规划（   ）个巷道。
   A. 4　　　　　B. 5　　　　　C. 6　　　　　D. 7

4. 已知某托盘存储区采用巷道堆垛机完成收发货入库，该区域日均收货托盘数为 400 板，日均发货托盘数为 280 板，日波动系数 1.2，小时波动系数 1.1，日工作时长 10 小时，每天分 4 个波次发货，1 小时处理完成分拣任务，单台堆垛机服务能力 40 盘/时，那么该区域需要配置（   ）台堆垛机才能完成收发货任务。
   A. 3　　　　　B. 4　　　　　C. 5　　　　　D. 6

5. 已知某箱式存储区采用双深位多穿立库，每个巷道两侧货架 12 层 5 列 60 排，可存储 3 600 个箱位，已知该区域的规划仓容量为 48 000 个箱位，那么多穿立库区需设置的巷道数为（   ）。
   A. 13　　　　 B. 14　　　　 C. 15　　　　 D. 16

6. 已知某箱式存储区采用双深位多穿立库，该区域日均收货量 1 865 箱，日均发货量 2 120 箱，日波动系数 1.2，小时波动系数 1.1，日工作时长 10 时，每天分 4 个波次发货，1 小时处理完成分拣任务，多向穿梭车服务能力为 60 箱/时，那么该区域需要配置（   ）台多向穿梭车才能完成收发货任务。
   A. 13　　　　 B. 14　　　　 C. 15　　　　 D. 16

7. 以下描述中，不符合滑块式自动分拣系统的描述是（   ）。
   A. 一般直线布置，分拣卸货道口可单侧或双侧设置
   B. 由库架通道、驱动装置、推出机构、机架、带式输送机及控制系统等组成
   C. 设备构造简单、故障少、便于维护、操作方便
   D. 可适应不同大小、重量、形状的商品

8. 体积小、小批量、重量轻、发货频率不高的物品，可选用（   ）储存，人工方式拣取，物流台车配合。
   A. 流利式货架　　B. 旋转式货架　　C. 轻型货架　　D. 重型货架

9. 常见的托盘输送系统有（   ）。
   A. 链式输送机　　B. 伸缩皮带机　　C. 旋转输送机　　D. 皮带输送线

10. 周转设备数量等于满足内部存储储位需求、满足外部托盘回收周转的设备和（   ）设备之和。
    A. 满足库外周转　　B. 满足库内周转　　C. 满足库外储存

11. 下列哪种托盘是按上部结构划分的？（　　）

A. 平托盘　　　　B. 塑料托盘　　　　C. 高密度合成板托盘

二、多选题

1. 下列哪些货架适合于存放以托盘为储存单位的货物？（　　）

A. 轻型层架　　　B. 旋转式货架　　C. 重力式托盘货架　　D. 托盘式货架

2. 以下符合多层穿梭车拣选系统的描述是（　　）。

A. 系统将料箱一个个堆叠起来，储存于铝制立式货格内

B. 每条通道每层须配置一台穿梭车

C. 常用于百货、快消、电商等产品品类繁多、市场变化快的企业

D. 可实现高密度存储

3. 分拣系统设备选用考虑的因素主要有拣选物品的（　　）、批量大小和发货频率等。

A. 品项数　　　　B. 体积　　　　C. 重量　　　　D. 外包装

4. 以下哪些特征属于交叉带式自动拣选设备的特点？（　　）

A. 环形布局　　　　　　　　　　B. 可设置分拣格口少

C. 物品规格适应性一般　　　　　D. 单件最大 50kg

5. （　　）特征的物品适合选用流利式货架或旋转式货架储存拣选。

A. 多品种　　　　B. 大批量　　　C. 发货频率高　　D. 重量大

6. 托盘是用于（　　）和运输的放置作为单元负荷的货物和制品的水平平台装置。

A. 集装　　　　　B. 堆放　　　　C. 搬运　　　　D. 储存

7. 托盘的特点有（　　）。

A. 自重小　　　　B. 返空容易　　C. 装盘复杂　　　D. 保护性好

8. 托盘按材料分可分为（　　）。

A. 平托盘　　　　B. 木质托盘　　C. 金属托盘　　　D. 柱式托盘

三、应用题

1. 某配送中心一年发货量托盘数预测如表 1-4-8 所示。

表 1-4-8　某配送中心一年发货量托盘数预测

品类	2021年1月	2021年2月	2021年3月	2021年4月	2021年5月	2021年6月	2021年7月	2021年8月	2021年9月	2021年10月	2021年11月	2021年12月
品类1	1 075	627	1 229	3 170	3 522	2 838	2 237	1 920	1 901	1 510	1 478	1 702
品类2	4 199	4 199	4 420	4 249	5 205	7 287	4 448	4 449	4536	4 354	5 236	7 218
品类3	2 261	448	1 807	1 890	3 228	3 807	2 051	3 108	4 500	3 129	5 199	5 984
品类4	1 476	1 917	4 077	2 086	2 363	5 642	1 856	2 000	4 577	3 535	4 136	7 258
总计	9 011	7 191	11 534	11 395	14 318	19 575	10 593	11 477	15 513	12 528	16 049	22 162

下面是相关参数：

（1）其中品类 1~品类 3 的常规托盘尺寸为 1 200 mm（L）×1 000 mm（W）×1 200 mm（H），周转天数为 8 天；

（2）品类 4 的常规托盘尺寸为 1 200 mm（L）×1 000 mm（W）×1 200 mm（H），周转天数为 3 天；

（3）按照托盘四向车立库的存储形式设计，单车能力按照 20 盘/时计算；

（4）日工作时长 8 小时，年发货天数 280。

任务：请根据以上参数计算库存储量及需要托盘四向车的数量。

2. 某仓配中心拟建设自动立体化仓库，该仓库按照储运单元不同分成栈板（托盘）存储区、箱式存储区和拆零拣选区。托盘存储区采用 8 巷道双深位堆垛机立库，60 排 20 列 4 层，共计 4 640 个托盘位。箱式存储区采用多穿立库，共计 70 排 30 列 12 层，可存储 33 424 个箱位，拆零拣选区设置 100 组拆零拣选货架，设有 2 272 储位。箱式存储中 30% 的物料过小，需要周转箱存储，其余的量原包装存储，拆零物料每个周转箱平均存储 30 个拆零件，每天发货 4 波次。考虑多穿库四向车存取适配要求，选取 1 200 mm×800 mm 的川字形塑料托盘作为库内运作的托盘存储容器，选取防静电的可堆式周转箱（600 mm× 400 mm×280 mm）作为拆零物料拣选的存储容器。

任务：请根据表 1-4-9 发货量数据计算该仓库需要配置的托盘数量和周转箱数量。

表 1-4-9　配送中心发货量表

业务环节	业务量	日均业务量需求	作业能力需求
发货	板/天	275	426
	箱/天	2 319	3 340
	拆零/天	3 483	5 016
	板/波次	69	110
	箱/波次	580	835
	拆零/波次	871	1 354

四、企业调研

以小组为单位，选取你们组熟悉的一个仓储配送中心，写出该配送中心有哪些分拣设备。结合该配送中心实际情况，分析为什么会配置此种类型的分拣设备，配置时考虑的因素有哪些。本任务需要了解不同分拣设备的类型、特点、适用范围，以及分拣设备选用考虑的因素。

自我分析和总结

自我分析
学习中的难点及困惑点

总结提高
用思维导图等方式归纳本次任务的主要内容，包括所需知识点、重点、易错点等，并写出需要继续学习提升的内容清单。

模块二

仓配中心模拟运营

模块导读

本模块依托石家庄邮电职业技术学院教师自行开发的"配送中心运营管理沙盘"（专利号 ZL201620847300.8）进行教学组织和设计。该沙盘综合考虑物流企业对仓储运营经理、仓储主管等基层管理人员的技能培养要求，以接近电商仓配中心的实际运营数据进行模拟推演，以"较低成本、较低技术难度、高互动性"的形式，借助沙盘推演过程，让学生在"推演、反思、改进"中快速、低成本、直观形象地模拟储位布局规划、拣货路径设计、补货策略制定、运营成本核算等运营过程，掌握仓库区域设置、储位规划、拣货策略、补货策略、成本控制、7S 管理等仓储管理的理论和方法，实现仓库整体运营效率的最大化。

本模块按照仓配运营"准备、运营、优化、验证"的过程，循序渐进、逐步深入地设计四个学习项目。本模块教学以小组合作的形式完成，时间安排建议 18 课时，建议为每组配置一套实物沙盘。模块二框架结构如下。

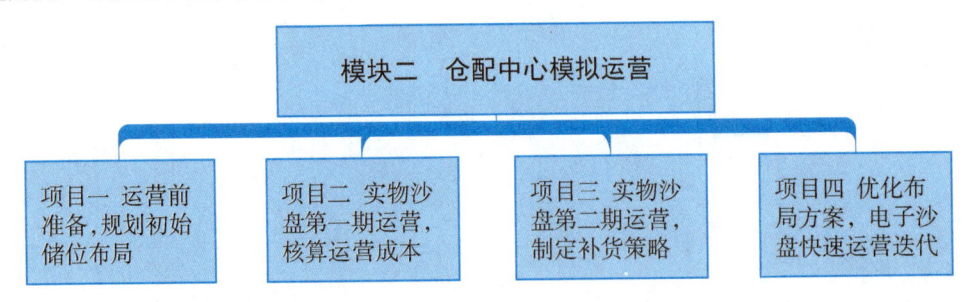

```
              模块二  仓配中心模拟运营
   ┌──────────────┬──────────────┬──────────────┬──────────────┐
   项目一 运营前    项目二 实物沙    项目三 实物沙    项目四 优化布
   准备，规划初始   盘第一期运营，   盘第二期运营，   局方案，电子沙
   储位布局        核算运营成本    制定补货策略    盘快速运营迭代
```

项目一　运营前准备，规划初始储位布局

学习目标

【素质目标】
- 提升创新思维、创新能力和 AR 信息技术应用能力；
- 培养认真严谨、耐心专注的工匠精神；
- 树立优化意识、成本意识、效率意识。

【知识目标】
- 了解物流配送中心运营业务流程；
- 熟悉配送中心运营沙盘的规则；
- 理解 EIQ、物动量、中位数、众数等对储位规划的影响；
- 理解储位规划与拣货路径的关系，体会储位规划的重要意义。

【技能目标】
- 掌握 EIQ 分析法和物动量 ABC 分类法，并能够进行交叉分析；
- 能够对仓库货物的历史出入库数据进行分析，根据货物特性合理安排储位，实现拣货效率最大化和拣货总成本的最小化；
- 掌握储位规划方法，会根据货物周转率原则分配储位。

技术创新

虚拟现实、增强现实、混合现实技术

虚拟现实（Virtual Reality，VR）、增强现实（Augmented Reality，AR）、混合现实（Mixed Reality，MR）技术都属于数字感知技术，利用数字化手段捕获、再生或合成各种来自外部世界的感官输入，从而达到一种身临其境的沉浸感。它们的不同在于：AR技术是采用计算机图像技术对物理世界的实体信息进行模拟、仿真，即把现实世界变成虚拟世界；VR技术则是借助于计算机图形技术和可视化技术产生物理世界中不存在的虚拟对象，并将虚拟对象准确"放置"在物理世界中，即把虚拟世界变成现实世界的组成部分；而MR技术则是在虚拟世界与现实世界之间建立一种交互关系，即形成虚拟和现实互动的混合世界。

思考：
你还了解哪些前沿的数字感知技术？它们在仓配中是如何应用的？

项目作用

近年来，我国电商物流行业持续快速发展，企业主体多元发展，服务能力逐步提升。其中，电商仓储环节是影响电商物流行业整体效率的重要环节。目前，电商仓储人才稀缺，培养具备仓储管理思维的电商仓储人才成为这一领域亟待解决的问题。

针对仓储人才培养问题，传统学习方式可能存在以下痛点：一是学生到仓库实习时无法接触配送中心规划层面的问题（双元制教学盲区）；二是仓储管理人员在实际管理工作中也很难以较低的成本对比不同策略的经济性；三是虽然可以通过离散系统仿真等方法实现对仓库规划问题的认知，但技术难度很大，学生难以掌握。

因此，为了更直观形象的模拟仓配中心的运营管理，我们以配送中心沙盘为载体，该沙盘由石家庄邮电职业技术学院专业课教师自行设计开发，并申请了专利。该沙盘综合考虑相关专业对仓储运营管理人员技能培养的共同点，以接近电商仓储的实际运营数据进行模拟推演，以"较低成本、较低技术难度、高互动性"的形式，让学生在"推演、反思、改进"中理解仓库区域设置、储位规划、拣货策略、补货策略、成本控制、7S管理等仓储管理理论，实现仓库整体运营效率的最大化，并内化为自己的管理思维模式。

配送中心运营管理手工沙盘已用于高校教育和企业培训，通过该沙盘，学生可以：

（1）体验配送中心作业的全过程。通过实战模拟，切身体验了客户下单、接单、库存查询、订单分配、拣货、补货、在途货物跟踪、货物达到入库、物流费用结算等全过程。

（2）提升库存布局方案的设计和规划能力。理解按照周转率进行储位分配的原则、越库作业区和存储区的设置、货架摆放、储位编码等要点。

（3）明白做好仓储管理要做的几件事。熟悉入库、在库和出库作业流程，合理进行储位规划和管理，更新和核对入库后实物与信息，正确填写库存信息，理解库存盘点的重要性和必要性。

（4）了解补货作业。如何设定安全库存、补货时机、订货量和再订货点的计算，订购提前期对订购量和订购点的影响，在途货物的跟踪等。

（5）掌握拣货路径和拣货方法的设计。摘果法和播种法两种拣货方法的选用和比较、如何做到"先进先出"、如何规划拣货路径等。

（6）学会车辆的调度和安排。为了降低成本、提高车辆利用率，要根据不同订单情况合理安排和调度车辆、进行车辆配载、选择配送线路等。

（7）了解物流成本控制和核算。理解物流成本的构成；通过租赁车辆、仓储费用核算等了解如何合理控制物流成本等。

（8）锻炼团队协作、统筹安排、人际沟通等综合能力。

本项目在沙盘盘面上完成 26 种货物的初始储位布局，详细讲解 EIQ 分析法、物动量 ABC 分类法、储位分配策略、货物储存策略等内容，让学生掌握货物储位规划的理论和方法。

大国工匠

艾爱国：当工人就要当一个好工人

艾爱国，我国焊接领域的领军人物，工匠精神的杰出代表。秉持"做事情要做到极致、做工人要做到最好"的信念，艾爱国在焊工岗位奉献 50 多年，集丰厚的理论素养、实际经验和操作技能于一身，多次参与我国重大项目焊接技术攻关，攻克数百个焊接技术难关。

艾爱国是爱岗敬业的榜样，30 年如一日，以"当工人就要当好工人"为座右铭，在普通的岗位上勤奋学习、忘我工作，为党和人民做出了重要贡献。从进厂那天起，艾爱国白天认真学艺，晚上刻苦学习专业书籍，长期勤学苦练，系统地阅读了《焊接工艺学》《现代焊接新技术》等 100 多本科技书籍，掌握了较扎实的专业理论知识，练就了一手过硬的绝活。

据不完全统计，艾爱国已为公司和外单位攻克各种焊接难题 207 个，改进焊接工艺 34 项，成功率达到 100%，创造直接经济效益 2 500 多万元，因而获得"焊神""焊王""焊界一杰"等美称。

工作任务 【析中学】

一、任务描述

宏远食品配送中心是一家刚刚运营不久的城市配送中心。目前，该配送中心储存了来自 9 家供应商的 26 种商品，拥有 10 家客户，分别是大华商贸有限公司、红日超市、佳佳福超市、老王超市、三星超市、四季发商贸有限公司、万家乐超市、新野商贸有限公司、永生商贸有限公司和雨花超市。

今天接到的任务是对即将入库的 26 种货品进行储位规划，并在规定时间内根据规划好的储位布局，完成这 26 种共 1 059 件货物在库内的摆放，最终目标实现最短拣货路径，以较低的拣货成本，高质量完成客户订单的拣货任务。

二、任务分析

在正式运营之前，仓库里需要有货物才能运营起来，初始库存如图2-1-1所示。需要在仓库进行储位规划，储位规划是根据一定的储存策略和储存规则，确定每种货物的恰当储存位置，实现既能进行快速拣货，又能满足存储量大的目的。储位规划的依据是把出入库频率高、出货量大的货物放在靠近出口或者易拣取的位置，可以借助物动量ABC分类法、IQ-IK交叉分析，再结合战报1（图2-1-2，可下载对应的电子表格）中的中众数、中位数进行综合分析。通常把出入库频率高的货物放在靠近出入口的位置。出入库频率低的货物可以放置在远离出入口的位置。当然，在实际工作中，货物储位分配的原则还可以基于产品相关性、互补性、先进先出等进行分配，具体内容见相关知识部分。

为了完成上述任务，需要解决以下问题：
（1）根据哪些因素确定这26种货物的ABC分类？
（2）怎样运用IQ-IK交叉ABC分析？

规划货物储位——任务分析

战报1宏远食品配送中心配送作业数据一览表

运营前将初始库存摆放到保管区		
对应货物	硬币颜色	初始库存
雪碧	艳红币	104
早苗栗子西点蛋糕	深黑币	32
黑王珍养品	深蓝币	91
玫瑰红酒	粉色币	33
脉动	浅粉币	80
神奇松花蛋	银灰币	28
华冠芝士微波炉爆米花	灰白币	23
冰红茶	橘黄币	88
HELLO-C柚	深紫币	62
百事可乐	果绿币	78
农夫山泉	明黄币	77
旺旺雪饼	浅紫币	42
劲爽拉面	浅咖币	44
隆达葡萄籽油	翠绿币	37
乐纳可茄汁沙丁鱼罐头	白色币	35
金谷精品杂粮营养粥	黄色扣	26
梦阳奶粉	草绿扣	18
轩广章鱼小丸子	白色扣	26
大牛牛奶	玫红扣	24
日月腐乳	黑色扣	25
雅比沙拉酱	浅绿扣	14
大厨方便面	酒红扣	11
鹏泽海鲜锅底	浅蓝扣	15
好娃娃薯片	米色扣	17
大嫂什锦水果罐头	粉色扣	17
山地玫瑰蒸馏果酒	大红扣	12

图2-1-1 战报6的初始库存示例

项目一　运营前准备，规划初始储位布局

订购量统计指标（样本总数730，共365天，每天上午下午各采集1次。统计指标中的均值、最值等均为半天的统计量。）											
序号	硬币代号	平均	标准误差	中位数	众数	标准差	方差	峰度	偏度	最小值	最大值	日均出库次数
01	白色币	1.21	0.09	0	0	2.44	5.97	5.86	2.39	0	15	0.58
02	翠绿币	4.53	0.19	3	0	5.19	26.98	2.79	1.52	0	31	1.35
03	粉色币	2.79	0.15	1	0	3.92	15.37	2.77	1.63	0	23	1.01
04	果绿币	15.26	0.34	14	14	9.20	84.69	1.37	0.86	0	65	1.96
05	灰白币	1.48	0.11	0	0	2.93	8.59	8.45	2.58	0	23	0.61
06	橘黄币	22.71	0.40	21	18	10.76	115.87	-0.03	0.54	0	59	2.00
07	明黄币	15.55	0.33	15	10	9.05	81.89	0.94	0.83	0	54	1.98
08	浅粉币	12.82	0.30	12	12	8.18	66.92	0.53	0.77	0	45	1.94
09	浅咖币	5.72	0.19	5	0	5.09	25.88	0.54	0.90	0	25	1.58
10	浅紫币	4.43	0.19	3	0	5.05	25.52	1.55	1.33	0	25	1.33
11	深黑币	1.48	0.04	2	2	1.09	1.19	-1.31	-0.29	0	3	1.39
12	深蓝币	17.38	0.35	17	17	9.44	89.04	1.21	0.74	0	68	1.98
13	深紫币	7.06	0.23	6	0	6.11	37.32	0.64	0.95	0	30	1.69
14	艳红币	18.93	0.37	18	17	9.86	97.32	0.25	0.58	0	56	1.99
15	银灰币	2.89	0.15	1	0	4.06	16.49	4.27	1.87	0	27	1.05
16	白色扣	1.43	0.11	0	0	2.87	8.24	6.91	2.49	0	19	0.59
17	翠绿扣	1.61	0.11	0	0	3.00	9.01	6.42	2.30	0	23	0.68

图 2-1-2　战报 1 宏远食品配送中心配送作业数据一览表示例

三、任务实施

（一）步骤 1：进行 IQ-ABC 分类

利用战报 1 的电子化表格计算每种货物的年出库量占比，并按降序排列后计算累计占比，将计算结果填至表 2-1-1。

表 2-1-1　IQ-ABC 分类表

序号	硬币代号	出库量占比/%	累计占比/%	货物品项累计百分比/%	IQ-ABC 分类
01					
02					
03					
04					
05					
06					
07					
08					
09					
…					

（二）步骤 2：进行 IK-ABC 分类

利用战报 1 的电子化表格计算每种货物日均出库次数占比，并按降序排列后计算 IK 累计占比，将计算结果填至表 2-1-2。

· 123 ·

表 2-1-2　IK-ABC 分类表

序号	硬币代号	日均出库次数占比/%	累计占比/%	货物品项累计百分比/%	IK-ABC 分类	IQ-IK 交叉分析	统计指标调整
01							
02							
03							
04							
05							
06							
07							
08							
…							

(三) 步骤 3：进行 IQ-IK 交叉分析

使用 VLOOKUP 函数完成 IQ-IK 交叉 ABC 分析，填写至表 2-1-3 中。

表 2-1-3　IQ-IK 交叉 ABC 分类表

序号	硬币代号	IQ-ABC 分类	IK-ABC 分类	IQ-IK 交叉 ABC 分类
01				
02				
03				
04				
05				
06				
07				
08				
09				
…				

(四) 步骤 4：确定储位规划方案

结合 IQ-IK 交叉分类结果及中位数、众数等确定储位规划方案。

交叉分析最多会出现 AA、AB、AC、BA 等 9 种组合，小组要综合考虑确定储位规划方案，例如，对于出库量大出库频率高的 AA 类货物放在靠近出口处或者越库区。各小组根据分类结果结合实际情况综合考虑，写出储位规划方案及储位规划依据。可以结合众数、中位数等出库数据统计指标对 ABC 分类结果进行必要调整。对于小组内的不同意见，请讨论处理办法和处理依据。

(五) 步骤 5：沙盘摆放

按照储位布置方案将 1 059 件货物在沙盘存储区完成货物入库摆放，并拍照上传至云课堂。

摆放规则：

（1）一个硬币或一个纽扣代表一箱货物，硬币盒的一格代表一个储位。
（2）每个储位最多储存9个硬币或5个纽扣，不能超量存放。
（3）一个储位只能存放一种货物，不能混放。

（六）步骤6：填写战报

入库完成后填写战报2库存信息表中的初始库存一列，如图2-1-3所示，可扫描下载战报2的电子表格。

序号	货品名称	供应商	采购周期/时	每次订货成本/元	订货点	订货量	硬币代号	初始库存/箱	第1天上午订单	第1天上午库存	判定是否补货	第1天下午订单
01	乐纳	乐欣食品有限公司	24	80			白色币					
02	隆达	凯华商贸有限公司	48	90			翠绿币					
03	玫瑰	远亿食品有限公司	36	130			粉色币					
04	百事	乐欣食品有限公司	24	60			果绿币					
05	华冠	大恩食品有限公司	48	120			灰白币					
06	冰红茶	山豹食品有限公司	24	70			橘黄币					
…	…	…	…	…			…					
26	雅比	祥和食品有限公司	36	120			浅绿扣					

图2-1-3 战报2 宏远食品配送中心库存信息表示例

战报2 宏远食品配送中心库存信息表

配送中心沙盘库存初始化

相关知识

【学中做】

一、物流配送中心运营的主要环节

物流配送中心运营的主要环节包括需求预测、物流配送中心选址、设施设备管理、组织管理、客户服务及合同管理、库存管理、成本控制、质量控制等。

（一）需求预测

需求预测是对物流配送中心系统活动的物流服务需求进行分析的指标，一般指物流配送中心作业需求量。对物流配送中心而言，一般研究均采用吞吐量、库存周转、库存能力来进行预测，且这些数据能够在一定程度上反映出物流配送中心的作业规模。通过预测，准确及时地把握客户作业需求，使物流配送中心能够将资源分配到服务于该需求的活动中去，从而提高客户满意度和公司核心竞争力。

（二）物流配送中心选址

物流配送中心的选址能够帮助其改善客户服务水平。简单地说，物流配送中心选址合理化就是为了在变化的物流环境中，确保优质的物流服务，降低总的物流成本。

（三）设施设备管理

设施设备是物流配送中心运行的物质基础和条件，直接影响物流配送中心的服务质量和成本。设施设备管理包括物流配送中心设施的规模、设备类型选择、设备数量的选择、单元负载的选择、设备的指派等。

（四）组织管理

组织管理是对物流配送中心系统人力资源的管理，是建立合理化的物流配送中心系统，并使其有效运营的根本。组织管理决策包括企业的管理架构设计、工作设计、劳动定额制定、定员编制等。

（五）客户服务及合同管理

客户服务及合同管理应体现"以客户为中心"的管理思想，目的是提高物流配送中心的客户满意度，改善客户关系，从而提高物流配送中心的竞争力。

（六）库存管理

库存是生产和消费间的过渡，生产和消费之间的时间间隔越长，所需的库存水平或费用就越大，也就越需要加以规划和管理。库存管理包括储存设施的布局和设计、储存策略、安全和服务流程等。

（七）成本控制

成本控制是物流配送中心运营管理的重要内容和手段，也是其经济效益的量化指标。物流配送中心成本控制涵盖以下几个方面：物流配送中心成本的计划与预算、物流配送中心成本核算、物流配送中心劳动定额、物流配送中心成本控制措施。

（八）质量控制

物流配送中心质量是多方面的，主要是从物流配送中心各环节作业及物流配送中心运营管理整体来考量。在物流配送中心作业中，我们着重强调物流配送中心中进出货作业空间设备等的利用率，储存作业中存储面积及周转率，盘点作业的误差率，订单处理能力及准确率，拣货作业能力及准确率，配送作业能力、成本及延误率，物流配送中心经营管理能力及资产周转率等方面。

二、配送中心运营沙盘

在配送中心运营沙盘中，宏远食品配送中心的运营已经基本步入正轨，前期已经经过选址建好仓库、安排好需要的设施设备和作业人员，也有了较稳定的供应商和客户订单，目前我们需要重点关注库存管理、成本控制和质量控制的相关内容。接下来我们就认识一下沙盘运营过程中用到的道具。

在模拟运营配送中心沙盘之前，需要来认识沙盘及道具，主要有盘面、硬币盒、沙盘币、量杯、订单、骰子和实训手册。配送中心运营管理沙盘教具如图2-1-4所示。

（一）沙盘盘面

沙盘盘面分为保管区、越库区、补货区三个模块，每个区的功能和作用如下：

（1）保管区：保管区用来储存保管货物，在本沙盘中货位采取地堆存放的形式。沙盘盘面的保管区共有10行18列，横向为字母A~R，纵向为数字0~9，保管区可看作6个存储区域，每个存储区用一个硬币盒代替。在本沙盘中，货物入库、储位规划、拣货、移库等均在该区域完成。

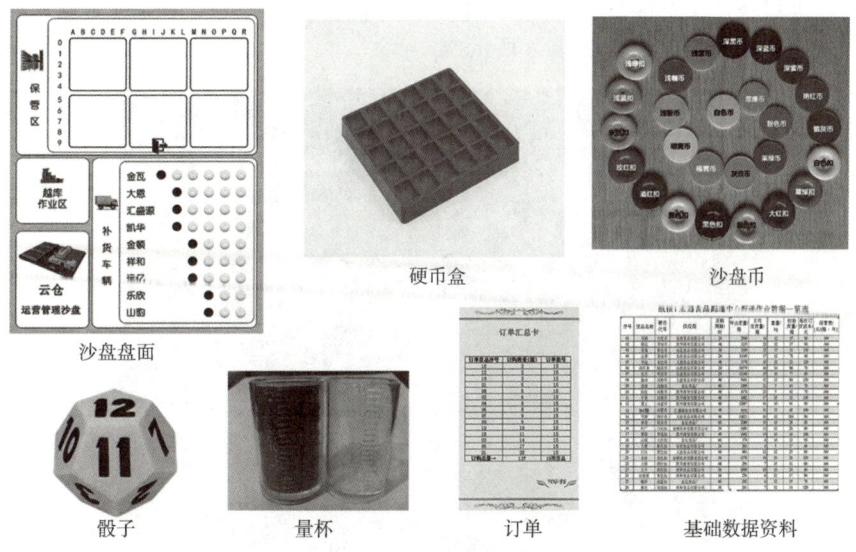

图 2-1-4　配送中心运营管理沙盘教具

（2）补货车辆区：补货车辆区显示补货车辆的步进过程，车辆从一个圆点行进到相邻的下一个圆点代表车辆在途行驶12小时。例如山豹公司的货物从向供应商下单到到达仓库需要24小时。

（3）越库作业区：越库作业区是用来实施越库作业的区域。越库作业是指仓库接收到供应商入库货物后，不进入仓库存储保管区，直接依据客户需求及交货点进行拆解、分类、配货，配载至运送工具上，送往客户需求点。在该运营沙盘中，越库作业区没有拣货成本，但单位年保管费用比保管区的每种商品要多出900元，规划时需要综合考虑。

（二）硬币盒

硬币盒代表货物存储的区域，其中一个小格子代表一个储位。硬币盒有5行6列，在保管区要按照正确方向摆放（图2-1-5）。

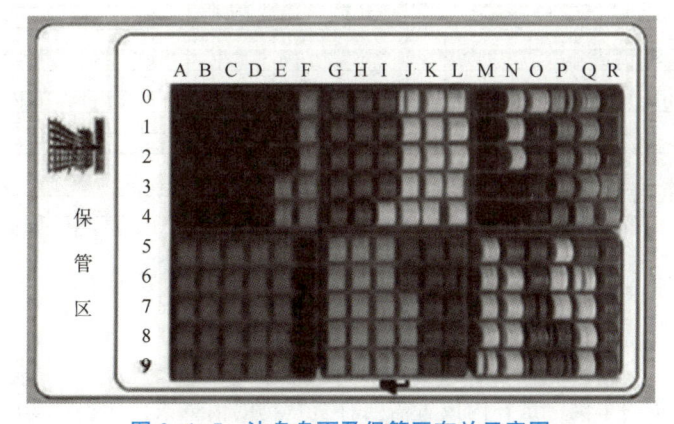

图 2-1-5　沙盘盘面及保管区存放示意图

（三）沙盘币

沙盘币代表不同货物，每个沙盘币代表一箱货物，每种颜色代表一类货物，一共26

种货物，分别用不同颜色的币和扣代表。例如，橘黄币代表山豹食品公司生产的冰红茶，艳红币代表大恩公司生产的雪碧，深蓝币代表凯华商贸有限公司生产的黑王珍养品。每种沙盘币所代表货物的情况如图2-1-6所示。

战报1 宏远食品配送中心配送作业数据一览表

序号	货品名称	硬币代号	供应商	采购周期/时	年出库量/箱	日均在库量/箱	重量/kg	初始库存/箱	每次订货成本/元	保管费/[元/(箱·年)]
01	乐纳	白色币	乐欣食品有限公司	24	2040	16	12	35	80	360
02	隆达	翠绿币	凯华商贸有限公司	48	3235	23	12	37	90	360
03	玫瑰	粉色币	远亿食品有限公司	36	2109	23	15	33	130	360
04	百事	果绿币	乐欣食品有限公司	24	11349	37	12	78	60	360
05	华冠	灰白币	大恩食品有限公司	48	1170	16	12	23	120	360
06	冰红茶	橘黄币	山豹食品有限公司	24	16579	44	10	88	70	360
07	农夫	明黄币	乐欣食品有限公司	24	11140	35	10	77	60	360
08	脉动	浅粉币	大恩食品有限公司	48	9361	42	12	80	120	360
09	劲爽	浅咖币	金瓦食品厂	60	3309	21	5	44	70	360
10	旺旺	浅紫币	凯华商贸有限公司	48	4176	23	5	42	70	360
11	早苗	深黑币	凯华商贸有限公司	48	1082	17	15	32	130	360
12	黑王	深蓝币	凯华商贸有限公司	48	12687	41	10	91	90	360
13	H-C柚	深紫币	汇盛源实业有限公司	48	5152	31	15	62	100	360
14	雪碧	艳红币	大恩食品有限公司	48	13821	43	12	104	90	360
15	神奇	银灰币	金瓦食品厂	60	2180	16	10	28	60	360
16	轩广	白色扣	金顿实业有限责任公司	36	1080	13	12	26	80	360
17	梦阳	草绿扣	凯华商贸有限公司	48	1042	14	10	18	100	360
18	山地	大红扣	金瓦食品厂	60	174	6	10	12	90	360
19	大嫂	粉色扣	乐欣食品有限公司	24	261	6	5	17	60	360
20	日月	黑色扣	大恩食品有限公司	48	883	12	12	25	80	360
21	金谷	黄色扣	金顿实业有限责任公司	36	1178	16	10	26	130	360
22	大厨	酒红扣	凯华商贸有限公司	48	256	7	15	11	80	360
23	大牛	玫红扣	祥和食品有限公司	36	1008	10	10	24	60	360

图2-1-6 每种沙盘币所代表货物的情况

（四）量杯

量杯代表补货的车辆，量杯内放置需要补货货物的信息条，代表货物已装车。

（五）订单

订单就是拣货的依据，在拣货时要尽可能迅速、准确地将订单中的商品从其储位或其他区域拣取出来，并按一定的方式进行分类、集中、等待配装送货。配送中心沙盘的订单采用教师自己开发的软件，可以从 7 300 个订单库中随机抽取订单，也是模拟现实中客户随机下单的模式。订单样例如图 2-1-7 所示。

（六）骰子

骰子的作用就是制造一些惊喜，有时也许是惊吓。

例如，教师在抽取订单汇总单后，需要用骰子确定汇总单中加急订单的数量，骰子 1~4 点代表没有加急订单；5~9 点代表有 1 个加急订单；10~11 点代表有 2 个加急订单；12 点代表有 3 个加急订单。

（七）运营战报

配送中心沙盘中的战报见附录，共 7 个。本任务中主要用到战报 1、2 和 6。

（1）战报 1 宏远食品配送中心配送作业数据：这是本次沙盘根据仓库出入库历史数据分析的每种货物的一些重要参数，为后面储位规划和计算提供依据。

（2）战报 2 宏远食品配送中心库存信息表：为方便使用 Excel 计算，可下载电子版，主要用来计算每个阶段的出库量和现有库存情况。

（3）战报 6 硬币及硬币盒规划：在本项目中主要用于查询沙盘运营前各项货物的初始库存量及对应的沙盘币。

图 2-1-7　订单样例

三、储位规划方法

（一）EIQ 分析法

在对仓库进行规划和布局时，需要分析哪些产品是畅销的、哪些产品是滞销的，哪些客户出货量大、哪些客户出货量小，从而规划货物储位、拣货方式、拣选设备等，使用 EIQ 分析法可以为管理者做经营决策提供科学依据。EIQ 主要分析项目如图 2-1-8 所示。

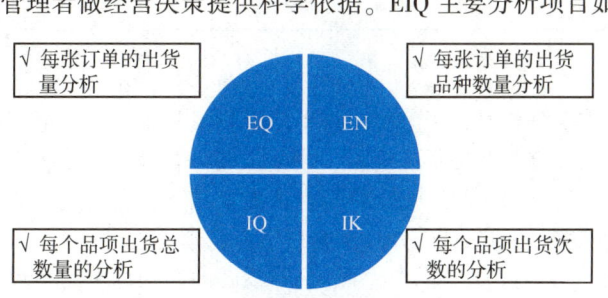

图 2-1-8　EIQ 主要分析项目

EIQ 分析利用 "E" "I" "Q" 这三个物流关键要素，来研究配送中心和物流系统的需求特性，并为其提供规划依据。其中，E 是指 "order entry"，I 是指 "item"，Q 是指 "quantity"。从客户订单的品项、数量、订货次数等方面出发，进行配送特性和出货特性的分析。

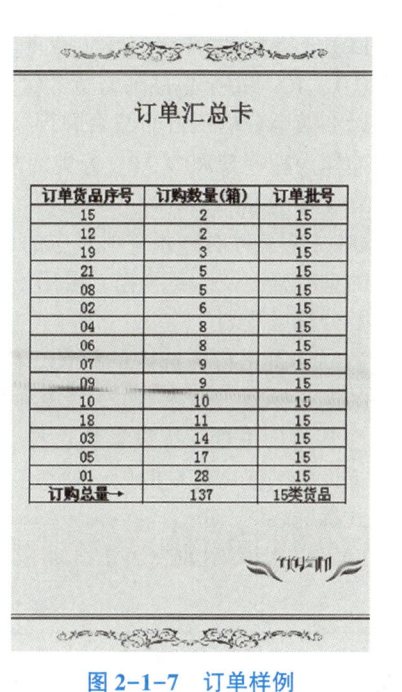

EIQ 分析主要指标有 EN（每张订单的订货品项数量分析）、EQ（每张订单的订货数量分析）、IQ（每个单品的订货数量分析）、IK（每个单品的订货次数分析）。EIQ 分析是根据以上四个分析项目的结果进行综合分析，为配送中心提供规划依据。同时 IQ 与 IK 分析也能作为库存管理中 ABC 分类的参考依据。

1. EN 分析

EN 分析是针对每张订单对应的订单行数进行分析，了解订单订货品项的分布，分析产品的重要程度及运量规模，可用于存储系统的规划选用，储位空间的估算，并影响分拣方式及分拣区规划。

（1）帮助进行拣选点的设计。如果大部分订单的订单行数都非常高，则建议使用一对一的电子标签、拣选小车等拣选辅助手段来加快拣选作业的效率与准确率。

（2）帮助进行分拣设备的选择。若每日订单多且大部分订单行数高，则可选择自动化分拣设备来提高订单的处理效率；若订单少，并且订单的行数也较低，则可使用传统的摘果式拣选。

EN 分布图类型如表 2-1-4 所示。

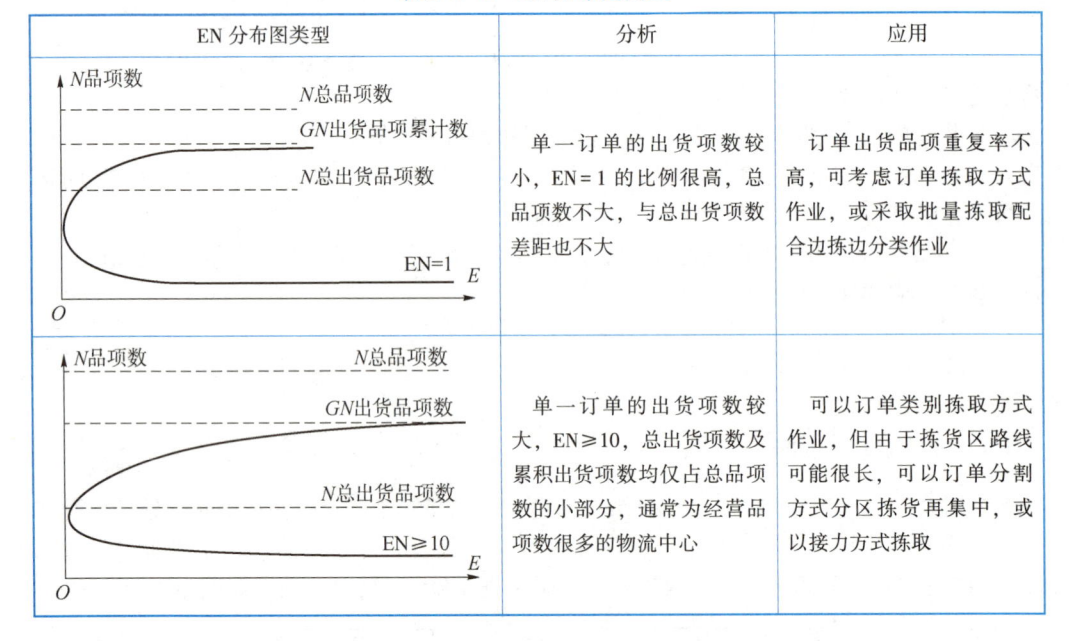

表 2-1-4　EN 分布图类型

EN 分布图类型	分析	应用
（N品项数、GN出货品项累计数、N总出货品项数，EN=1）	单一订单的出货项数较小，EN=1 的比例很高，总品项数不大，与总出货项数差距也不大	订单出货品项重复率不高，可考虑订单拣取方式作业，或采取批量拣取配合边拣边分类作业
（N品项数、N总品项数、GN出货品项数、N总出货品项数，EN≥10）	单一订单的出货项数较大，EN≥10，总出货项数及累积出货项数均仅占总品项数的小部分，通常为经营品项数很多的物流中心	可以订单类别拣取方式作业，但由于拣货区路线可能很长，可以订单分割方式分区拣货再集中，或以接力方式拣取

2. EQ 分析

当按订单进行需求分析时，了解每张订单的订货量分布，可决定订单处理原则、分拣系统规划，并影响出货方式及出货区规划，通常以单一营业日的 EQ 分析为主；当按客户进行需求分析时，结果可用于帮助进出货暂存区的规划、包装箱大小的确定、拣货顺序的安排、配送路线的安排、客户 ABC 分级及客户信息管理。

（1）有助于集货区空间规划。通过 EQ 平均量，即每张订单的平均出库数量，可以帮助估算配送车辆需求与备货区域空间需求。

（2）有助于对拣货系统进行规划。当 EQ 量很小的订单数所占比例很高时（>50%），可将该类订单单列，以提高拣货效率；如果仅少数订单的数量较少，则设立零星拣货区；如果采用批量分拣，则需要视单日订单数及物性是否相似，综合考虑物品分类的可行性，以决定是否在拣取时分类或在物品拣出后在分货区进行分类。

从 EQ 分布图类型（表 2-1-5）可知，订单量分布的特点越明显，则规划的原则越易运用，否则应以弹性化较高的设备为主。

表 2-1-5　EQ 分布图类型

EQ 分布图类型	分析	应用
	为一般配送中心常见的模式，订单订购量呈两极分化，订单订购量呈明显的 ABC 分类	对少数、量大的订单或者客户进行重点管理，也可配备拣货效率更高的拣货设备，如自动化、智能化拣货设备
	大部分订单量相近，仅少部分有特大量或特小量	以主要量分布范围进行规划，少数差异较大者以特例处理即可
	订单量呈现递增趋势，无特别集中于某些订单的情况	配送中心在做系统规划时相对困难，应规划泛用型设备，增加其弹性，货位以容易调者为宜
	订单量分布相近，仅有少数订单量较少	可区分为两种类型，部分少量订单可进行批处理或零星拣货规划
	订单量集中于特殊数量，数量无连续性递增，可能是整箱出货，可能为大型对象少量出货	可以进行较大单元负载单位规划，而不考虑零星出货

3. IQ 分析

IQ 分析是针对每个商品的订货数量进行分析，可以归纳出商品的需求特征，有助于研究出货的拆零比例。IQ 分析主要用于储位设计、设备选型、消耗预测、商品销售信息、商品的销路预测、拣货方式选择、拣货作业人力的安排、出货区的规划等。

（1）帮助确定商品的拣选方式。由 IQ 分析的结果，可以了解每一种商品的需求分析情况，作为商品拣货方式的参考，并可提供商品成长或滞销的情况。

（2）帮助确定存储空间。针对每一种商品的出库量，以 IQ 的总出货平均数乘以品项数，可作为整体需求量，再乘以库存天数，可估计出库存总需求量。

IQ 分布图类型如表 2-1-6 所示。

表 2-1-6　IQ 分布图类型

IQ 分布图的类型	分析	应用
（曲线图：快速下降型）	为一般配送中心常见的模式，订单订购量呈两极分化，订单订购量呈明显的 ABC 分类	规划时可将产品分类，以划分储区方式储存，各类产品存储单位、存货水平可设置不同水平
（曲线图：平台型）	大部分订单量相近，仅少部分有特大量或特小量	可以同一规格的存储系统及寻址型储位进行规划，少数差异较大者可以进行特例处理
（曲线图：线性递减型）	订单量呈现递增趋势，无特别集中于某些订单的情况	配送中心在做系统规划时相对困难，应规划泛用型设备，增加其弹性，货位以容易调者为宜
（曲线图：末端下降型）	订单量分布相近，仅有少数订单量较少	可区分为两种类型，部分中、少量轻量型储存设备存放

续表

IQ 分布图的类型	分析	应用
(阶梯状分布图，纵轴0-800，横轴0-400)	订单量集中于特殊数量，数量无连续性递增，可能是整箱出货，可能为大型对象少量出货	可以进行较大单元负载单位规划，或以重型储存设备规划，但仍需配合物性加以考虑

在规划存储区时，通常以一年为周期进行 IQ 分析，若配合进行拣货区的规划时，则应参考单日的 IQ 分析。另外，单日的 IQ 量与全年 IQ 量是否吻合是分析观察的重点，因为结合出货量与出货频率进行关联性的分析时，整个仓储拣货系统的规划将更趋于实际，因此可进行单日 IQ 量与全年 IQ 量的交叉分析。

4. IK 分析

IK 分析是针对每个商品的订货次数分析，有助于了解各商品的出库频率。它是目的是对拣选作业频率的统计，主要决定拣选作业方式和拣选作业区规划。IK 分布图类型如表 2-1-7 所示。

表 2-1-7　IK 分布图类型

IK 分布图类型	分析	应用
(指数衰减曲线图)	为一般配送中心常见的模式，订单订购量呈两极分化，订单订购量呈明显的 ABC 分类	规划时可按产品分类划分储区方式储存，A 类可接近入口或便于作业的位置及楼层，以缩短走距离；若品项多时可考虑作为订单分割的依据，分别进行拣货
(大部分平稳后陡降的曲线)	大部分订单量相近，仅少部分有特大量或特小量的情况	大部分品项出货次数相同，因此储位配置需依物性决定，少部分特异量仍可依 ABC 分类决定位置，或以特别存储区规划

（二）物动量 ABC 分类

进行货物物动量 ABC 分类时，很多教材是以货物出库量为分类依据，即根据货物的出库量进行 ABC 分类，但是这样简单划分会有一些疏漏。例如货物 Z 的日均出库量较高，但是每年只出库一两次，那么 Z 就不能占据存取方便的位置，而应该划分为 C 类货物，存放在角落。所以说在储位规划时不能仅把出库量作为划分指标，最好是综合考虑货物的出库量和出库频率进行货物物动量 ABC 分类，即进行 IQ-IK 的交叉 ABC 分析。

本沙盘中，年出库量和日均出库次数的数据在战报 1 中已经给出，物动量 ABC 分类标准如表 2-1-8 所示。因此，IQ-ABC 分类和 IK-ABC 分类很容易进行，然后再进行 IQ-IK 交叉 ABC 分类。

表 2-1-8　物动量 ABC 分类标准

累计品种所占比重	0%<A≤20%	20%<B≤45%	45%<C≤100%
累计周转量所占比重	0%<A≤70%	70%<B≤90%	90%<C≤100%

此外，众数、中位数等出库数据统计指标也具有一定参考价值，需要在 ABC 分类时综合考虑。其中，中位数又称中点数，中值。它是按顺序排列的一组数据中居于中间位置的数；而众数是在一组数据中出现次数最多的数据。

本沙盘对货物存储进行了极大简化，选用了存拣一体的形式，默认的出入库单位是箱，即货物整箱入库、整箱出库，所以不需要进行 PCB 分析。但企业实际运营中的情况会复杂得多，因此通常会结合 PCB 分析来进行更细致的规划。

（三）IQ-IK 交叉分析

IQ-IK 交叉分析是指先将两组分析资料经 ABC 分类后分为 3 个等级，经由交叉组合后，产生 3×3 的 9 组资料分类，再逐一就各组资料进行分析探讨，找出分组资料中的意义及其代表的产品族群。

在此以 IQ 及 IK 交叉分析为例进行讲解。将 IQ 及 IK 以 ABC 分析分类后，对 IQ 及 IK 的三个类型进行组合，得到 9 组不同品项物流特性，这些可为拣货策略的决策提供依据（表2-1-9）。依其品项分布的特性，可将配送中心规划以订单别拣取或批量拣取的作业状态，或者以分区混合处理的方式运作。但拣货策略选择，还需根据货品项数与出货量的相对量来决定。

表 2-1-9　IK-IQ 交叉类型分析

IK＼IQ	高	中	低
高	可采用批量拣货方式，再配合分类作业处理	可采用批量拣货方式，视出货量及品项数是否便于拣取时分类来决定	可采用批量拣货方式，并以拣取时分类方式处理
中	以订单别拣取为宜	以订单别拣取为宜	以订单别拣取为宜
低	以订单别拣取为宜，并集中于接近出入口位置处	以订单别拣取为宜	以订单别拣取为宜，可考虑分割为零星拣货区

四、储位分配的原则

储位分配的基本原则是将货物按某种特性聚类后分区存放，下面是常见的储位分配原则。

（一）基于周转率分配货位

将货物按周转率由大到小进行排序，再将排序分为若干段，同一段的货物视作同一类别，为不同类别的货物分配货位。

假设我们已经将配送中心的货物分成了 ABC 三类，一般情况下，A 类是流动速度最快的货物，储存在距离出库口近、易存取的储位上，B 类是流动速度次快的货物，紧邻 A 类货物，储存在离出库口稍远一点的位置，C 类是流动速度慢的货物，储存在距离出库口远、高位货架上。可以参考图 2-1-9 所示存放方式。

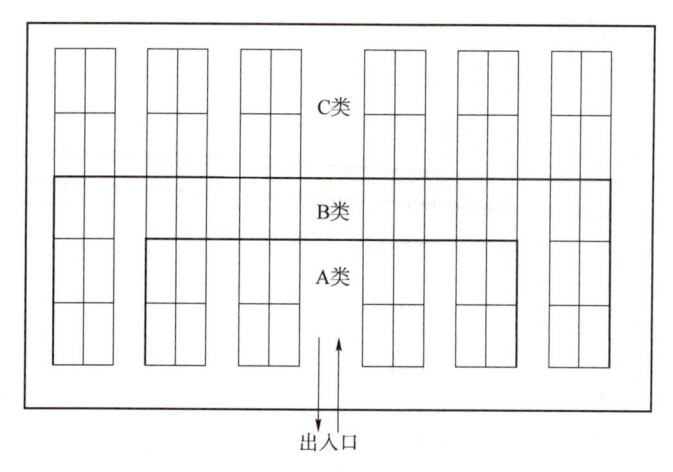

图 2-1-9　货物 ABC 分类储存示意图

（二）基于产品相似性分配货位

这种方法是按某种相似的特点将产品分类。例如小配件与小配件分为一类，小饰品与小饰品分为一类，作业手段相似的分为一类等，然后将具有相似性的产品放在相邻货位。

这种方法的优点是可使用相同的储存设备和拣货设备，便于分区存储方式。但是非常相似的产品，诸如电子零件、液晶屏、包装相同的手机等，其型号不同但包装外观相同，很容易导致拣错货。

例如：将小配件和小配件等物品分为一类，均使用周转箱作为盛放容器。可将周转箱放置到货架上，在货架横梁上贴上信息标签，便于人工周转箱内拣选零散货物。也可将周转箱放在托盘上，便于成托的单元化运输和储存。

（三）基于产品相关性分配货位

这种方法是将关联性较强的产品放在相邻货位。这样便于拣货单的合并，缩短拣货行走距离，提高拣货效率。

例如，经常捆绑销售的产品分为一组相邻存放，经常一起使用的产品分为一组相邻存放。

（四）按照先进先出要求分配货位

按照生产日期、产品批号等分配货位，容易满足先进先出要求。

（五）考虑货物的体积和重量分配货位

对于体积较大的物品，应分配相应的大型货位；对于重量较大的货物摆放在地面上或货架下层，重量轻的货物放置于货架上层。

（六）按照产品相容性原则分配货位

性质相容的产品放在相邻位置，不相容的不能比邻存放。

（七）按照互补性原则分配货位

替代性高的产品放在相邻位置，缺货时可以用另一种产品替代。

五、货物储存策略

常见的货物储存策略主要有定位储存策略、随机储存策略和分类随机储存策略三种。在相同的仓库容量保证率下，定位储存策略需要的仓库容量最大，随机储存策略需要的仓库容量最小，分类随机储存策略需要的仓库容量处于二者中间。

如果使用定位储存策略，即每种货物安排固定储位，货物不能互用储位，这样就需要规划每种货物的储位容量不得小于其可能的最大在库量（约等于经济订货批量）。经过计算会发现，沙盘所提供的储位数量远远不够用，这正是定位储存策略的缺点所在。如果使用随机储存策略，由于没有信息系统支持会造成管理混乱。所以在本沙盘中建议选用分类随机储存策略，这里的随机并不是完全随机，应该尽量保证同类货物邻近储存，以便于减少拣货成本。另外，值得一提的是，本沙盘选用不同颜色的沙盘币代表不同货物，有利于建立数据可视化思维。当完全随机储存时，会从视觉上造成混乱，而这本身也体现了管理的混乱。

我们整理一下思路：在沙盘中选用的分类随机储存策略将参考定位储存策略的思路，但是应允许货物互用储位，每种货物的储位容量应不低于其规划仓容量。当某种货物的原计划储位不够用时，应将其在原计划储位附近储存。

六、仓库特征分析

通过观察沙盘中的保管区特征我们发现，保管区的出入口在仓库的同侧，这样的场地布局决定了货物出入库作业将符合 U 形动线。

这里需要强调一点，本沙盘的目的是让学生体会配送中心运营管理中的管理思路，了解仓储管理可能遇到的问题，而不是追求一个游戏的胜负。储位规划要做长远打算，不能只顾眼前。例如在本沙盘中，将货物打散，再将预计短期内能出库的货物集中放置在出入口附近，这样在短期内可能会使拣货成本降低，但是这种做法牺牲了长远利益，是禁止使用的。

在动手规划时可能会发现一些问题，例如沙盘中的储位数量不够用、仓容利用率过高，等等。本沙盘提供了促销机制，可以舍弃某些商品，对其进行促销处理，牺牲短期利益而谋求长远发展。在沙盘对抗过程中还会出现一些问题，例如采购的货物迟迟未到达造成缺货，或者货物到达后原计划的储位数量不够用，等等，这些都是需要学生想办法解决的。本沙盘设置了很多矛盾、冲突，并且设计了比较开放的解决机制。对于学生来讲，遇到问题并设法解决才能更有效地进行思考，从而获得更多收获。

技术创新

普罗格全向箱式拣选机器人

5月，普罗格发布了2022年度首款全新产品——全向箱式拣选机器人，为多层货架拣选、搬运提供新一代解决方案。

根据介绍，全向箱式拣选机器人是一款应用于以周转箱或原箱为存储单元的立体库，通过其对立体货位全方位的覆盖，来对周转箱或原箱实现存取货、批量搬运功能的一款机

项目一 运营前准备，规划初始储位布局

器人，具有两个突破、两个降低、两个提高，全球唯一的特点：

集四向行驶和上下提升于一体，实现六维空间的运行和操作，完成从四向到全向的突破；通过多个设备组合覆盖不同高度的仓库，突破单次多箱存取设备的高度瓶颈，打破空间扩张局限。轨道行驶，摆脱基建的影响因素，降低单次多箱存取设备对地面的依赖性；减少轨道部署，降低仓储投入成本。吸盘取货，料箱间距仅需 2 cm，存取货不需对提升装置进行旋转，巷道宽度仅需 790 mm，存储密度及库容量得到提升。货架可适应多种料箱的尺寸，提升了库内料箱尺寸的兼容性。全球首创多车组合模式，能与箱式穿梭车在同一组货架中运行，为同一立体空间的不同维度提供服务。

任务评价

本项目评价采用教师评价+小组互评相结合的方式，具体评价标准如表 2-1-10 所示。

教师评价：各小组同时开始后教师计时，小组完成后举手示意，教师记录完成时间，举手示意停止后小组不得进行任何调整。

小组评价：每个小组选取 2 名成员作为评委，在各小组任务完成后，评委检查对方小组初始库存的所有货物是否全部入库。

表 2-1-10 任务考核评价表

任务名称：_____ 专业：_____ 班级：_____ 第_____小组
组长：_____ 小组成员（姓名、学号）：_____

评价主体	评价内容	评价标准	分值	得分
教师评价（70%）	任务完成时长（30%）	按照用时依比例递减折算百分制：用时最短的小组记为 100 分，其余小组按时长反比例递减	100	
	小组合作状态（30%）	讨论激烈，全员参与，积极性高，记为满分。对于做与上课无关事情、不参与讨论、迟到、早退等现象，教师根据情况扣分	100	
	储位布置方案内容（40%）	要求储位布置的思路和考虑要素撰写清楚，有自己观点，有理有据，合乎实际	100	
小组互评（30%）	累计占比计算正确	答案错、漏，每空扣 1 分	20	
	ABC 分类正确	答案错、漏，每空扣 1 分	20	
	交叉分析、统计指标调整合理	调整原因不清晰或应调整未调整，每空扣 1 分	20	
	全部货物入库情况	少、错、漏入库一件货物扣 1 分	20	
	抽查 4 种货物的情况	少、错、漏入库一件货物扣 1 分；入库实物与库存信息流不一致的，一处扣 5 分	20	

巩固拓展

以小组为单位，完成以下任务：

1. 在规划初始储位布局的时候，为了便于统一管理，我们只在仓库保管区摆放货物，而将越库作业区的存货数量设定为0。请大家思考越库作业区是用来做什么的？什么样的货物适合存放在越库作业区？

2. 完成小组人员分工，明确每位成员的角色，填入表2-1-11中。

人员分工由全体组员讨论完成，小组内不同的角色分别负责填写不同的任务和单据，各人员的职责大致如表2-1-11所示，各组也可进行调整。

表 2-1-11　小组成员分工表

序号	岗位	岗位职责	负责人
1	接单员	负责根据本次接收的订单货物情况确定拣货方式；确定是采用摘果法、播种法还是边摘边播的拣货方式，并制作拣选单	
2	拣货员	负责按照拣选单完成拣货作业	
3	仓库主管	负责全面协调工作，并填写"战报3拣货路径图"，负责组织运营结束后按照战报6将沙盘币（扣）放入硬币盒	
4	库管员	负责填写"战报2库存信息表"，并负责入库货物的储位规划、货物入库操作	
5	盘点员	负责填写"战报4营业日报"	
6	采购员	负责补货，填写"战报7补货信息条"，并负责操作盘面的"补货车辆"区域	

自我分析和总结

自我分析
学习中的难点及困惑点

总结提高
用思维导图等方式归纳本次任务的主要内容，包括所需知识点、重点、易错点等，并写出需要继续学习提升的内容清单。

项目二　实物沙盘第一期运营，核算运营成本

学习目标

【素质目标】
- 树立责任意识、岗位意识；
- 培养爱岗敬业的职业精神；
- 提高降本增效意识；
- 提升团队协作能力。

【知识目标】
- 体会配送中心运营成本的控制要点；
- 理解配送中心管理的难点；
- 体会配送中心的整体作业流程；
- 掌握配送中心沙盘运营流程。

【技能目标】
- 能够准确计算配送中心运营沙盘的运营成本，权衡配送中心的收支情况；
- 能够填制配送中心运营过程中的相关表格单据。

仓配中心规划与运营

行业资讯

顺丰供应链助推荣耀"数智化"升级，未来将部署自动化无人仓

2022年1月12日，顺丰供应链宣布，为全球智能终端提供商荣耀HONOR定制设计、战略部署，以及专业运营的"数智化"供应链原材料仓配服务取得首阶段成功。此次双方战略合作的首阶段核心要务是在华南区构建原材料央仓，并开启端到端落地运营，从而推动供应链升级，加速荣耀智能制造的进程。

顺丰供应链为荣耀建立的供应链核心项目——荣耀原材料央仓完成了包含商务流程对接、仓库建设、员工配备与培训、规范标准设定、仓库搬迁，以及落地运营等诸多任务环节。

顺丰供应链全力支持荣耀原材料央仓的启用，为荣耀的产品生产与业务运作提供了坚实的力量。自合作以来，顺丰供应链便致力于为荣耀升级原材料物流，实现收、存、发等复杂的业务场景，其所展现出来的专业表现，深受荣耀认可。

值得一提的是，顺丰供应链还和荣耀联合创新，引入PSN自动化贴标机及RPA机器人无感介入赋能等新技术，助力加速荣耀的数智化供应链转型。未来，顺丰供应链还将联合荣耀部署自动化无人仓。

思考问题：
谈一谈自动化仓库与传统仓库的成本核算有哪些差异？

项目作用

随着我国经济的快速发展，物流业已逐步成为服务业的重要组成部分。尽管我国物流行业的发展速度很快，但其成本远高于其他发达国家，因此物流企业的经济效益还有待提高。目前对于物流管理而言，当务之急是如何降低物流成本提高经济效益。本项目以配送中心沙盘为载体，在完成第一期运营的过程中，了解配送中心运营中涉及的主要费用，帮助学生掌握配送中心运营过程中的费用支出情况，树立降本增效的意识。

工作任务 【析中学】

一、任务描述

规划好初始库存布局方案后，配送中心就要正式开始运营啦！该配送中心采用播种法拣货，每天按照2个波次进行订单的合并汇总和拣货作业，上午1个波次、下午1个波次，每个波次称为1期。教师利用"随机订单"软件，随机抽取第一期的订单，如图2-2-1所示。

请各小组完成下面的任务：

（1）根据订单快速完成拣货，绘制出拣货路径图，并计算出拣货成本。
（2）填写战报2库存信息表（图2-2-2），并核减第一期出库后的库存。

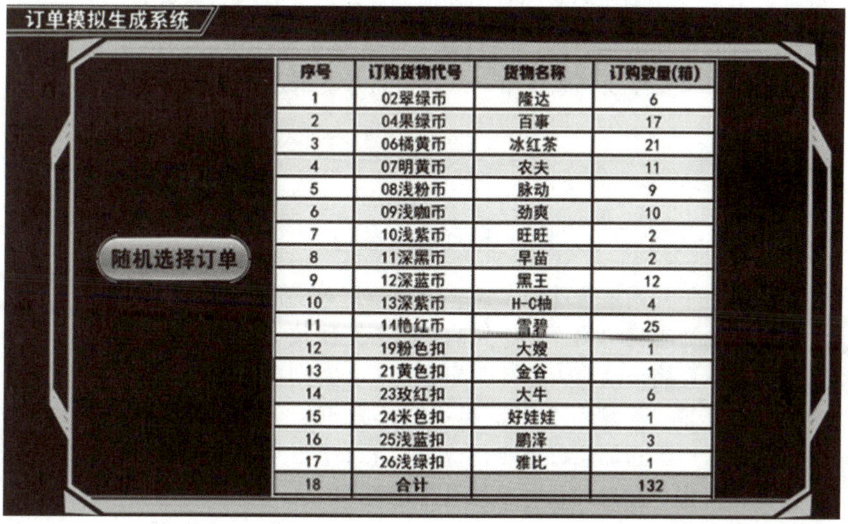

序号	订购货物代号	货物名称	订购数量(箱)
1	02翠绿币	隆达	6
2	04果绿币	百事	17
3	06橘黄币	冰红茶	21
4	07明黄币	农夫	11
5	08浅粉币	脉动	9
6	09浅咖币	劲爽	10
7	10浅紫币	旺旺	2
8	11深黑币	早苗	2
9	12深蓝币	黑王	12
10	13深紫币	H-C柚	4
11	14艳红币	雪碧	25
12	19粉色扣	大嫂	1
13	21黄色扣	金谷	1
14	23玫红扣	大牛	6
15	24米色扣	好娃娃	1
16	25浅蓝扣	鹏泽	3
17	26浅绿扣	雅比	1
18	合计		132

图 2-2-1 第一期订单示例

序号	货品简称	供应商简称	采购周期/时	每次订货成本/元	再订货点/箱	订货批量/箱	硬币代号	初始库存/箱	第一期（第一天上午）		
									第一期订单	第一期库存	判定是否补货
01	乐纳	乐欣	24	80			白色币	35			
02	隆达	凯华	48	90			翠绿币	37			
03	玫瑰	远亿	36	130			粉色币	33			
04	百事	乐欣	24	60			果绿币	78			
05	华冠	大恩	48	120			灰白币	23			
06	冰红茶	山豹	24	70			橘黄币	88			
07	农夫	乐欣	24	60			明黄币	77			
08	脉动	大恩	48	120			浅粉币	80			
09	劲爽	金瓦	60	70			浅咖币	44			
10	旺旺	凯华	48	70			浅紫币	42			
11	早苗	凯华	48	130			深黑币	32			
12	黑王	凯华	48	90			深蓝币	91			
13	H-C柚	汇盛源	48	100			深紫币	62			
14	雪碧	大恩	48	90			艳红币	104			

图 2-2-2 战报 2 宏远食品配送中心库存信息表示例

（3）填写战报 4（图 2-2-3），计算出第一期的运营总成本。

战报4 营业日报

时间 / 项目	第1天		第2天		第3天		第4天		第5天		第6天		第7天		第8天	
	上午	下午	上午	下午	上午	下午	上午	下午	上午	下午	上午	下午	上午	下午	上午	下午
收益=（订购量-缺货量）×50																
缺货成本=缺货量×10																
保管费用																
越库作业区额外费用																
拣货总成本																
订货成本																
社会配送成本																
额外收益/成本																
总利润																

注：越库作业区额外费用=每天盘点前越库作业区存货数量×900/360；
总的保管费用=每天盘点前盘面上所有货物总数（含越库作业区）。

图 2-2-3 战报 4 宏远食品配送中心库存信息表示例

二、任务分析

为了完成上述任务，需要解决以下问题：

(1) 拿到订单后，在配送中心沙盘中如何操作运营才算完成任务？

(2) 要想实现仓配中心运营的经济效益，就需要对仓配中心的运作成本进行核算控制，沙盘运营过程中主要涉及哪些成本？该如何做才能低成本高效率地运营？

三、任务实施

（一）步骤1：确定租车方式：按天或按户

租车是在每天上午开始运营前确定这一天加急订单的用车方式，下午半天的作业则略过这一步。上午开始处理订单前，小组先确定是否采用按天计费的方式租用社会车辆。如果是，则在战报4中直接记录当天的社会配送成本；否则在开始处理订单后只能以按户计费的方式租用社会车辆。每辆社会车辆租用费用为500元/天或300元/家。如果按户计费，则每次为一个客户配送加急订单要花费300元，上下午单独计费。如果按天计费，那么不管一天为多少家客户配送加急订单都只需花费500元。

（二）步骤2：产生订单：波次订单+加急订单

教师随机抽取一张订单汇总单，这是10份订单汇总后的波次订单，作为第1期的订单总量，并将订单中的产品信息记录到战报2中。然后用骰子确定半天的加急订单数量，没有选择按天计费的小组将按户计费的租车成本记录到战报4，每个加急订单支付300元租车费用。其中，色子1~4点代表没有加急订单；5~9点代表有1个加急订单；10~11点代表有2个加急订单；12点代表有3个加急订单。

（三）步骤3：规划拣货路径，计算拣货成本

需要拣选的订单是汇总后的波次订单，要采用播种法拣选，需要拣货员走一趟下来就能完成订单中所有货物的拣货工作，也就是说拣货路线是一条线。沙盘盘面保管区的I9和J9代表仓配中心的出入口，所以在规划拣货路线的时候，需要从I9或J9出发，最终还要回到这里。

规划拣货路径时，库管员要确定好订单中货物所在的储位，可以将要进行拣选的储位在战报3相应位置用黑点标记出来，如图2-2-4所示。标记完所有待拣货物位置后，可以规划拣货路线，要注意必须沿着水平或垂直方向规划路线。

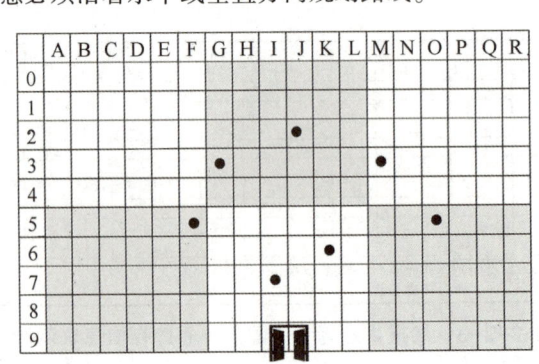

图2-2-4 战报3拣货路径设计方案之待拣选货物标记示例

拣货路径的计算可借助"拣货路径计算小程序"快速完成拣货距离的计算。例如，需要拣选F5、G3、J2、M3、O5、K6、I7的货物，可以在小程序中依次点击这些位置，即

可得到拣货路径，如图 2-2-5 所示，可知拣货行走距离为 33 个单位。

图 2-2-5 拣货路径示意图

确定好拣货路径及行走距离后，可计算拣货成本。单位距离拣货成本是 10 元，那么此次拣货成本就是 330 元，将计算得到的拣货总成本记录到战报 4 中。

（四）步骤 4：实施拣货

拣货员需要对照已经规划好的拣货路径拣货，将相应的货物从盘面上手动取下来放到盘面外的空硬币盒内，订单中全部货物取出后代表拣货作业已完成。

（五）步骤 5：同步更新实物流与信息流

库管员更新战报 2 库存信息表。当本次订单拣选完毕后，核减第一天上午剩余的库存数量，填写战报 2。

（六）步骤 6：判定是否缺货，计算缺货成本

如果库存不足，则按照实际库存量进行出库，并将缺货量记录到战报 2，将缺货成本（10 元/箱）记录到战报 4。

（七）步骤 7：每日盘点

如果刚刚处理的是上午的订单，则略过这一步。当下午的订单处理完后需要对当天的营业数据进行盘点。首先在战报 2 中计算库存结余总和（当天库存结余数量=前一天的库存结余量+当天入库量−当天订购量+当天缺货量），即为当天的保管费，需要记录到战报 4 的保管费用栏。如果越库作业区有货物，则参照相关知识中"配送中心沙盘中的费用"计算的要求在战报 4 中记录越库作业区额外费用；额外收益或成本需要用骰子确定，确定好后也需要记录到战报 4。

（八）步骤 8：核算运营成本

运营结束后，由库存盘点员对当期涉及的成本和收益进行核算，记录到战报 4 中，从而计算出利润。沙盘运营中的成本主要包括保管费用、越库作业区额外费用、拣货总成本、订货成本、社会配送成本、额外收益或成本。

仓配中心规划与运营

大国工匠

郭汉中：苦心钻研修复办法 让文物重放光彩

在四川广汉三星堆博物馆内，一棵高约 4 米的商青铜神树吸引了无数游客驻足。很难想象，在出土之初，它竟是 200 多块青铜残段，毫无完整性可言。将其化腐朽为神奇的人，就是三星堆博物馆文保中心副主任、文物修复师郭汉中。从 1984 年至今，他参与了三星堆遗址全部 8 个祭祀坑的发掘工作，亲手修复了 6 000 多件珍贵文物，让无数重器重焕生机，也让以三星堆为代表的古蜀文明绽放出"再醒惊天下"的夺目光彩。

从事文物修复 30 多年，一件件破损青铜器、石器、玉器在郭汉中手中恢复了往日神韵。他将传统修复工艺与现代科技相结合，创造塑形补配、黄泥石膏翻模等修复工艺，使三星堆青铜纵目面具、青铜大立人、青铜神树等国家一级文物得以较为完整地呈现在人们面前。"修了一辈子文物，有责任感，更有使命感和紧迫感。"郭汉中说，"三星堆的国宝那么多，我这辈子是修复不完了，但我的徒弟们可以继续干下去，这份古老的技艺也要继续传承下去。"

相关知识 【学中做】

一、仓配中心物流成本构成与分类

要想实现仓配中心运营的经济效益，就需要对仓配中心的运作成本进行核算控制。

在物流过程中，为了提供有关服务，开展各项业务活动，必然要占用和消耗一定的活劳动和物化劳动，这些活劳动和物化劳动的货币表现，即为物流成本（Logistics Cost），也称为物流费用。物流成本包括物流各项活动的成本，如货物包装、运输、储存、装卸搬运、流通加工、配送、信息处理等方面的成本与费用，这些成本与费用之和构成了物流的总成本。物流成本可按下面的方式进行分类：

（一）按物流费用的支付形式分类

按物流费用的支付形式进行物流成本分类的方法与财务会计统计方法相一致。具体的物流费用分解如下：

（1）材料费：包装材料费、燃料费、消耗工具材料等物品的消耗而生成的费用。

（2）人工费：为物流从业人员支出的费用，如工资、奖金、退休金、福利费等。

（3）水电费：水费、电费、燃气费等。

（4）维持费：维修费、房租、保险费等。

（5）管理费用：组织物流过程花费的各项费用，如差旅费、交际费、教育费、会议费、书报资料费、上网费、杂费等。

（6）特备经费：折旧费等。

（7）委托物流费：包装费、运费、保管费、入出库费、手续费等委托企业外部承担物流业务支付的费用。

（二）按物流活动发生的范围分类

按物流活动发生的范围分类，就是按物流的流动过程进行分类，它把物流成本分为采购物流成本、生产物流成本、销售物流成本、回收物流成本、废弃物流成本。

（三）按物流功能类别分类

按物流活动所发生的功能类别，可以将物流成本分为物流环节成本、信息流通成本、物流管理成本等。物流环节成本包括运输费、仓储费、包装费、装卸费、流通加工费等。信息流通成本指处理物流相关信息发生的费用，包括库存管理、订货处理、客户服务等相关费用。物流管理成本指物流计划、协调、控制等管理活动方面发生的费用。

（四）按物流成本的可见性分类

按物流成本的可见性分类，可分为物流显性成本和物流隐性成本。

（1）物流显性成本：主要包括仓库租金、运输费用、包装费用、装卸费用、加工费用、订单清关费用、人员工资、管理费用、办公费用、应交税金、设备折旧费用、设施折旧费用、物流软件费用。

（2）物流隐性成本：主要包括库存资金占用成本、库存积压降价处理、库存呆滞产品成本、回程空载成本、产品损坏成本、退货损失费用、缺货损失费用、异地调货费用、设备设施闲置成本。

另外，还可以按成本是否具有可控性分类，分为可控成本和不可控成本，以及按物流成本的形态分为变动成本和固定成本等。

二、配送中心沙盘中的费用

配送中心运营沙盘中的费用主要以物流环节成本为主，主要包括保管成本、缺货成本、拣货成本、移库成本、越库作业成本等。

（一）保管成本

在配送中心运营管理沙盘中规定，仓库的保管费用为1元/（箱·天）。

（二）缺货成本

在沙盘运营过程中如果出现缺货，则按10元/箱计算缺货成本。

（三）拣货成本

配送中心沙盘规定，拣货成本＝单位距离的拣货成本×拣货行走的距离之和。

其中，单位距离的拣货成本为10元，拣货行走的距离之和为从拣货起点开始至拣货终点结束所行走的单位距离之和。每个相邻储位的距离为1个单位距离，拣货路径的起始点和结束点都在保管区最下方的中间位置，也就是I9和J9之间的位置。

例如：如图2-2-6所示，拣货路径为F6G5H5，则从起始点到F6的距离为6；从F6到G5的距离为2；从G5到H5的距离为1；从H5到结束点的距离为5。那么，总的拣货距离为6+2+1+5＝14，那么此次拣货总成本为14×10＝140（元）。

（四）移库成本

可以随时对再订货点、订货批量、库存布局方案、拣货路径设计方法等方案进行调

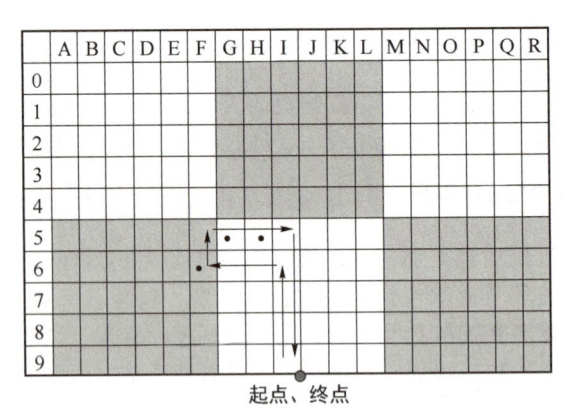

图 2-2-6　拣货行走路径成本计算示意图

整。在调整库存布局时会产生相应的移库成本，移库成本的大小请参照拣货成本的计算方法，每个单位距离的移库成本为 50 元。例如，将 E5 和 F5 的货物互相调换，则 E5 货物的移动距离为 1，F5 货物的移动距离为 1，移库成本 =（1+1）×50 = 100（元）。在移库前把相应的成本计入营业日报的额外收益/成本项就可以开始移库了。

（五）越库作业成本

越库区比保管区每种货物的单位年保管费用要多出 900 元，即每种货物每天的保管费比保管区要多出 900/360 = 2.5（元），但是无拣货成本。每天盘点前将越库作业区剩余的货物箱数×2.5 所得的数值记录到战报 4 的越库作业区额外费用栏中。

越库作业区和保管区之间可以互相转移货物，所产生的成本需要按照移库成本进行计算。其中，越库作业区的面积可以忽略，并将越库作业区视为保管区的出口位置。

（六）额外收益/成本

在每天盘点之前，教师会用掷骰子的方法为每组分别得出一个点值，点值对应的赏罚内容如表 2-2-1 所示，请把相应的数值计入营业日报的额外收益/成本中。

表 2-2-1　额外收益或成本对应点值

点值	加分内容	加分金额	点值	减分内容	减分金额
1	追回欠款	+500	6	环境污染	−100
2	植树标兵奖金	+200	7	为慈善捐款	−500
3	企业技术创新奖励	+400	8	车辆故障	−150
4	库管员上缴罚款	+100	9	设备维护	−50
5	纳税筹划合理避税	+300	10	仓库失火	−200
			11	更换灭火器材	−300
			12	为球赛提供赞助	−200

设置该环节是基于下面的目的：
(1) 活跃课堂气氛；
(2) 弱化利润至上的引导方向，让学生多关注沙盘运作过程；
(3) 让学生明白企业的成败有许多经营策略外的影响因素；
(4) 可以作为意外情况的收容位置，例如有学生违规操作，可以在此处进行处罚。

三、配送中心沙盘运营规则

宏远食品配送中心的运营基本步入正轨，其初始运营方案如下：每天，配送中心会接到来自1~10家客户的20份订单，上下午各10份，每份订单会订购1~4种商品。订购商品的类型基本符合经验分布，订购商品的数量基本符合正态分布。每配送一箱货物的收益为50元。接单员将有效订单进行合并后发给仓储部门，由仓储部门组织出库作业，继而由配送部门组织配送作业。如果发现某种商品的剩余库存低于再订货点（小组可以调整再订货点），则须联系供应商，按照经济订货批量进货（小组可以调整订货批量）。每天下班前，由库存盘点员对当天的收益、剩余库存、保管费用、越库作业区额外费用、拣货总成本、订货成本、社会配送成本、额外收益/成本进行盘点，从而计算出当天的总利润。

（一）配送中心沙盘运营流程

配送中心沙盘的流程设计基于配送中心实际作业流程。图2-2-7展示了配送中心实际作业流程，而战报5则展示了本沙盘的操作流程，在此任务中的操作应按战报5所示的步骤进行。

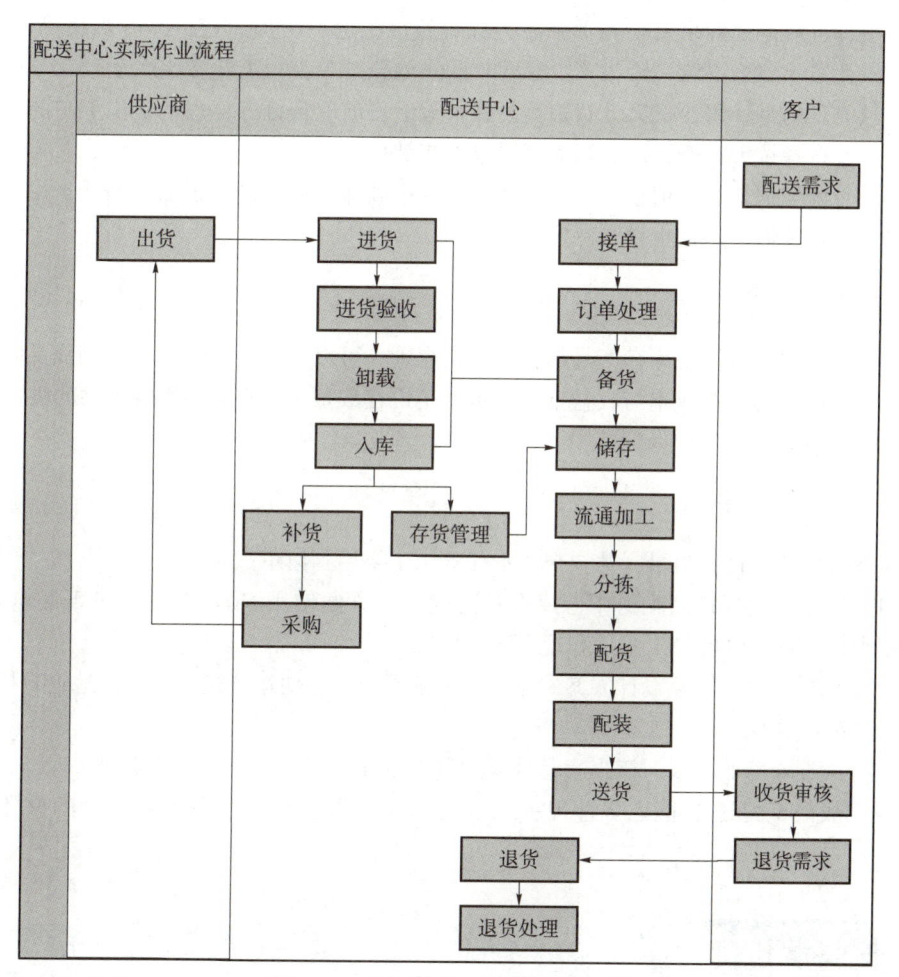

图2-2-7 配送中心实际作业流程

（二）作业波次

该配送中心采用播种法拣货，每天按照2个波次进行订单的合并汇总和拣货作业，上午1个波次、下午1个波次，每个波次接收来自10家客户的订单，系统进行汇总生成合单，教师从"随机订单.xls"文件中抽取到的订单是已经汇总后的10家客户的订单汇总单。

（三）加急订单

在教师上下午抽取订单后，可以通过掷骰子确定加急订单。加急订单是客户急需的货物订单，配送中心自有车辆无法满足加急订单的配送要求，因此遇到加急订单时需要租用社会车辆来配送。

（四）配送车辆选择

配送中心上下午都可以租用社会车辆进行加急订单的配送，车辆租赁费用为300元/家或500元/天。如果按户计费，则每次为一个客户配送加急订单要花费300元，上下午单独计费，也就是说如果上午和下午各为红日超市配送一次加急订单，需要花费600元。如果按天计费，那么不管一天为多少家客户配送加急订单都只需花费500元。

比较为难的是，若要按天计费则需要在每天上班前就预订好，也就是说上午的作业开始前如果没选择按天计费，那么当天就只能按户计费了。

如果想确切地知道如何租车更划算还是需要很高深的概率论知识的，当然，用来确定加急订单数量的骰子点数也存在一定的运气。

（五）商品促销

当运营过程中若发现库存产品结构不一定合理，可以根据判断将一些滞销商品促销处理掉。促销商品的促销成本与收益抵消，也就是说在战报4的收益栏中促销品的收益为0，但是促销品出库后会节省保管费用。

（六）运营战报

沙盘需要的战报见附录，共7个。本任务中主要用到以下战报表：

（1）战报2宏远食品配送中心库存信息表。为方便使用Excel计算，可下载电子版，主要用来计算每个阶段的出库量和现有库存情况。

（2）战报3拣货路径设计方案。该战报为纸质版，方便运营过程中直观地查看拣货路径，计算拣货成本。

（3）战报4营业日报。该报表是计算运营成本和利润的报表，至关重要。

（4）战报5配送中心运营管理手工沙盘作业流程。方便学生理解沙盘的整体运营过程。

任务评价

本任务评价以教师评价为主，也可辅以小组互评，具体评价标准如表2-2-2所示。

项目二　实物沙盘第一期运营，核算运营成本

表 2-2-2　任务考核评价表

任务名称：_____　专业：_____　班级：_____　第_____小组
组长：_____　小组成员（姓名、学号）：_____

考核项目	评价内容	评价标准	分值	得分
运营过程 （60%）	报表填写	战报 2 和战报 3 计算准确无误，错误一处扣 1 分；战报 4 填写正确，错误一处扣 5 分	40	
	运营时间	运营时间最少者 30 分，其余小组每多 10 秒扣 1 分	30	
	运营成本	运营成本最少者 30 分，其余小组每多 100 元扣 1 分	30	
方案交流 （40%）	方案内容	内容完整，要包含第一期运营的拣货路径图、成本计算表、库存核减表、补货货物情况	50	
	汇报效果	声音洪亮、思路清晰、表达流畅、图文并茂、讲解清楚	50	

巩固拓展

以小组为单位，完成以下任务：
1. 在这次拣货的过程中，是否存在因某几种货物分布过于零散，导致拣货路径增加的情况？针对这种情况我们应该怎么处理？
2. 在本期运营结束后，请判断哪些货物需要补货，补货的话补多少箱最合适。

自我分析和总结

自我分析
学习中的难点及困惑点

总结提高
用思维导图等方式归纳本次任务的主要内容，包括所需知识点、重点、易错点等，并写出需要继续学习提升的内容清单。

149

项目三　实物沙盘第二期运营，制定补货策略

学习目标

【素质目标】
- 培养严谨认真、精益求精、探究科学的工匠精神；
- 树立创新意识、全局意识；
- 提升策略制定、团队合作能力。

【知识目标】
- 掌握再订货点、订货量的计算方法；
- 掌握补货作业的操作要点；
- 掌握越库作业区的作用及适用场景。

【技能目标】
- 会计算货物的再订货点和经济订货批量；
- 能够根据运营库存数据判定补货时间和补货数量；
- 能够完成补货作业，并能为补货入库的货物安排合适的存放区域和储位。

行业资讯

AI 驱动的货物跟踪

人工智能通过预测交通流的延误，使交通更加高效。AI 算法能够实现自动驾驶车辆导航的目标检测和识别。机器学习用于驾驶员行为分析，以确定驾驶员睡意并改善道路安全。AI 驱动的路线优化加快了货物的交付，它以数字方式匹配库存的需求和供应，从而实现货运业务的自动化，它还减少了交通拥堵和事故。在航运业，人工智能提高了航行安全性，并为自主船舶提供了便利。此外，它还通过实时跟踪和盗窃检测来确保商品的安全。

总部位于美国的初创公司 Coros 基于 AI 追踪货物。它部署了先进的光学和计算机视觉，以提高货物运输的可视性。它可以进行自动化货物扫描，无须手动操作。基于机器学习算法，它在装载错误和物流错误时向操作员发出警报，可以防止延迟交付和包裹丢失。它还利用人工智能审计仓库设施计划，从而对设施的资产进行全面评估。

思考问题：
人工智能还给物流行业带来了哪些改变？

项目作用

在企业运作过程中，货物占据资金的很大一部分，能否合理地进行备货、补货，将直接影响到企业的现金流情况。补货量过多将造成货物积压，出现仓储成本、物流成本超支的情况；补货量过少则会出现断货的情况，被其他同类产品赶超，产品排名下降。所以，合理的补货策略至关重要。在本项目中通过制定配送中心沙盘的补货策略，可以帮助学生掌握定量订货法的应用，树立全局意识。

工作任务

【析中学】

一、任务描述

宏远物流配送中心每期的订单处理完毕后，就需要核算本阶段的现有库存数量，并与再订货点比较，判定哪些货物需要补货，以便及时向供应商下达补货订单。

现在，配送中心第一期订单的运营已经结束，接下来请完成下面的任务：

（1）请根据第一期结束后计算得到的现有库存数量，判定哪些货物需要补货，该补多少箱货物。

（2）根据"战报1 宏远食品配送中心配送作业数据一览表"的已知数据，在战报2

的电子表格中，使用 Excel 工具计算出每种货物的再订货点和订货量。在计算时要求带上计算公式，鼠标点到相应的表格能够显示计算过程，并使用 CEILING 函数。

（3）确定好需补货货物后，请填写战报 7 补货信息条（图 2-3-1），向对应的供应商下达补货订单，启动沙盘盘面上的补货车辆。

（4）根据抽取到的订单完成实物沙盘的第二期运营。

补货信息

第几次补货	硬币代号	订货批量/箱	订货成本/元

图 2-3-1　战报 7 补货信息条示例

二、任务分析

在配送中心沙盘第一期运营结束后，相信各组都挣到了不少钱，如果我们一直这样运营下去肯定就会出现缺货。为了不缺货，必须在货物用完之前提前补货。如果补货不及时就会缺货，补货太多又会增加库存成本，甚至出现仓库放不下的情况，那么到底什么时候补货，每次补多少合适呢？这是需要进行科学计算的。要解决这个问题我们需要控制两个参数，一个是再订货点，另一个是订货批量。

为了完成上述，需要解决以下问题：

（1）每种货物的再订货点和订货量如何计算？
（2）配送中心沙盘中的补货作业需要如何操作？

三、任务实施

确定再订货点和订货批量

（一）任务 1：制定补货策略

步骤 1：计算现有库存。第 J 列是客户的订单数据，第 I 列是初始库存信息，那么第一天上午的结余库存是初始库存减去第一天上午订单数量，计算方法为：第 I 列数据减去第 J 列数据，即得出第 K 列的结余库存数量。

步骤 2：计算再订货点和订货批量。根据再订货点和订货批量的计算公式，计算出所有货物的再订货点和订货批量。在计算再订货点和订货批量时，可能会遇到不是整数的情况，此时需要使用 CEILING 函数向上取整。

步骤 3：与再订货点比较，判定是否需要补货。把第 K 列的数据与第 F 列的再订货点相比，如果低于再订货点，则该产品就要进行补货作业。为了快速计算，可以使用 IF 函数进行判定，在第 L 列输入"=IF（K2<F2,1,0）"公式，表示如果现有库存小于再订货点，即为 1，要进行补货；否则为 0，不用补货。下拉选项框，可以看出标黄的四种产品需要补货，补货数量即为计算出的经济订货量。

步骤 4：填写补货信息单。在纸条上填写补货信息，例如"黑王，凯华商贸公司，深蓝币，补货 80 件，周期 48 小时""脉动，大恩公司，浅粉币，补货 79 件，周期 48 小时"，以此类推。每个纸条填写一种补货产品，一个补货信息条放入一个独立的量杯，然后将量杯摆放到盘面上相应供应商的初始位置。例如脉动的供应商是大恩公司，把写有脉动信息条的量杯摆放到大恩公司的黑点处。

步骤5：车辆步进。每个空格代表12小时，每过12小时，将盘面上补货车辆区域所有的量杯向右移动一格，代表补货车辆前进了一步。例如大恩公司的脉动在第二天中午12点，车辆应该行进至第三个白点处。

步骤6：货物到达。当车辆步进到最后一个白点处时代表货物已经到达，准备入库验收。36小时后，金顿公司的轩广货物已到达仓库，准备入库验收作业。补货车辆步进示意图如图2-3-2所示。

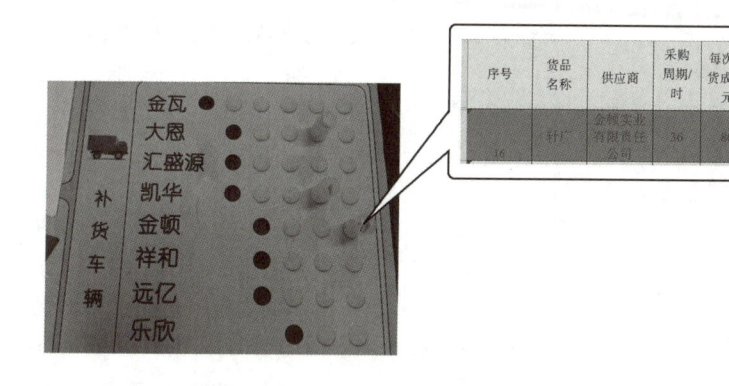

图 2-3-2　补货车辆步进示意图

（二）任务2：完成实物沙盘第二期的运营

步骤1：产生订单（波次订单+加急订单）。

教师随机抽取一张订单汇总单，这是10份订单汇总后的波次订单，作为第二期的订单总量，并将订单中的产品信息记录到战报2中。然后用骰子确定半天的加急订单数量。

步骤2：拣货。

步骤3：规划拣货路径，计算拣货成本。

步骤4：同步更新实物流与信息流。

步骤5：判定是否缺货，计算缺货成本。

如果库存不足，则按照实际库存量进行出库，并将缺货量记录到战报2，将缺货成本（10元/箱）记录到战报4。

步骤6：每日盘点。

当下午的订单处理完后需要对当天的营业数据进行盘点。首先在战报2中计算库存结余总和（当天库存结余数量=前一天的库存结余量+当天入库量－当天订购量+当天缺货量），即为当天的保管费，需要记录到战报4的保管费用栏。如果越库作业区有货物，则参照模块二项目二相关知识的"配送中心沙盘中的费用"计算的要求，在战报4中记录越库作业区额外费用；额外收益/成本需要用骰子确定，确定好后也需要记录到战报4。

步骤7：核算运营成本。

运营结束后，由库存盘点员对当期涉及的成本和收益进行核算，记录到战报4中，从而计算出一天的总利润。

大国工匠

夏立:"在刀尖跳舞"的巧匠人

夏立,中国电科54所钳工,航空、航天通信天线装配责任人,中国电科首届高技能带头人。2016年6月夏立创新工作室成立。2019年1月18日,夏立荣获2018年"大国工匠年度人物",是河北省首位荣获国家级大国工匠殊荣的职工。在20多年的钳工工作中,他在通信设备生产、组装工艺方面攻克了一个又一个难关,创造了一个又一个奇迹,承担了"天眼"射电望远镜、索马里护航军舰等卫星天线预研与装配、校准任务,装配的齿轮间隙仅有0.004毫米。

2019年3月1日7点52分,"嫦娥四号"着陆器已实现自主唤醒。作为世界首个在月球背面软着陆和巡视探测的航天器,"嫦娥四号"的精准落月,如果没有大天线——"天马"望远镜的精准指路,是难以想象的。

"0.004毫米,是望远镜的装配精度,如果做到0.005毫米,只是差了这几乎可以忽略的一点点,但十个月亮也找不着了。"夏立解释。

精准指向的核心,是个小小的钢码盘。起初,就算用磨床加工后,钢码盘的精度也只能达到0.02毫米,而夏立最终用手打磨到了0.002毫米,这相当于头发丝直径的四十分之一。

相关知识 [学中做]

一、再订货点的计算

再订货点=订货提前期×日均消耗量+安全库存量

日均消耗量=年出库量/360(假定一年按照360天计算)

安全库存量=$Z \times STD \times \sqrt{L}$

式中:Z为安全系数;STD为提前期内需求标准差;L为订货提前期(订货提前期就是战报1中的货物采购周期,注意报表中采购周期的单位是时)。

安全系数的大小与仓库满足客户服务水平的高低相关,服务水平下对应的安全系数与所在行业和产品类型都有关系。在这里我们假设宏远物流配送中心的A类货物的服务水平是99%,对应的安全系数为1.5;B类货物的服务水平是95%,对应的安全系数为1.25;C类货物的服务水平是90%,对应的安全系数为1.1。

【例2-3-1】请计算乐欣食品有限公司乐纳产品(硬币代号为白色币)的再订货点。从战报1可以查出:该产品订货提前期为24小时,年出库量为2 040箱,按周转率ABC结果为B类货品,标准差为2.44。

解: 提前期为24小时,即为1天,B类货品对应的安全系数为1.25,

那么,安全库存量=$1.25 \times 2.44 \times \sqrt{1} \approx 3$(箱)

日均消耗量=2 040/360≈6(箱)

该货物再订货点=日均消耗量×订货提前期+安全库存量=6×1+3=9(箱)

二、经济订货批量的计算

$$Q_{EOQ}^* = \sqrt{\frac{2DC}{K}}$$

式中：D 为年物资需求量；C 为每次的订购成本；K 为每年每单位的持有成本。

> 【例 2-3-2】请计算乐欣食品有限公司乐纳产品（硬币代号为白色币）的经济订货批量。从战报 1 可查知：该产品的每次订货成本为 80 元，年总需求量为 2 040 箱，单位物品年存储成本为 360 元。
>
> **解**：乐纳产品的经济订货批量 = $\sqrt{2\times80\times2\,040/360} \approx 31$（箱）

三、Excel 计算中 CEILING 函数的用法

在计算再订货点和订货量时，可能会遇到不是整数的情况，例如乐纳产品计算的订货批量为 30.11 箱，为了保险起见，订货量一般会向上取整为 31 箱。为解决这个问题，在使用 Excel 公式计算再订货点和订货量时就需要用到 CEILING 函数。CEILING 函数是将数值向上舍入到指定基数最接近的倍数。

CEILING 函数的语法为 CEILING（Number，Significance），主要有 2 个参数，第 1 个参数 Number 是我们要进行舍入的数值；第 2 个参数 Significance 是要舍入到的倍数。以乐纳产品为例，使用 Excel 计算订货批量的计算公式为 = CEILING（SQRT（2×G2×O2/P2），1），即表示求出的订货量不足 1 时，向上设为 1 的倍数。

四、进货补货

此处所说的补货是指进货补货，即当存储区货物低于再订货点时对供应商下单，进行补货，其目的是让货物按需按时送达仓库，确保仓库"有货可拣"。进货补货作业流程如图 2-3-3 所示。

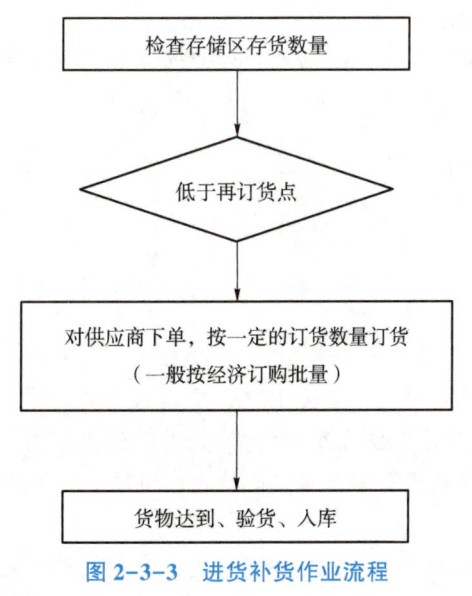

图 2-3-3 进货补货作业流程

配送中心沙盘的补货作业

五、补货作业注意事项

（1）为做到信息流和实物流的一致性，建议在库存战报表中同时标注货物到达的日期。例如，凯华商贸的货物供货提前期48小时，第一天中午订购的货品会在第三天中午到达仓库，就在对应位置处标出"到达"，实现车辆步进与信息流的一致。

（2）在途的货品未入库前不再重复进行补货。例如，凯华商贸公司的深蓝币在第一天中午向供应商下达了补货任务，货物需要在第三天中午到达仓库，仓库第一天下午和第二天拣货作业中可能又有深蓝币的订单，此时，因为在途货物未到达仓库，核减库存后现有库存的黑王深蓝币会仍然低于再订货点，但这次不用再重新补货作业。

六、入库货物的存放区域

对于入库的货物，盘面上有两个区域可供选择存放，一个是保管区，一个是越库作业区。这两个区域的收费不同，存放在越库作业区产生的费用计算为：每天下班前盘点越库作业区剩余的货物箱数×2.5，记录到战报4中越库作业区额外费用。

越库作业区和保管区之间可以互相转移货物，所产生的成本需要按照移库成本进行计算，每个单位距离的移库成本为50元。其中，越库作业区的面积可以忽略。

七、选择越库区和保管区储存时考虑的因素

对于入库的货物，如何确定放入保管区还是越库区呢？这需要结合已知数据进行决策。越库作业区适合存放周转率高的货物，或者是需要快速处理的紧急订单。一般进行判定时需要考虑以下几个因素。

（1）中位数和众数。在给定的战报1中的基础数据表中，有中位数、众数、标准差等。例如，橘黄币，中位数21，众数18，表示在样本采集中，该货物出库次数大部分集中在18左右。从战报1表中对比可以看出，相对其他货物，该货物的出库次数较多，除此以外，出库频率较高的货物还有深蓝币和艳红币。

（2）周转率。通过对物动量ABC分析，对周转率高的一些货物，再综合考虑IQ-IK的综合分析，可以选择放入越库区。

技术创新

3D 分拣系统

2022年上半年，《机器人商业评论》公布2022年度RBR50榜单，立镖、海柔、灵动等三家中国机器人公司入围，其中关于立镖机器人的介绍中有提到其最新推出的3D分拣系统。根据2022年3月份立镖发布的信息，3D分拣系统是一款全新思路的产品，将机器人柔性化分拣模式从平面向立体空间转化，用更小的占地空间扩展为更多的分拣数量。

整个3D分拣系统包括立体运行的分拣机器人、货架式料箱集货格口、平面分拣机器人、分拣机器人运行平台、后台的立镖操控软件系统等。整个系统将原来的分拣格口从数

项目三　实物沙盘第二期运营，制定补货策略

百个扩展到数千上万个，每个单层模组分拣效率达到 3 000 件/时，通过规划双层平台和连接多个模组产能可超过 20 000 件/时，这为电商分拣的 ToC 模式开辟全新解决思路。

任务评价

本任务评价以结果评价+学生演示计算过程相结合的方式进行，评价标准如表 2-3-1 所示。

表 2-3-1　任务考核评价表

任务名称：_____　　专业：_____　　班级：_____　　第_____小组
组长：_____　　小组成员（姓名、学号）：_____

考核项目	评价内容	评价标准	分值	得分
结果评价（80%）	学习状态（20%）	学习主动性强，积极思考，能够独立完成任务，能够帮助他人解决问题；不会不问、消极被动的 0 分，其余情况教师酌情扣分	100	
	计算过程（40%）	计算过程带着公式，输入正确，并能利用 Excel 快速完成计算	100	
	计算结果（40%）	每种货物补货时点和补货批量计算准确无误，各个战报表格填写正确无误，错误一处扣 5 分	100	
学生演示（20%）	演示计算结果（50%）	随机抽取学生，并随机指定货物，能够熟练使用公式在 1 分钟内计算正确的给予 90~100 分，2 分钟内完成的给予 80~90 分，2 分钟以上的根据情况给分，计算结果错误的 0 分	100	
	入库货物储位安排方案汇报（50%）	入库货物储位安排方案的思路和考虑的因素分析合理，有理有据。汇报人声音洪亮、思路清晰、表达流畅、讲解清楚	100	

巩固拓展

教师点开"随机订单"软件，抽取第三期（第 2 天上午）的订单。请各小组完成以下任务：

1. 请根据订单快速完成拣货，绘制出拣货路径图，并计算出拣货成本。
2. 更新战报 2 库存信息表，判断需要补货的货物。
3. 第一天中午订购的脉动、黑王和雪碧将在今天中午到达仓库，请为其安排存放区域，并完成入库作业。写出每种货物安排存放区域考虑的因素。
4. 各小组仔细分析对比这几期订单的拣货路径，查找问题，对储位进行优化调整，写出优化调整的思路和方案，并对优化前后的储位摆放进行拍照。

自我分析和总结

自我分析
学习中的难点及困惑点

_____
_____
_____
_____
_____
_____
_____

总结提高

用思维导图等方式归纳本次任务的主要内容，包括所需知识点、重点、易错点等，并写出需要继续学习提升的内容清单。

项目四　优化布局方案，电子沙盘快速运营迭代

学习目标

【素质目标】
◆ 树立敢于质疑、勇于探索的创新精神；
◆ 树立降本增效、成本优化意识；
◆ 提升分析问题、解决问题的能力。

【知识目标】
◆ 理解储位规划和储位优化的重要意义；
◆ 理解储位布局对运营成本的影响。

【技能目标】
◆ 能够操作电子沙盘，快速完成多期的沙盘运营；
◆ 通过电子沙盘的快速运营迭代，能够分析、查找储位规划中的问题，创新性提出储位优化的策略。

行业资讯

物流企业如何在数字经济的风口借力转型

近几年，数字经济不断成为各行业的关注热点，在国家政策的大背景下，对于国际物流行业来说，数字化的转型已经不是传统物流企业的选择题，而是关乎长远发展及生存的必修课。数字经济已成为全球新一轮产业竞争的制高点。从总量上来看，近年来中国数字经济规模保持快速增长，占GDP比重持续上升。数据显示，"十四五"期间，中国数字经济有望维持年均约9%增速，预计2025年规模超过60万亿元。随着数字技术创新对传统行业的加速融合渗透，数字经济对经济增长的拉动作用将愈发凸显。

数字化是打破限制、跨越门槛、重构经济形态的一场变革，涉及组织、流程、业务、人员管理等多方面的转型，支撑着企业全新的业务和商业模式的创新变更。它通过数据、代码等要素重组产业的"基因序列"，使传统物流企业转型，形成符合新时代发展要求的创新式发展，犹如物流企业发展的灵魂。

面对如火如荼的数字化浪潮，许多物流企业在欣喜的同时也感到措手不及。面对同样一座需要攀越的大山，选择不同的路线决定了将看到不同的风景，从不同的角度、高度、深度、广度进行，得出的结论也是差异万千。

数字化就是物流企业抵达现代化需要攀越的高山，对于企业而言意味着全新的挑战和机遇。积极的企业认为是时代的机遇到来，可以源源不断地借助这股势力乘风而上，依托数字化加速企业自身的演变及完美蜕变，破茧成蝶，重塑全新的运营方式和竞争生态，终极目标是完成降本增效，为客户创造价值。消极的企业感到战略迷茫、身处窘境，一方面想要加快数字化转型却又无从下手，另一方面是有心无力，企业尚未达到进行数字化转型的能力。

思考：
物流企业应该如何进行数字化转型？

项目作用

经过前面几个任务的训练，同学们已经对配送中心运营沙盘运营流程非常熟悉了，整个运营流程是以客户订单为拉动，模拟规划拣货路径、保管区拣货、制定补货策略、补货车辆到达后货物入库、每日盘点、核算成本和利润的全过程。通过沙盘运营全流程的训练让同学们快速低成本模拟配送中心运营流程，并建立运营管理的系统化思维是本项目的目的之一，还有一个更重要的目的是通过配送中心沙盘的迭代运营，观察拣货路径和运营成本与储位规划的关系。

仔细研究战报4的数据，可以看出在成本费用方面，有两项内容与储位规划直接相关，一个是拣货成本，一个是越库费用，这两项成本最能够体现各组储位规划水平的高低。本项目我们把实物沙盘转移到电子沙盘上，将通过电子沙盘的初始库存的快速重置及快速运营迭代，快速验证储位规划的优劣，找出储位优化的方法和策略。

工作任务

一、任务描述

在前面运营的基础上，请完成下面的任务：

（1）请各组分析前几期模拟运营结果和拣货路径图，分析本组储位规划存在的问题，提出储位优化方案；并对 26 种货品，共 1 059 件货物按照新的储位规划布置到电子沙盘中。

（2）各组在电子沙盘上完成 1 059 件货物的重新布局后，教师随机抽取订单，开展多轮运营，各组利用电子沙盘规划拣货路径、完成拣货、计算拣货成本，并观察对比储位优化前后的拣货路径、拣货成本的变化。

（3）每组把多轮运营的所有拣货路线图、运营战报成本表进行对比分析，准备汇报材料，汇报的内容包括（但不限于）以下方面：

①分析本组储位优化前后出现的变化，总结储位优化的策略和关注因素。
②如果再重新让你进行储位优化和调整，你会如何进行库区布局？
③通过本次沙盘实训，你有哪些收获和体会？

二、任务实施

（一）任务 1：储位优化，重新布局

步骤 1：各组对现有库区货物清零，分析前两期拣货路径图和运营结果数据，写出储位优化的思路、方法和策略，制定优化后的储位布局方案。

步骤 2：依据优化的储位布局方案，在电子沙盘中重新对 1 059 件货品进行储位布局。下面是电子沙盘软件的操作步骤：

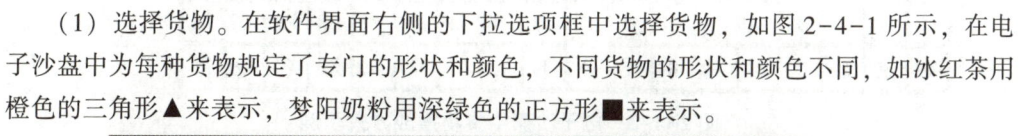

（1）选择货物。在软件界面右侧的下拉选项框中选择货物，如图 2-4-1 所示，在电子沙盘中为每种货物规定了专门的形状和颜色，不同货物的形状和颜色不同，如冰红茶用橙色的三角形▲来表示，梦阳奶粉用深绿色的正方形■来表示。

图 2-4-1 电子沙盘中选择货物示例

（2）确定数量。选好货物后，在货物选项框下面可以拖动选择货物数量，如图2-4-2所示。

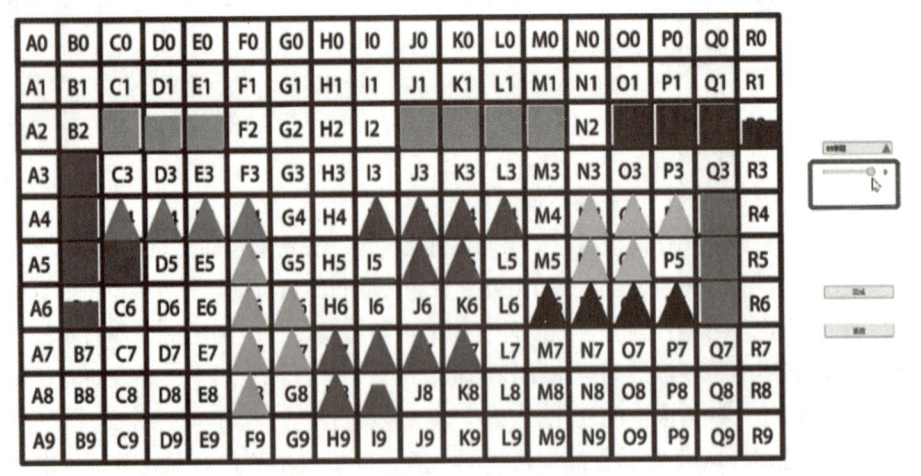

图 2-4-2　电子沙盘中确定货物数量示例

（3）摆放货物。选定货物数量后，将鼠标移动到该货物的储存位置，单击鼠标即可将货物摆放在相应位置。电子沙盘中货物摆放方式示例如图2-4-3所示。

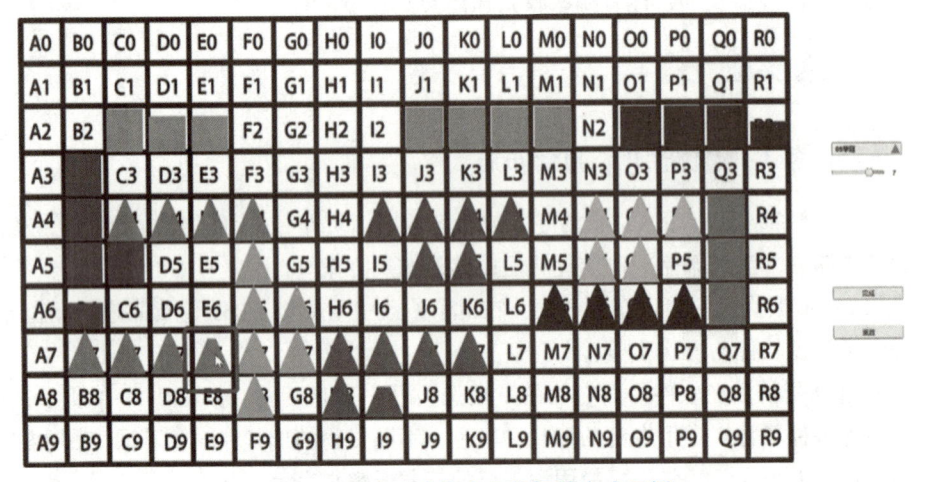

图 2-4-3　电子沙盘中货物摆放方式示例

（二）任务2：电子沙盘迭代运营，对比检验

教师随机抽取订单，可运营多轮，各小组在电子沙盘上运营。

步骤1：教师随机抽取订单。

步骤2：各组拿到订单后，按照订单上需要拣选的货物规划拣货路径。找准货物在电子沙盘中的位置，在相应位置单击鼠标右键，输入拣货数量，如图2-4-4所示，依次选取订单中所有货物后，单击右侧计算按钮，即代表拣货人员开始拣货。同时软件界面中电子沙盘盘面的货品相应减少，拣货路径图及拣货成本计算出来，如图2-4-5所示。此时每组可把此页面拍照留存，最后进行对比分析和汇报。

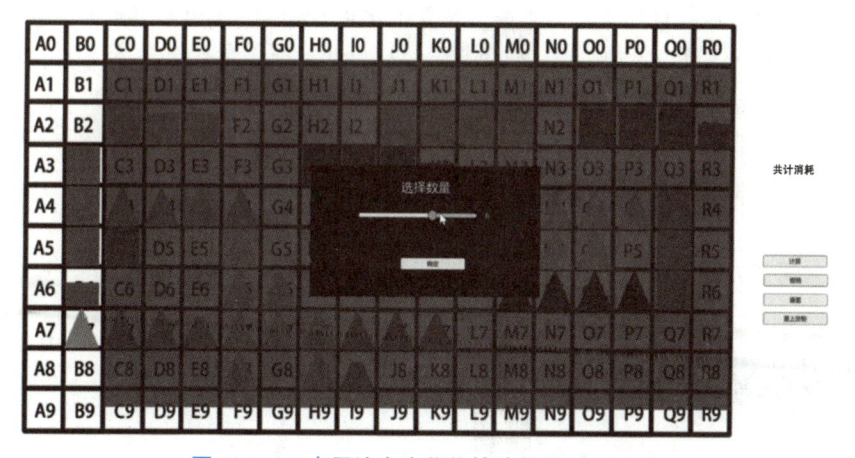

图 2-4-4　电子沙盘中货物拣选数量确定示例

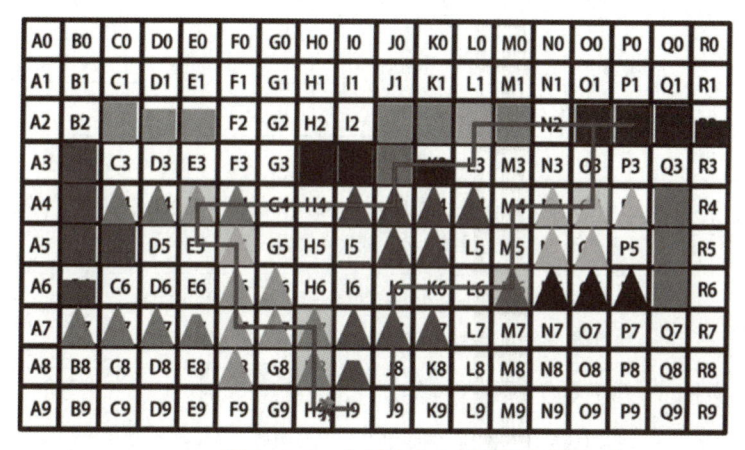

图 2-4-5　电子沙盘中拣货路程图示例

步骤 3：核算每一期的运营成本。

步骤 4：将每期拣货路径图片及战报 4 上传到职教云中。

（三）任务 3：汇报交流

各组准备五期的运营情况对比材料，对比储位优化前后的运营情况，并进行小组分享交流。

技术创新

科技兴国

"科技兴则民族兴，科技强则国家强。"建成一个富强民主文明和谐美丽的社会主义现代化强国，科技是贯穿始终的不竭动力。从"天眼"探空到"蛟龙"探海，改革开放以来我国的科技已经取得很大成就。古往今来，人类历史经过了石器时代、铁器时代、蒸汽时代、电气时代，科学技术的每一次变革都带来了翻天覆地的变化。科技的进步给人类

163

带来的是经济的发展、生活水平的提高乃至整个社会的进步。因为科技创新，发同样瓦数的电所需要的煤炭变少了；因为科技的创新，人们使用新能源避免了不可再生能源的枯竭；因为科技创新，"天宫一号"被送上太空；因为科技创新，"嫦娥二号"登上了月球；因为科技创新，我们做到了秀才不出门，知天下事；因为科技创新，我们有了更好、更舒适、更加方便的生活。

思考：
我国为何大力发展科技？科技是如何改变我们生活的？

任务评价

本任务评价以教师评价为主，辅以小组互评，具体评价标准如表2-4-1所示。

表2-4-1 任务考核评价表

任务名称：_____ 专业：_____ 班级：_____ 第_____小组
组长：_____ 小组成员（姓名、学号）：_____

考核项目	评价内容	评价标准	分值	得分
运营过程（60%）	报表填写	战报2计算错误一处扣1分；战报3路径图绘制清晰，计算准确，计算错误扣5分；战报4错误一处扣5分	30	
	运营时间	每轮运营时间最少者30分，其余组每多10秒扣1分，总时间取三轮运营时间的平均分	30	
	运营成本	运营总成本最少者30分，其余组每多100元扣1分	30	
	团队协作性	小组成员参与度高、相互协作，充分沟通；从事与沙盘运营无关者，教师根据情况酌情扣分	10	
方案汇报（40%）	方案	汇报方案中图文并茂，分析清楚，有自己的想法和见解，思路清晰、有理有据、表达流畅	100	

巩固拓展

一、单选题

1. 某仓库中存放的货物是旺仔牛奶，根据经验已算出其再订货点为45箱，经济订货批量为80箱，每次按经济订货批量进行补货。现在库内旺仔牛奶数量为30箱，那么这次补货后旺仔牛奶的库存量为（　　）箱。
   A. 125　　　　B. 110　　　　C. 45　　　　D. 30

2. 配送中心里的冰红茶采购提前期是24小时，已知经济订货批量是88箱，再订货点是56箱，下列库存数量中需要补货的是（　　）箱。
   A. 80　　　　B. 70　　　　C. 60　　　　D. 50

3. 按照周转率法分配储位时，对于周转速度最快的A类货物，一般储存在（　　）。

A. 距离出库口近、易存取的储位上

B. 离出库口稍远一点的位置

C. 距离出库口远的位置上

D. 高位货架的上层

4. 按照货物重量决定货物存放位置，一般重量较大的货物（ ）。

A. 储存在距离出库口远的位置上

B. 储存在高位货架的上层

C. 储存在地面上或货架下层

D. 储存在月台

5. 某产品订货提前期为 24 小时，年出库量为 2 880 箱，一年按 360 天计算，按周转率 ABC 结果为 B 类货品，安全系数为 1.25，标准差为 2.44，该产品的再订货点为（ ）箱。

A. 9 B. 10 C. 11 D. 12

二、判断题

1. 补货时机的确定有一定标准，一般情况下会根据历史销售数据给每种商品制定一个再订货点，当商品库存量低于再订货点时则需要对该商品进行补货。（ ）

2. 进货作业是配送中心作业流程的开始，包括接收实体货物，核对货品的数量及状态，并做必要的信息录入工作。（ ）

3. 配送中心是商流、物流和信息流的有机结合。（ ）

4. 分拣是指按订单或出库单的要求，从储存场所拣出物品，并放置在指定地点的作业。（ ）

5. 配送中心的基本流程包括接收订单、按单拣货、分拣、生产加工、配装配送等环节。（ ）

6. 在配送中心流通加工不是必要环节。（ ）

7. 在进行储位规划时，一般将周转率小的商品存放在接近出口的地方。（ ）

8. 入库交接是对入库货物的再检查和确认，明确入库货物的质量和数量是否符合要求，包括接收物品、接收单证和签署单证等交接内容。（ ）

三、应用题

请对表 2-4-2 中数据进行 IK-IQ 交叉分析。

表 2-4-2　某仓库出库数据

订单	商品	数量/件	订单	商品	数量/件
E1	I2	1	E8	I2	14
E1	I3	38	E8	I1	47
E1	I9	9	E8	I3	28
E1	I9	42	E9	I1	4
E2	I8	21	E9	I6	5
E2	I10	22	E9	I7	9
E3	I2	47	E9	I1	25
E4	I9	31	E9	I4	26
E5	I10	35	E10	I7	39

· 165 ·

续表

订单	商品	数量/件	订单	商品	数量/件
E5	I1	40	E10	I7	20
E5	I6	20	E11	I2	28
E6	I5	50	E12	I10	41
E7	I2	34	E12	I4	25
E7	I6	20	E12	I10	20

四、拓展题

请完成以下任务：

1. 各组随机抽取订单，利用电子沙盘，多次模拟运营，深入思考，寻求最优布局方案。

2. 结合各组在汇报交流中提出的问题继续进行沙盘的推演实验，探索进一步储位优化的方法和策略，撰写"配送中心运营沙盘心得体会"一份，要求有自己独特的见解，分析有理有据，不少于1 500字，可附照片。

3. 结合实物沙盘和电子沙盘，提出改进策略或创新灵感，每组至少两条。

五、实训总结

作为仓配中心运营管理者，进行储位优化调整后，请以小组为单位，至少模拟配送中心4天的运营，完成配送车辆选择、储位规划、拣货、补货、入库作业，并计算收益和成本。对比四天运营的所有拣货路线图、运营战报成本表，分析优化前和优化后的拣货路径图，总结在储位优化调整中考虑了哪些因素，并结合本模块四个项目的运营过程，谈谈你对仓配中心运营管理的思考，撰写实训总结报告，不少于1 000字。

自我分析和总结

自我分析
学习中的难点及困惑点

总结提高
用思维导图等方式归纳本次任务的主要内容，包括所需知识点、重点、易错点等，并写出需要继续学习提升的内容清单。

参考文献

[1] 贾争现. 物流配送中心规划与设计 [M]. 2版. 北京: 机械工业出版社, 2009.
[2] 贾争现. 物流配送中心规划与设计 [M]. 3版. 北京: 机械工业出版社, 2014.
[3] 贾争现, 冯丽帆. 物流配送中心规划与设计 [M]. 4版. 北京: 机械工业出版社, 2019.
[4] 陈达强. 配送与配送中心运作与规划 [M]. 杭州: 浙江大学出版社, 2009.
[5] 徐贤浩. 物流配送中心规划与运作管理 [M]. 武汉: 华中科技大学出版社, 2008.

附 录

附录1：战报1 宏远食品配送中心配送作业数据一览表

序号	货品名称	硬币代号	供应商	采购周期/时	年出库量/箱	日均在库量/箱	重量/kg	初始库存/箱	每次订货成本/元	保管费/[元/(箱·年)]
01	乐纳	白色币	乐欣食品有限公司	24	2 040	16	12	35	80	360
02	隆达	翠绿币	凯华商贸有限公司	48	3 235	23	12	37	90	360
03	玫瑰	粉色币	远亿食品有限公司	36	2 109	23	15	33	130	360
04	百事	果绿币	乐欣食品有限公司	24	11 349	37	12	78	60	360
05	华冠	灰白币	大恩食品有限公司	48	1 170	16	12	23	120	360
06	冰红茶	橘黄币	山豹食品有限公司	24	16 579	44	10	88	70	360
07	农夫	明黄币	乐欣食品有限公司	24	11 140	35	10	77	60	360
08	脉动	浅粉币	大恩食品有限公司	48	9 361	42	12	80	120	360
09	劲爽	浅咖币	金瓦食品厂	60	3 309	21	5	44	70	360
10	旺旺	浅紫币	凯华商贸有限公司	48	4 176	23	5	42	70	360
11	早苗	深黑币	凯华商贸有限公司	48	1 082	17	15	32	130	360
12	黑王	深蓝币	凯华商贸有限公司	48	12 687	41	10	91	90	360
13	H-C柚	深紫币	汇盛源实业有限公司	48	5 152	31	15	62	100	360
14	雪碧	艳红币	大恩食品有限公司	48	13 821	43	12	104	90	360
15	神奇	银灰币	金瓦食品厂	60	2 180	16	10	28	60	360

· 168 ·

续表

序号	货品名称	硬币代号	供应商	采购周期/时	年出库量/箱	日均在库量/箱	重量/kg	初始库存/箱	每次订货成本/元	保管费/[元/(箱·年)]
16	轩广	白色扣	金顿实业有限责任公司	36	1 080	13	12	26	80	360
17	梦阳	草绿扣	凯华商贸有限公司	48	1 042	14	10	18	130	360
18	山地	大红扣	金瓦食品厂	50	174	6	10	12	90	360
19	大嫂	粉色扣	乐欣食品有限公司	24	261	6	5	17	50	360
20	日月	黑色扣	大恩食品有限公司	48	883	12	12	25	80	360
21	金谷	黄色扣	金顿实业有限责任公司	36	1 178	16	10	26	130	360
22	大厨	酒红扣	凯华商贸有限公司	48	256	7	15	11	80	360
23	大牛	玫红扣	祥和食品有限公司	36	1 008	10	10	24	60	360
24	好娃娃	米色扣	祥和食品有限公司	36	256	6	12	17	80	360
25	鹏泽	浅蓝扣	金瓦食品	60	292	6	12	15	70	360
26	雅比	浅绿扣	祥和食品公司	36	261	7	12	14	120	360

订购量统计指标（样本总数 730，共 365 天，每天上午下午各采集 1 次。统计指标中的均值、最值等均为半天的统计量）

序号	硬币代号	平均	标准误差	中位数	众数	标准差	方差	峰度	偏度	最小值	最大值	日均出库次数
01	白色币	1.21	0.09	0	0	2.44	5.97	5.86	2.39	0	15	0.58
02	翠绿币	4.53	0.19	3	0	5.19	26.98	2.79	1.52	0	31	1.35
03	粉色币	2.79	0.15	1	0	3.92	15.37	2.77	1.63	0	23	1.01
04	果绿币	15.26	0.34	14	14	9.20	84.69	1.37	0.86	0	65	1.96
05	灰白币	1.48	0.11	0	0	2.93	8.59	8.45	2.58	0	23	0.61
06	橘黄币	22.71	0.40	21	18	10.76	115.87	−0.03	0.54	0	59	2.00
07	明黄币	15.55	0.33	15	10	9.05	81.89	0.94	0.83	0	54	1.98

续表

序号	硬币代号	平均	标准误差	中位数	众数	标准差	方差	峰度	偏度	最小值	最大值	日均出库次数
08	浅粉币	12.82	0.30	12	12	8.18	66.92	0.53	0.77	0	45	1.94
09	浅咖币	5.72	0.19	5	0	5.09	25.88	0.54	0.90	0	25	1.58
10	浅紫币	4.43	0.19	3	0	5.05	25.52	1.55	1.33	0	25	1.33
11	深黑币	1.48	0.04	2	2	1.09	1.19	-1.31	-0.29	0	3	1.39
12	深蓝币	17.38	0.35	17	17	9.44	89.04	1.21	0.74	0	68	1.98
13	深紫币	7.06	0.23	6	0	6.11	37.32	0.64	0.95	0	36	1.69
14	艳红币	18.93	0.37	18	17	9.86	97.32	0.25	0.58	0	56	1.99
15	银灰币	2.89	0.15	1	0	4.06	16.49	4.27	1.87	0	27	1.05
16	白色扣	1.43	0.11	0	0	2.87	8.24	6.91	2.49	0	19	0.59
17	草绿扣	1.61	0.11	0	0	3.00	9.01	6.42	2.30	0	23	0.68
18	大红扣	0.24	0.02	0	0	0.55	0.30	3.85	2.23	0	2	0.36
19	粉色扣	0.36	0.02	0	0	0.48	0.23	-1.65	0.60	0	1	0.72
20	黑色扣	1.21	0.05	1	0	1.34	1.79	-0.85	0.63	0	5	1.05
21	黄色扣	2.99	0.15	1	0	4.00	15.96	1.17	1.39	0	17	1.08
22	酒红扣	1.38	0.11	0	0	2.85	8.10	9.12	2.73	0	22	0.61
23	玫红扣	1.48	0.10	0	0	2.81	7.91	7.51	2.42	0	22	0.65
24	米色扣	0.35	0.02	0	0	0.48	0.23	-1.61	0.63	0	1	0.70
25	浅蓝扣	1.60	0.11	0	0	3.06	9.37	5.56	2.28	0	19	0.64
26	浅绿扣	0.36	0.02	0	0	0.48	0.23	-1.65	0.60	0	1	0.72

附录2：战报2 宏远食品配送中心库存信息表样例

序号	货品名称	供应商	采购周期/时	每次订货成本/元	订货点	订货量	硬币代号	初始库存/箱	第1期（第1天上午）订单	第1期（第1天上午）库存	判定是否补货	第2期（第1天下午）订单
01	乐纳	乐欣食品有限公司	24	80			白色币					
02	隆达	凯华商贸有限公司	48	90			翠绿币					
03	玫瑰	远亿食品有限公司	36	130			粉色币					
04	百事	乐欣食品有限公司	24	60			果绿币					
05	华冠	大恩食品有限公司	48	120			灰白币					
06	冰红茶	山豹食品有限公司	24	70			橘黄币					
…	…	…	…	…			…					
26	雅比	祥和食品有限公司	36	120			浅绿扣					

· 171 ·

附录3：战报3　拣货路径设计方案

备用　拣货路径设计方案

备用　拣货路径设计方案

备用　拣货路径设计方案

	A	B	C	D	E	F	G	H	I	J	K	L	M	N	O	P	Q	R
0																		
1																		
2																		
3																		
4																		
5																		
6																		
7																		
8																		
9																		

备用　拣货路径设计方案

	A	B	C	D	E	F	G	H	I	J	K	L	M	N	O	P	Q	R
0																		
1																		
2																		
3																		
4																		
5																		
6																		
7																		
8																		
9																		

附录4：战报4　营业日报

单位：元

时间 项目	第1天 上午	第1天 下午	第2天 上午	第2天 下午	第3天 上午	第3天 下午	第4天 上午	第4天 下午	第5天 上午	第5天 下午	第6天 上午	第6天 下午	第7天 上午	第7天 下午	第8天 上午	第8天 下午
收益=(订购量-缺货量)×50		×		×		×		×		×		×		×		×
缺货成本=缺货量×10		×		×		×		×		×		×		×		×
保管费用		×		×		×		×		×		×		×		×
越库作业区额外费用		×		×		×		×		×		×		×		×
拣货总成本		×		×		×		×		×		×		×		×
订货成本		×		×		×		×		×		×		×		×
社会配送成本		×		×		×		×		×		×		×		×
额外收益/成本		×		×		×		×		×		×		×		×
总利润																
拣货路径																

注：越库作业区额外费用=每天盘点前越库作业区存货数量×900/360；总的保管费用=每天盘点前盘面上所有货物总数（含越库作业区）。

附录5：战报5　配送中心运营管理手工沙盘作业流程

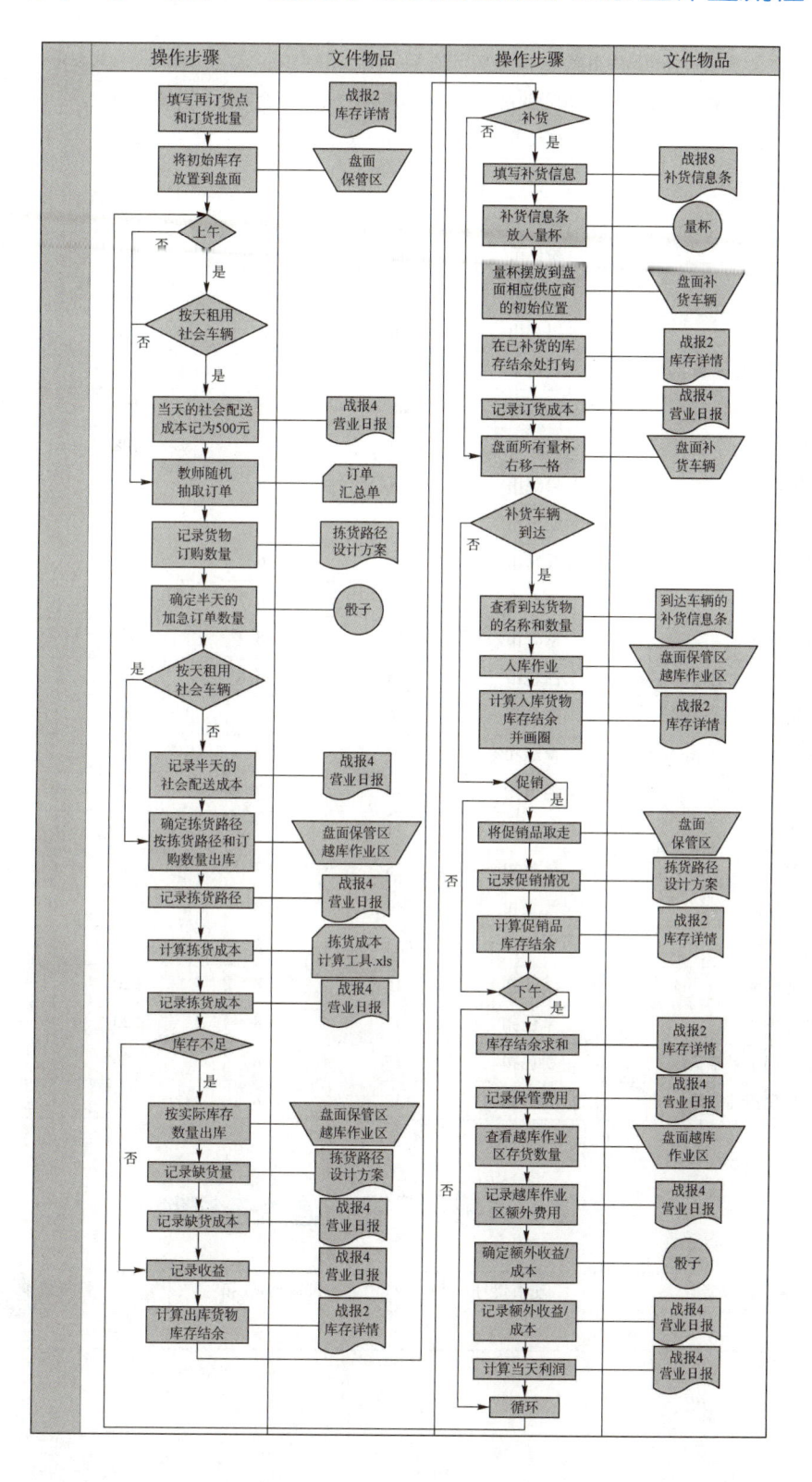

附录6：战报6　硬币及硬币盒规划

运营前将初始库存摆放到保管区			实训结束后装箱要求		
对应货物	硬币颜色	初始库存	硬币盒编号	硬币总数	格子总数
雪碧	艳红币	104	1	225	25
早苗栗子西点蛋糕	深黑币	32	1	45	5
黑王珍养品	深蓝币	91	2	207	23
玫瑰红酒	粉色币	33	2	63	7
脉动	浅粉币	80	3	171	19
神奇松花蛋	银灰币	28	3	54	6
华冠芝士微波炉爆米花	灰白币	23	3	45	5
冰红茶	橘黄币	88	4	162	18
HELLO-C 柚	深紫币	62	4	108	12
百事可乐	果绿币	78	5	126	14
农夫山泉	明黄币	77	5	126	14
旺旺雪饼	浅紫币	42	6	81	9
劲爽拉面	浅咖币	44	6	81	9
隆达葡萄籽油	翠绿币	37	6	81	9
乐纳可茄汁沙丁鱼罐头	白色币	35	5 或 6	45	5
金谷精品杂粮营养粥	黄色扣	26	7	45	9
梦阳奶粉	草绿扣	18	7	40	8
轩广章鱼小丸子	白色扣	26	7	35	7
大牛牛奶	玫红扣	24	7	30	6
日月腐乳	黑色扣	25	8	35	7
雅比沙拉酱	浅绿扣	14	8	20	4
大厨方便面	酒红扣	11	8	20	4
鹏泽海鲜锅底	浅蓝扣	15	8	20	4
好娃娃薯片	米色扣	17	8	20	4
大嫂什锦水果罐头	粉色扣	17	8	20	4
山地玫瑰蒸馏果酒	大红扣	12	8	15	3

附录7：战报7　补货信息条样例

第几次补货	硬币代号	订货批量/箱	订货成本/元